いちばん親切な
着物の
The easiest Kimono Manual
教科書

大久保式プロの技を伝授!

人に着せる着付けと帯結び

監修◎大久保信子

世界文化社

キレイ！ほっそり！ラクチン！

着付けの完成度を上げる7つの法則

身だしなみやにおいに気をつけるのはもちろんのこと、着る人の顔の正面に立たない、必要以上に体を触らないなど間近で接する「他装」だからこそ配慮は必要です。その上で、着る人がより美しく、ラクチンに一日着物で過ごせるための法則をご紹介します。

法則1 「黄金バランス」を知る

「どこに」「どんな立場で」「何を着ていくか」、これらに応じて着付けを変えるのがプロのワザ。そこに着る人の「年齢」と「体型」を考慮した着付けを加えれば、よりTPOに合った着姿に着付けることができます。

>>> p.4

法則2 「無駄な補整」はおデブのもと

過剰な補整はすべて厚みとなり、洋服のときよりも太って見えてしまうこともあります。大久保式では、補整を最小限にとどめることで、ラクチンでほっそりとした着姿を実現します。

>>> p.5

法則3 「衣紋の抜き加減」は肩甲骨の高さに合わせる

肩甲骨の高さは「肩と背中の肉付き」によって変わります。肩甲骨の高さで衣紋の抜き加減を決めることで、後ろや横から見たときに上半身をほっそりと見せることができるのです。

>>> p.6

法則

4

「衿合わせ」は首の長さと肩幅で決める

目の錯覚を使ったほっそりテクニック。とくに首の短めな方に着付ける場合、衿合わせを意識するだけで首を長く上半身も華奢《きゃしゃ》に見せることができます。

>>> p.7

法則

5

上半身と下半身は「4対6」が目安

帯締めを境にして、上半身と下半身は「4対6」になるように着付けるとバランスよく着上がります。このバランスを基準にして、ふくよかか華奢かなど、着る人の体型に応じてお太鼓の大きさや帯位置などを微調整します。

>>> p.8

法則

6

ないものは「現場で作る」

当日にしか持ち物を確認できない場合、紐が足りなかったり帯板を忘れてきたりといったトラブルは起こりがちです。そんなときに対応できるよう、プロの着付け師はさまざまな材料を持っていきます。ここでは大久保式のアイディアをご紹介します。

>>> p.9

法則

7

「手早く」着付ける

着付けは時間が勝負。時間が限られているほか、時間をかければかけるほど着る人が苦痛に感じることも。そのためには可能な限り、荷物の確認や半衿付けなど事前の下準備が大切です。

>>> p.10

法則

1

「黄金バランス」を知る

洋服のようにデザインに種類があるわけではない着物は、いかに着る人の「TPO」と「年齢や体型」に合った着付けをするかが問われます。

　まず最初に確認しておきたいのがフォーマルかカジュアルかです。基本的な考え方としては、フォーマルは帯幅や半衿幅は広めに取り、全体的に豪華に着付けます。この考えを元にして、年齢や体型に応じて微調整します。

　一方、カジュアルはおしゃれ着として着るため、年齢や体型に合ったバランスを考えて着付けます。

step1 「TPO」の確認

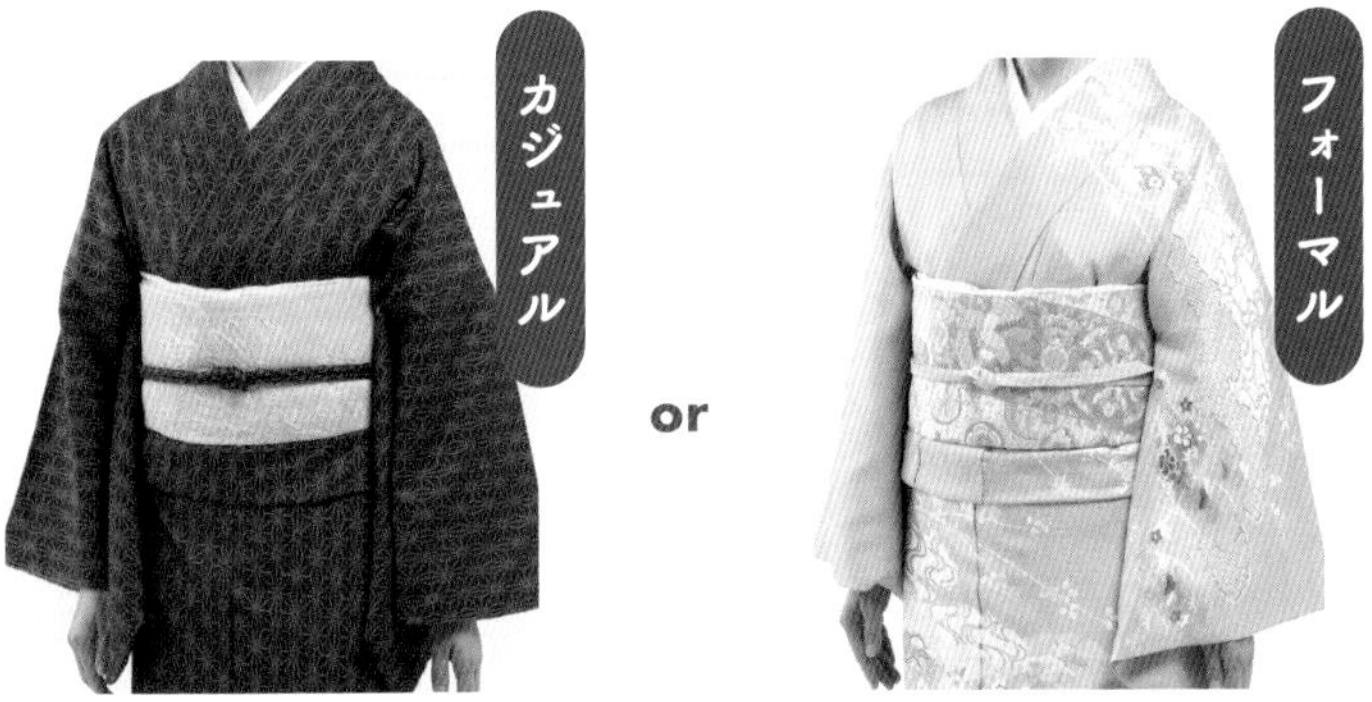

お太鼓を大きく、前帯幅、半衿幅を広くすればするほどフォーマルな印象に。
詳しくはp.27を参照ください。

step2 「年齢＋体型」の確認

年齢を重ねると体型も変わってきます。この変化をカバーしたり生かしたりするのも着付けです。
詳しくはp.26を参照ください。

法則

2

「無駄な補整」はおデブのもと

過剰な補整はすべて贅肉に

すき間を埋めようとつい補整を多くしがちですが、これらはすべて体の厚みとなり、実際の体型よりも太って見えてしまいます。本来補整が必要なのは、腰のくびれと胸元のみ。それも体型によっては必要ではない場合もあります。

まずは無駄な補整を見直して、思い切って補整を必要最低限にとどめてみてください。それだけでほっそりと着付けることができ、また着る人の快適さも変わってきます。

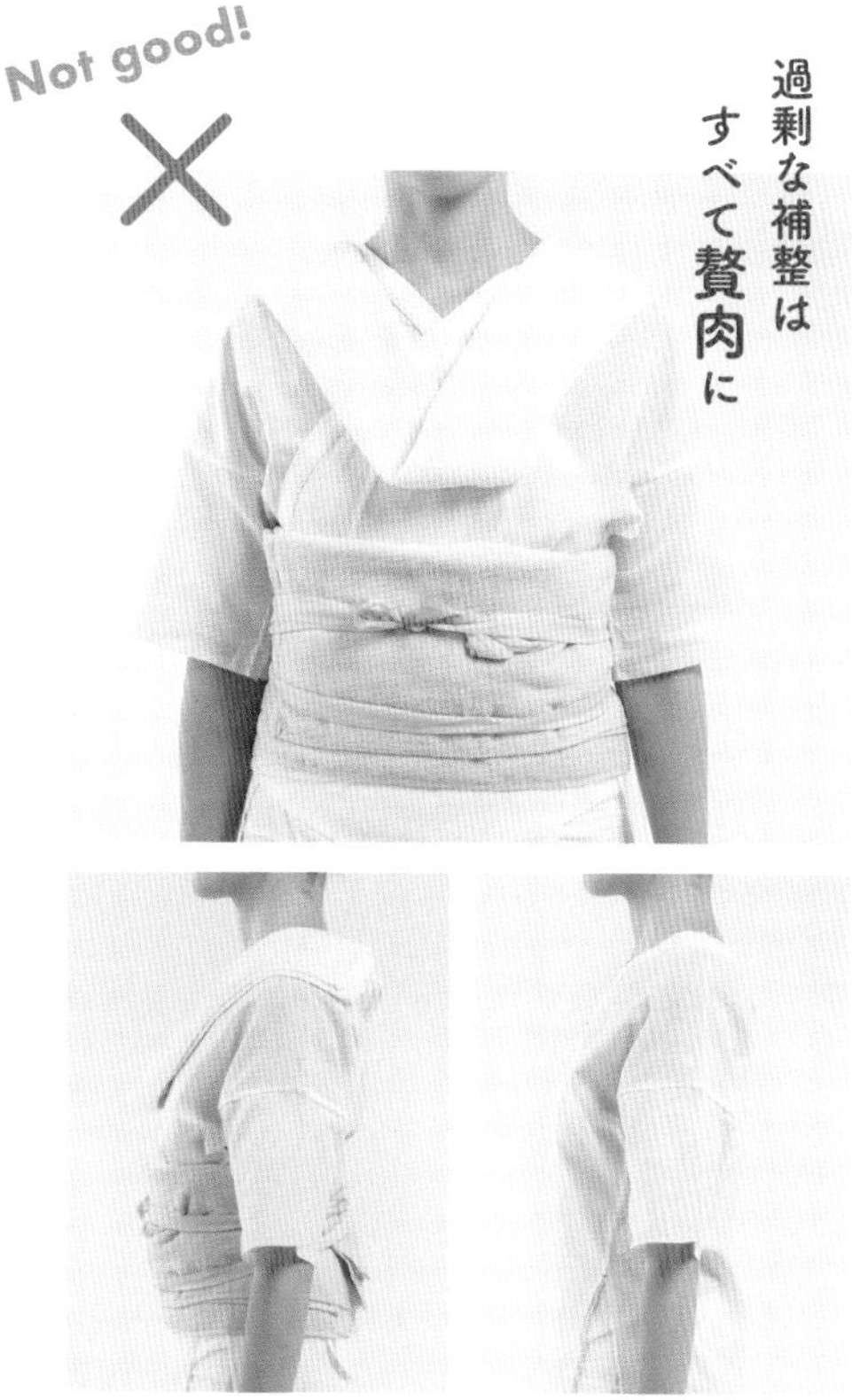

ウエスト全体をぐるりと補整してしまうと、実際の体型よりもかなり太くなってしまいます。これに長襦袢や着物、帯の厚みが加わるので、太く見せるだけではなく季節によってはかなり暑い思いをさせてしまうことにもなりかねません。

反り腰や、特に若い方は腰にくびれがあります。ここを補整しないままだと、お太鼓の底線と垂れの間にへこみが生じてしまいます。

大久保式◎補整の仕方

ほっそり！ラクチン！

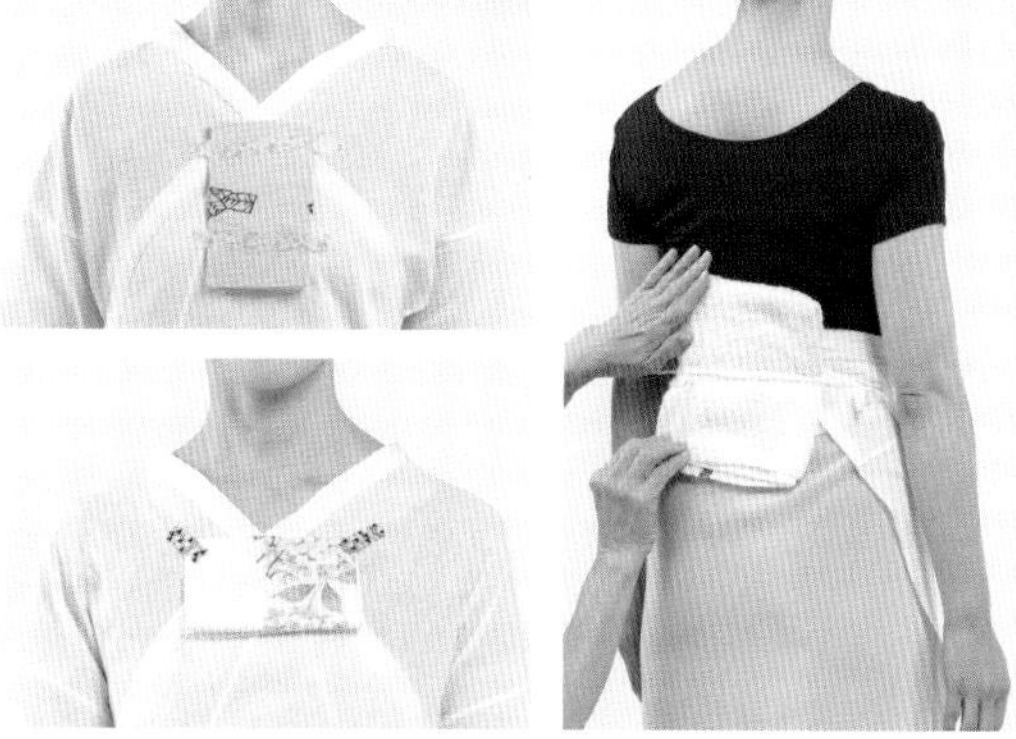

使うのはタオル1枚と1/2にカットした手ぬぐいだけ。腰のくびれにのみタオルを当てて、胸の谷間が深い場合は折りたたんだ手ぬぐいを縦に、胸が薄い場合は横に置きます。またハト胸の場合は補整は必要ありません。

法則

3 「衣紋の抜き加減」は肩甲骨の高さに合わせる

ほっそり！

衣紋の抜き加減と衿の詰め具合は、上半身のイメージを左右する大事な着付けポイントです。「肩甲骨の高さ」とは、すなわち背中でいちばん高い位置にある場所ということです。

一般的に女性は年齢を重ねると肩や背中の肉付きが増してきます。さらに老年になると背中に丸みが生じてくるため、衣紋を詰めて着付けると背中が大きく見えたり、背中の丸みが目立ってしまうこともあるのです。

上半身をスッキリと見せるベストな衣紋の抜き加減は肩甲骨の高さが目安。横から見たときに、上半身でいちばん高い位置である肩甲骨と、後ろ衿の頂点が同じ高さになるように衣紋を抜くと、体型にいちばん合った抜き加減となります。

Good!

首がスラリと背中も小さく見える

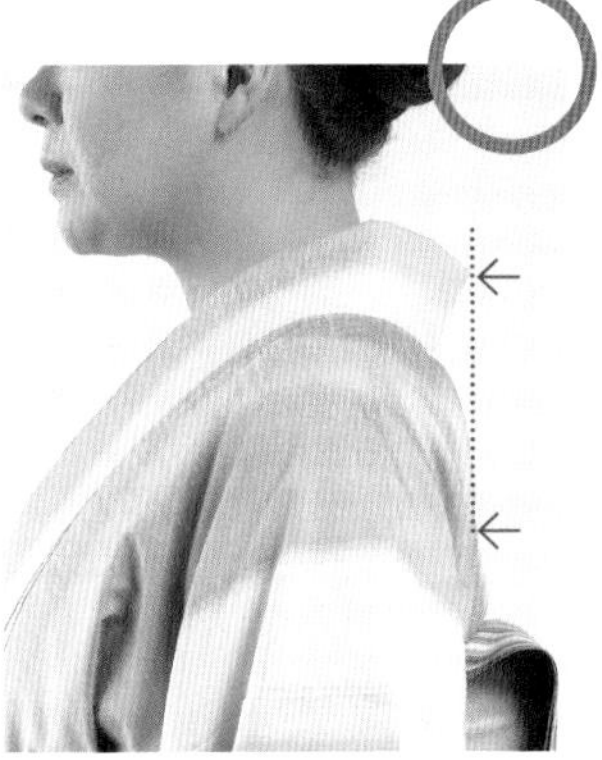

抜き加減を肩甲骨の高さに合わせると、横から見たときに背中の盛り上がりが目立たず、さらに首元がスッキリとするため、上半身がほっそりと見えます。

Not good!

首が短く背中が広く見える

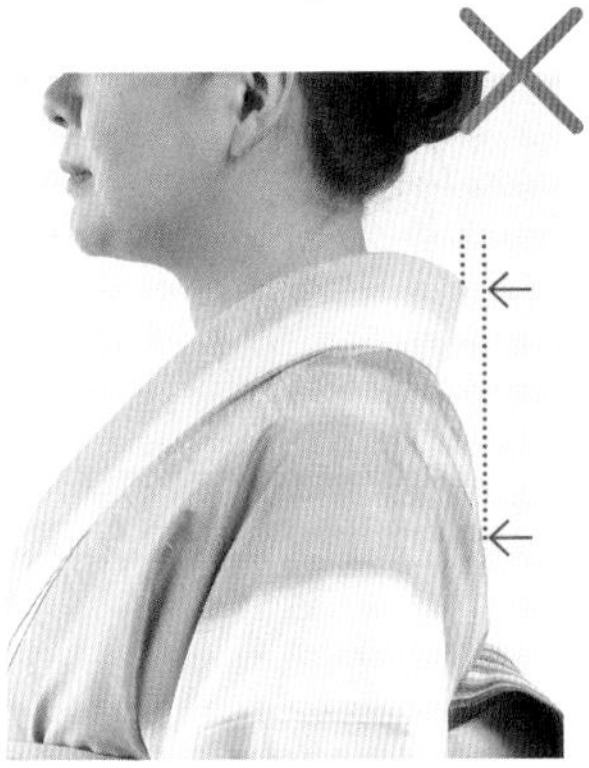

肩甲骨の高さよりも抜きが少ないと首が詰まった印象に。さらに横から見たときに背中の盛り上がりが目立ち、上半身が太く見える原因にもなります。

法則

4

「衿合わせ」は首の長さと肩幅で決める

ほっそり！

衿合わせの角度は、顔回りの印象を決める大事なポイント。首を長く見せたい場合には、衿を寝かせて露出する首の面積を広くします。こうすることで衣紋の抜きも大きくなるため、首回りがスッキリとして首を長く見せることができます。また、衿付けから肩までの距離が衿を立たせた場合よりも短くなり、上半身を華奢に見せる効果もあるため、肩幅が広い人にも有効です。

逆に衣紋をあまり抜かず衿を立たせて着付けると、衿を寝かせた場合と比べて首が短く見えるため、首が長すぎる人に適した衿合わせと言えるでしょう。

首が短く肩幅が広いほど衿は寝かせる

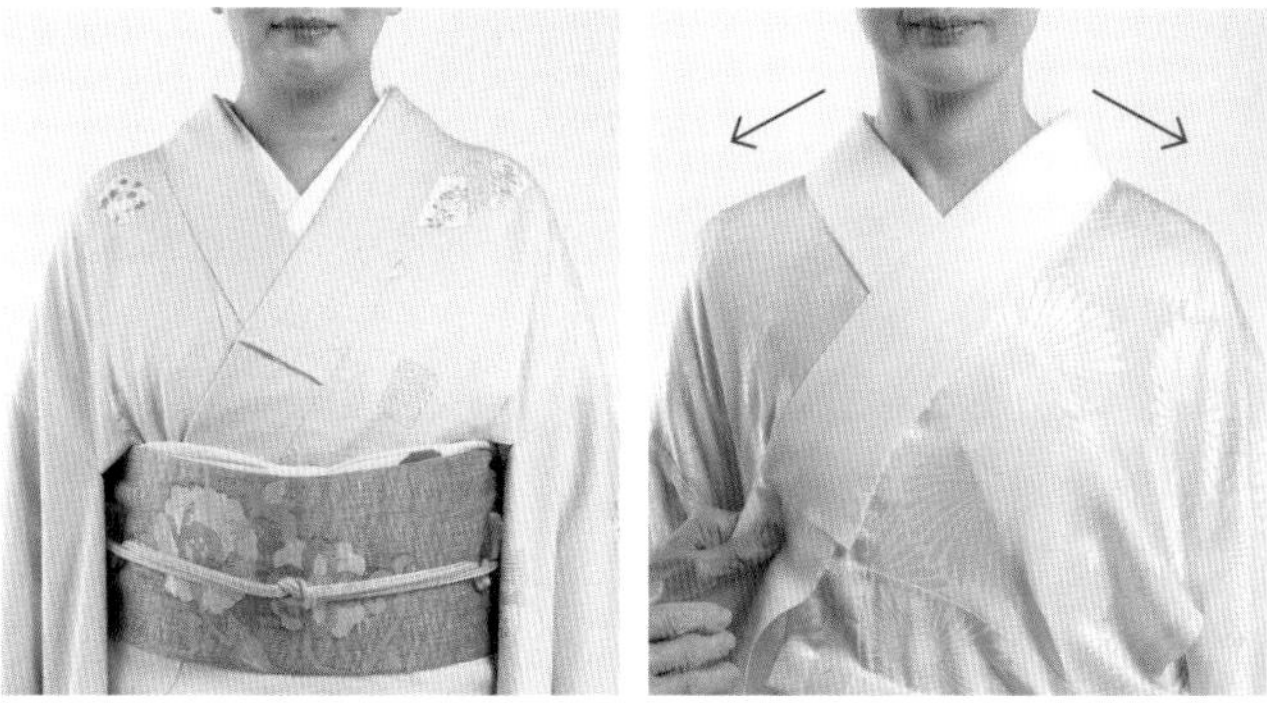

衣紋を抜き気味にして、肩に衿幅がのるように寝かせて着付けると、衿付けから肩までの距離が短くなるため、上半身が華奢に見えます。

首が長すぎる場合は衿を立ててバランスを取る

衿を寝かせて着付けると、首が長すぎる場合、悪目立ちすることも。衣紋を詰め気味にし、首の付け根から衿が上に立つように着付けてバランスを取ります。

法則

5

上半身と下半身は「4対6」が目安

帯締めを境にして、上半身と下半身のバランスは「4対6」がもっとも美しいとされています。身長の高い人は前帯を下げたり、前帯幅を広く取ってなるべく4対6に近づくよう意識して着付けます。

前帯幅のベストなサイズは身長の10分1。前帯部分があらかじめ縫われている名古屋仕立ての帯の場合は、2巻き目を人差し指一節分（最大3センチ）を目安に下にずらして幅を出します。

小柄な人はなるべく人の視線を下に向けさせる

大久保式ではお太鼓の底線はおはしょりの下線に合わせるのが基本ですが、身長150cm前後で小柄な場合、お太鼓の底線は前帯の下線に揃えてやや小ぶりにお太鼓を作ります。また帯位置はなるべく下げるかもしくは帯締めを下げるなど人の視線をなるべく下に向けさせます。また、厚みのある帯枕は小柄な体型を強調してしまうため、おすすめしません。

背が高い人は前帯幅を出しお太鼓の山線を上げる

170cm前後の場合、前帯幅を出して、お太鼓が小さくなりすぎないようにします。また、お太鼓の山線は低すぎると上半身が目立ってしまい、お太鼓が小さすぎると後ろ姿を大きく見せてしまいます。腰位置が高く帯位置を下げられない場合は、帯締めの位置を少し下げるなどして、なるべく上半身と下半身の比率が4対6に近づくように意識します。

法則

6

ないものは「現場で作る」

事前に荷物を確認できないことも多く、当日になって着付けに必要な道具が足りない、もしくはない、なんてことも珍しくありません。万が一に備えて代用品を作れる材料を持参するのもプロの着付け師です。

また、着る人が持参した着付け小物が体型に合っていない場合もあります。その場合でも、現場で手早く代用品を作れれば、着付けの完成度も上がります。

本書では、大久保さんが実際に現場に持っていく材料を使った、手作り着付け小物をいくつかご紹介します。

◎裾よけ >>>p.22
◎補整道具 >>>p.28、29
◎衿芯 >>>p.47
◎紐 >>>p.62
◎伊達締め >>>p.63
◎帯枕 >>>p.103
◎帯板 >>>p.104

あらかじめいくつか作り置きをして持ち歩くのもおすすめです。

法則 7

「手早く」着付ける

ラクチン！

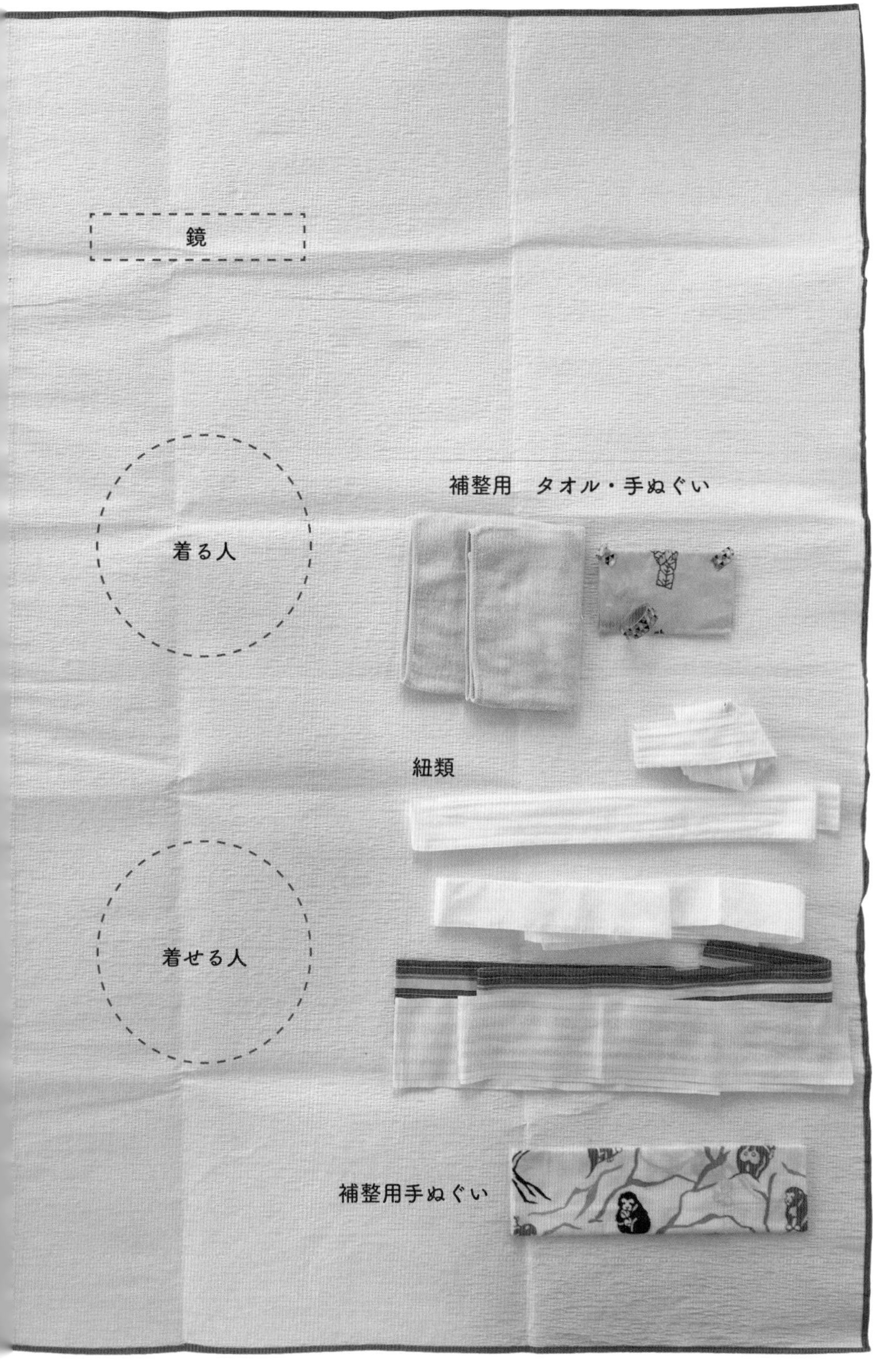

対面で行う着付けは、着る人のストレスにならないよう配慮することも大切です。正面に立つときは顔は横に向ける、必要以上に体に触れない、身だしなみやにおいに気をつけるのはもちろんのこと、手早く着付けられるよう、着付ける順にアイテムを並べておくといいでしょう。

またクリップやヘラはポケットに入れておき、紐は余分に置いておくと万が一のときでも安心です。着物や帯は必ず敷物の上に置き、持つ際も床を引きずらないようにします。

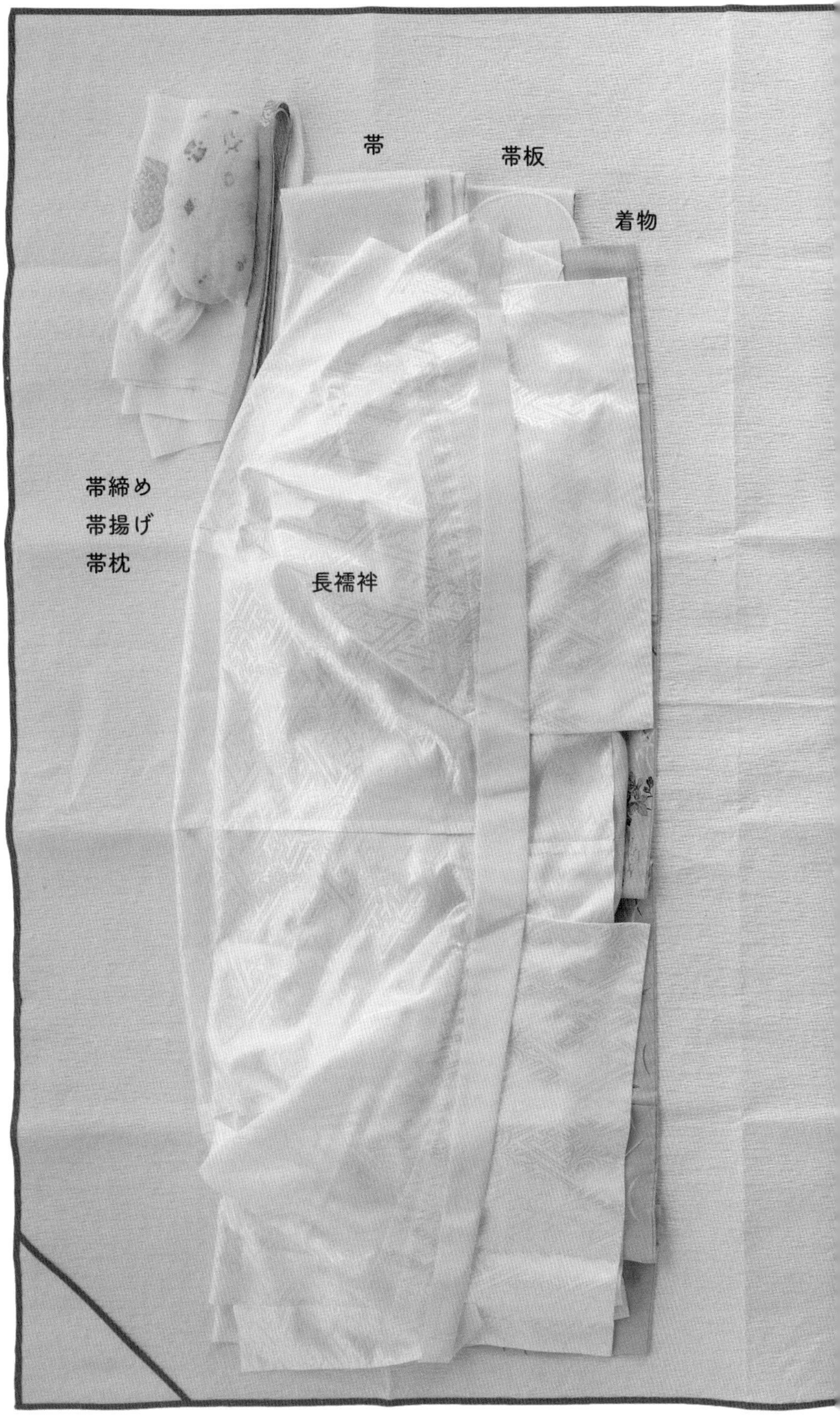

これだけは持っていきたい
着付け師の持ち物

基本的に衣装や着付け小物は着る人が持参します。ここでは着付け師側が最低限必要な持ち物をご紹介します。

A 安全ピン
着物よりも長襦袢の裄のほうが長い場合につまんだり、使用頻度は少ないですがあると便利なアイテム。ただし、万が一針が外れてしまう場合も考えて、使用している場所は必ず相手に伝えます。

B 糸
白と黒と赤、最低この3色を用意します。木綿糸ではなく絹糸やミシン糸のような細めの糸にします。

C ハサミ
しつけ糸がついていた場合など、糸切りバサミを使用します。

D 針とマチ針
針は和裁用のえりしめ針が縫いやすくておすすめです。マチ針は必ず最初と最後に本数を数えます。

E メモ帳とペン
インクがつかないように、えんぴつかシャープペンシルを使います。

F 定規
尺とセンチの両方が表記されたタイプがおすすめです。大久保式オリジナルの短い衿芯（⇒p.47）を入れる際にも役立ちます。

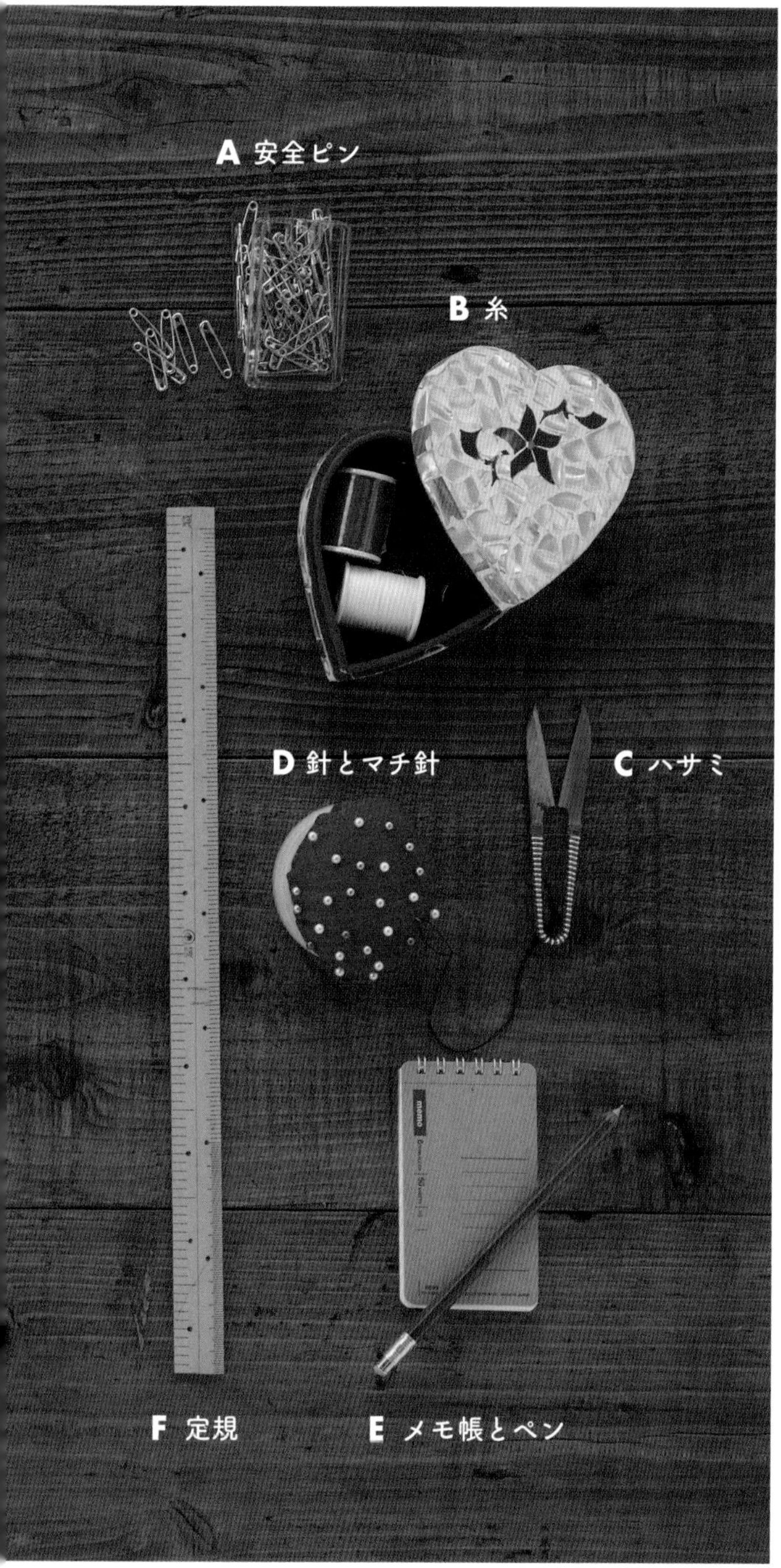

G 着付けクリップ
3～5個あるといいでしょう。類似するものが多いため、自分のものとわかるように名前を書いたり目印をつけておくことをおすすめします。

H ガーゼ・タオル
大久保式オリジナル補整道具に使います（⇒p.28、29）。

I ヘラ
細かいところの修正に使います。コームの柄《え》は衣装に穴を開けてしまう場合もあるのでおすすめしません。

J アイロン
水漏れ等を防ぐため、普段使い慣れているものを持参して、必ず当て布をします。

K 霧吹き
アイロン同様使い慣れたものを持参して、水漏れ等のトラブルを防ぎます。必ず当て布をします。

L ハンガー
和装用がなければ洋装ハンガーを2～3本用意します。

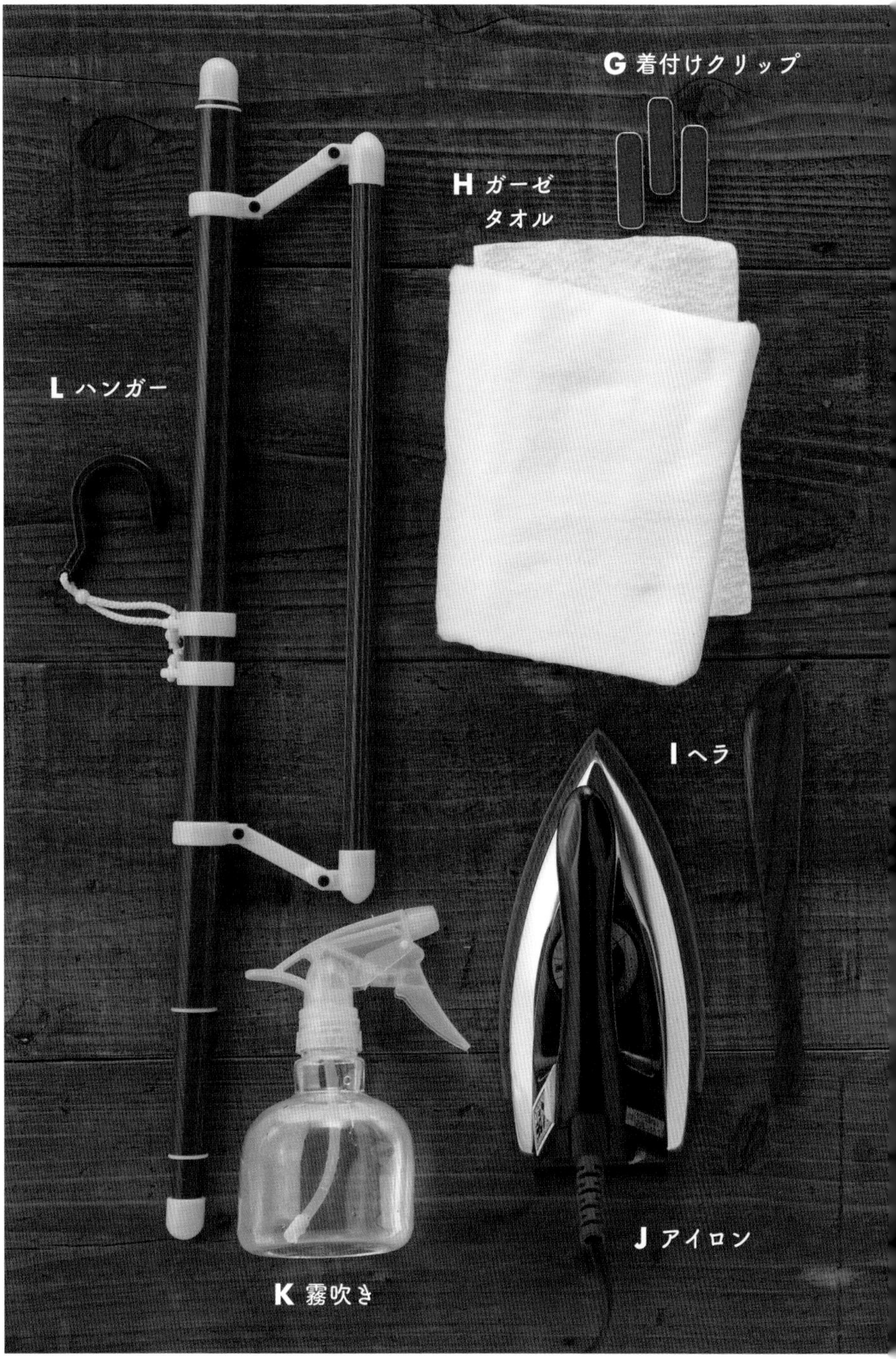

目次

PART 3

帯結び

PART 4

袴・子供の着付けと帯結び

PART 5

浴衣の着付けと帯結び

着付けを始める**前**に確認しておきましょう

前日までに着付け小物を確認できるときは、万が一足りないものがあった場合を考慮して、できるだけ早めの時間に確認します。

当日にしか確認できない場合は、足りないものが出てくる可能性もあります。

そんなときでも慌てずに、本書で紹介する大久保さんの秘密のアイテムをヒントに現場で作れるものは作るなどして対応するようにしましょう。

前日に確認できる場合

1. 衣装や着付け小物はすべて足りているか。足りていない場合は相手に連絡を取ること

2. 半衿はついているか。ついていない場合は前日までに必ず縫い付けておくこと

3. しつけ糸ははずしてあるか。ついている場合は前日までにはずしておくこと

4. できるだけアイロンはかけずに長襦袢や着物はハンガーにかけておき、たたみジワを自然に取っておくこと

ひと口 memo

肩山のたたみジワや衿の背中心の折り込みジワは、きちんとたたんでしまわれていたという証なので、アイロンで伸ばす必要はありません。シワの立体的な美しさもまた着物の醍醐味のひとつです。

当日に確認の場合

1. 衣装、着付け小物はすべて足りているか。足りていない着付け小物は代用品で対応できるよう、さらしなどの用意を忘れないこと

2. 半衿はついているか。ついていない場合は着付けを始める前に縫い付けること

3. 余計なシワはないか。着物類はすぐにハンガーにかけて、ひどいシワがついている場合は相手の了承を得てからアイロンを当てること

4. サイズは合っているか。身幅が足りない着物にはp.64を参考に足し布をつける。長襦袢の身幅が足りず半衿が棒衿に縫い付けられている場合はp.48を参考に縫い直しをすること

PART 1

裾よけ・肌襦袢の着付け

他装の場合、基本的に足袋と裾よけ、肌襦袢はご自身につけてもらいます。まずはワイヤーやパッドの入ったブラジャーを外してもらい、足袋から順に裾よけ、肌襦袢を着てもらい、その後調整するようにします。ここでは大久保さんが日頃行っている工夫もご紹介。既成の裾よけと肌襦袢にひと工夫加えるだけで、着付けの完成度がグッと上がるので、持ち主の方の了承が得られるようでしたら参考にされてみるのもいいでしょう。

※ここでは撮影のため黒の上下を着用しています。

step 1

裾よけの着付け

裾よけは斜めに引き上げることで
下腹をリフトアップする効果も得られます。
ここでは既成の裾よけをリメイクすることで、
よりリフトアップ効果が望める
大久保式裾よけを使用しています。

1

裾線を決める

長襦袢から裾が出ないよう裾よけの裾線を決めます。

2

下前を斜め上に上げる

上前幅を決めたら下前を合わせます。このとき下腹のお肉を下から斜め上に引き上げるようにします。

ほっそり!

3

上前も斜め上に上げる

下前を斜め上に引き上げたまま、上前も同様に下から斜め上に、下腹のお肉を引き上げるようにして合わせます。

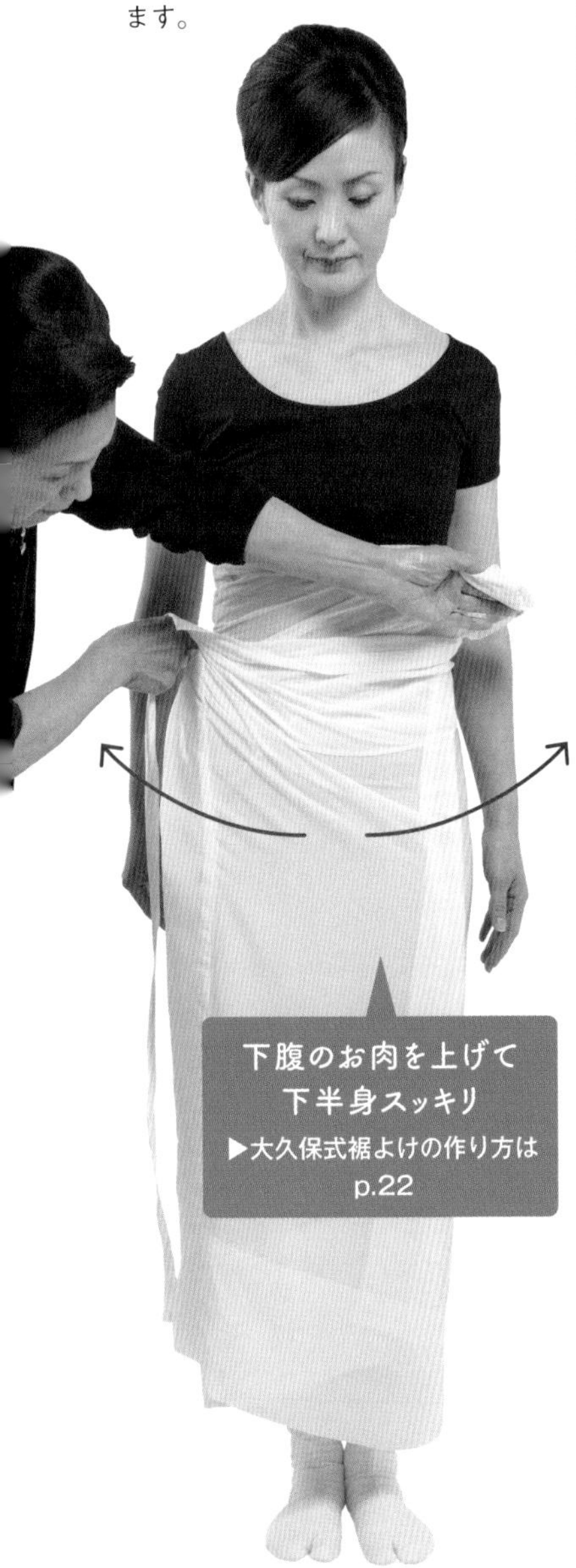

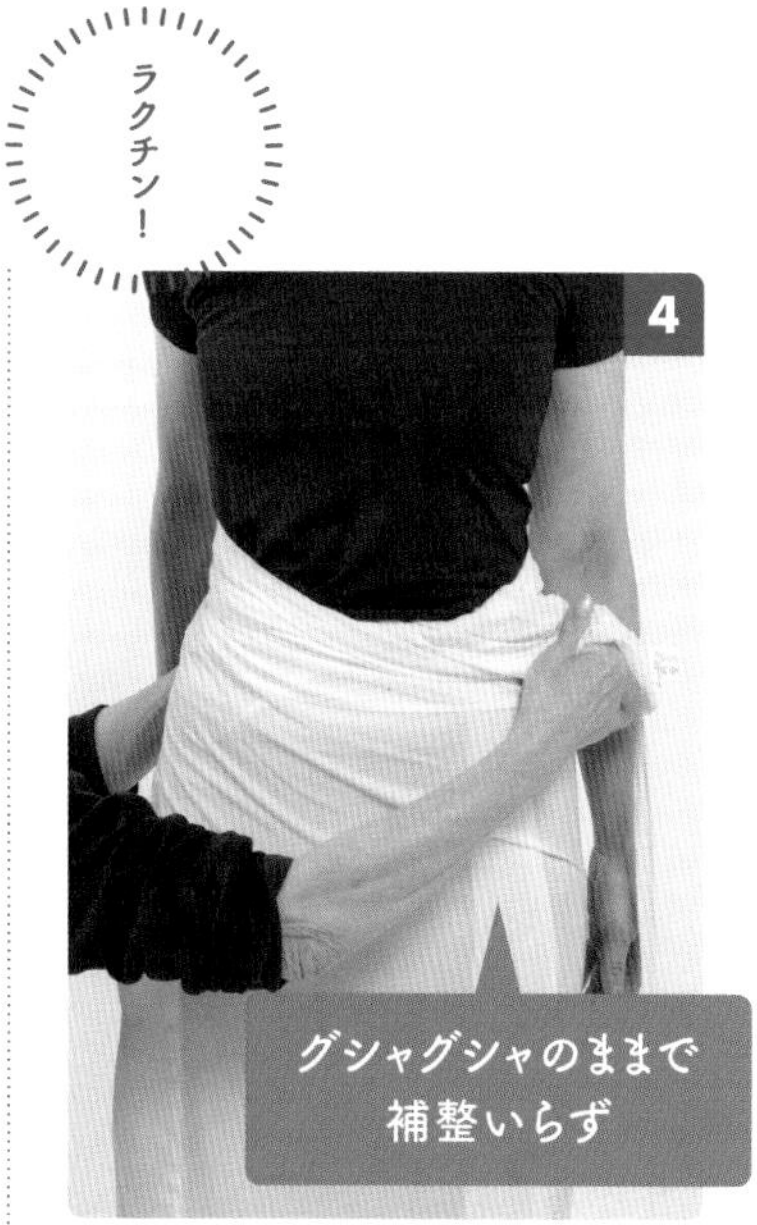

あまった布を下ろす

斜め上に引き上げた裾よけの上部は、ウエスト位置から下に下ろします。腰回りにたまった布はウエストの補整代わりになるため、きれいに整える必要はありません。また、グシャグシャのままにしておくことで、腰紐がずれてくるのを防ぐストッパーの役割にもなります。

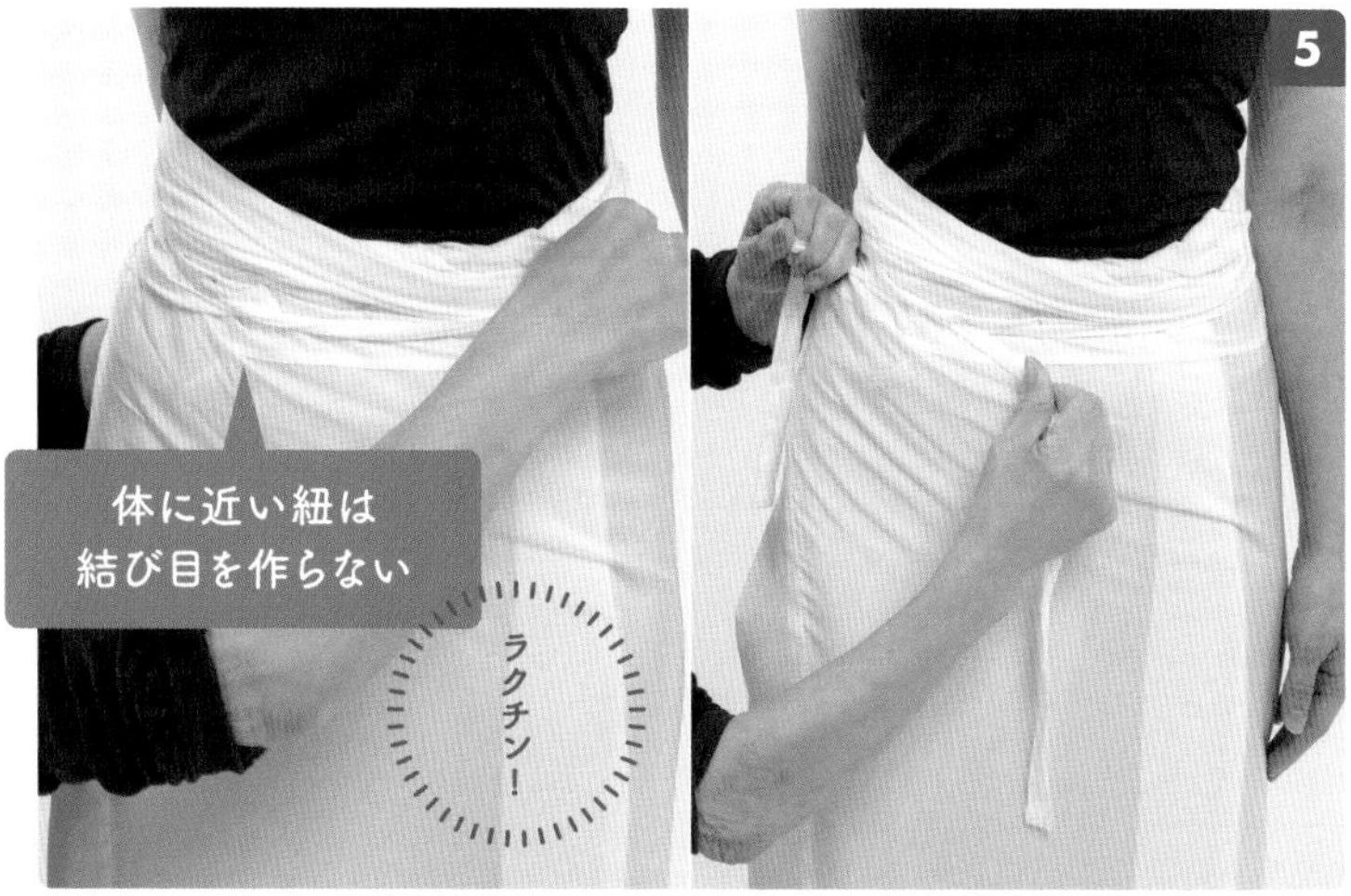

体の右脇で紐をからげる

後ろで紐を交差させたら前に回し、体の右脇で2回からげて交差させ、腰に回した紐にはさみます。

体型に応じて腰のくびれにタオル補整を

▶ p.29へ

step 2

肌襦袢の着付け

肌襦袢はバストをしっかりと包むことが大切ですが、既成の肌襦袢のままだとバストをしっかり包むことができない場合も。ここでは肌襦袢の両脇にスリットを入れることで抱きを深くし、着崩れを防ぐ大久保式肌襦袢を使用します。

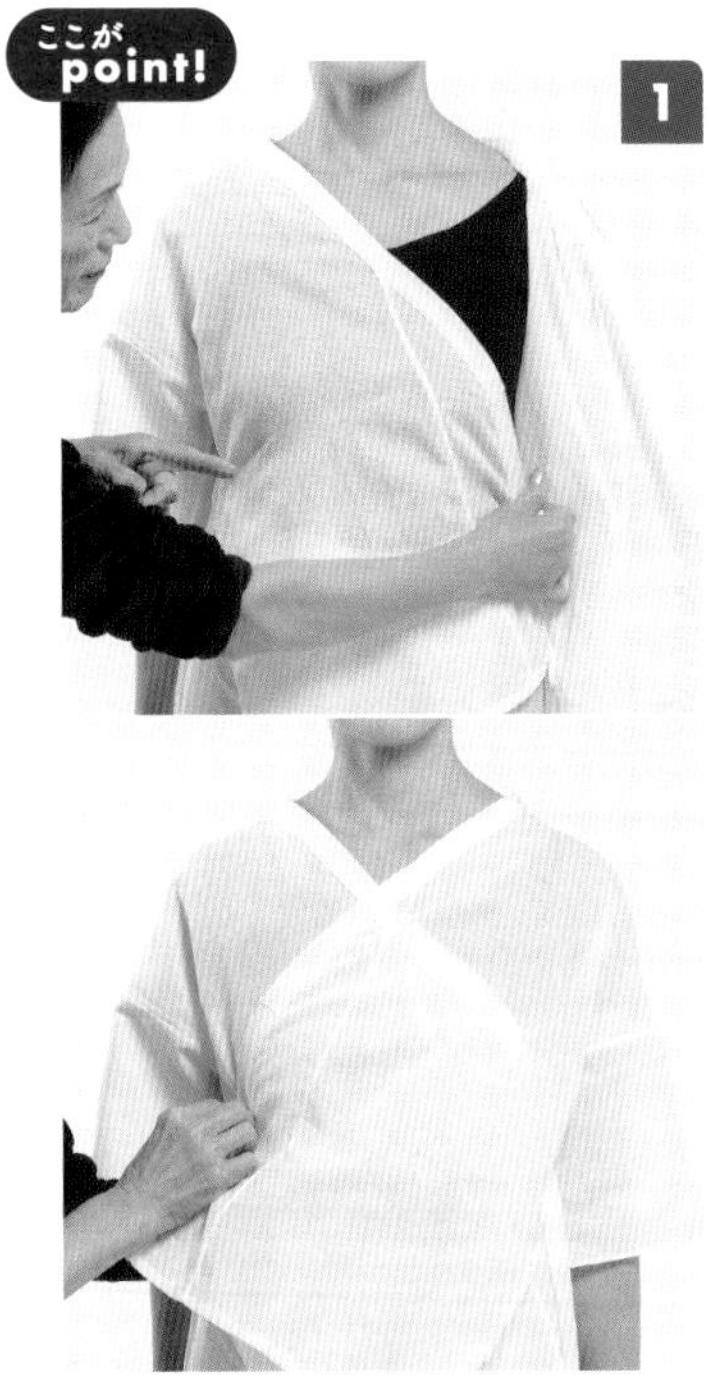

下前と上前でしっかりバストを包む

肌襦袢の衿縁が長襦袢を着たときに見えないくらいに抜き、下前、上前の順にバストを包むように深く合わせます。

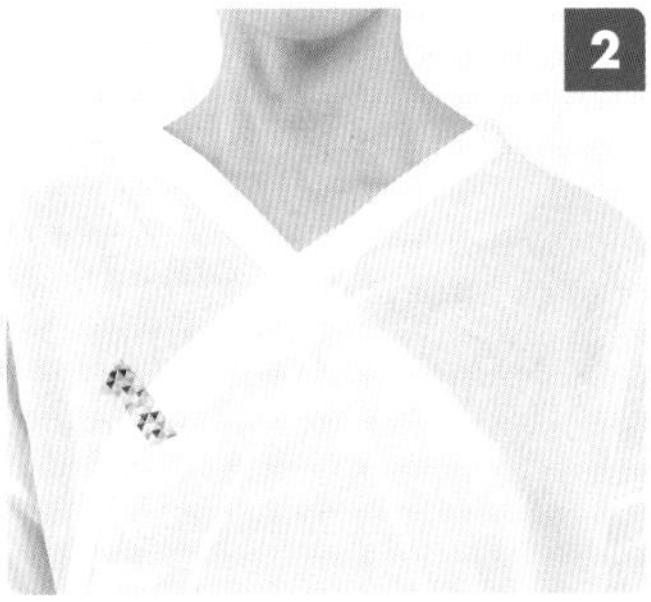

衿をとめる

着付けている間に衿元がはだけないよう、セロハンテープでとめておきます。

Q 肌襦袢の衿縁が着物から見えてしまいます

A 間違いではありませんが、現代では肌襦袢の後ろ衿もしっかりと抜くことをおすすめします

着物が日常着だった時代は、肌襦袢の衿縁を出すことで長襦袢が皮脂で汚れるのを防いでいました。ただし現代では頻繁に着物を着る場合をのぞき、汚れる心配は少なく、見えすぎているとだらしない印象にも。肌襦袢の後ろ衿もしっかりと抜いておくといいでしょう。

体型に応じて手ぬぐい補整

▶p.28へ

着付けの「困った」を即解決！

肌着編

Q 肌襦袢の身幅が足りない！

ふくよかな方はとくに、既成の肌襦袢では抱きが浅く、バストをしっかりと包むことができません。そのため着付けている間に着崩れたり、長襦袢から衿縁が見えてくるなどの原因にもなります。

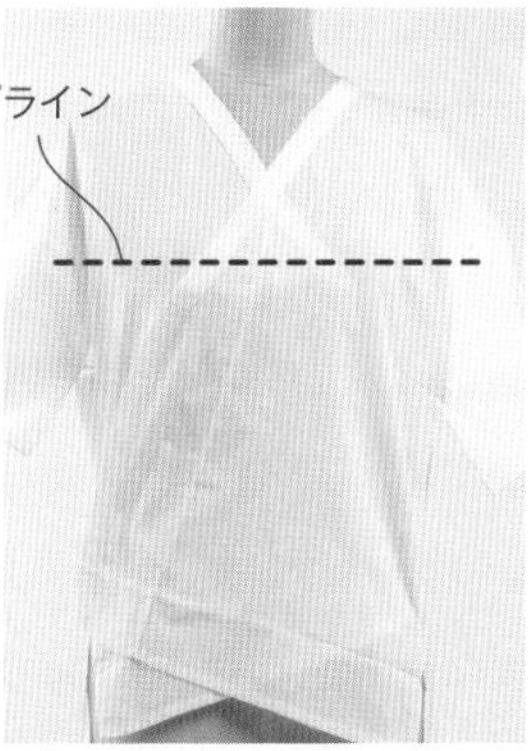

バストトップに肌襦袢の衿縁がかかっていない

A 脇縫いをほどいて抱きを深くします

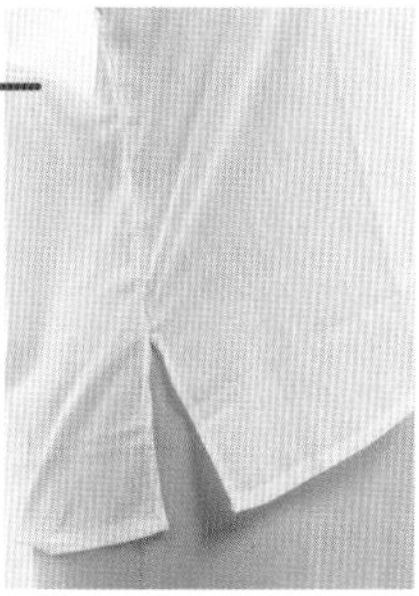
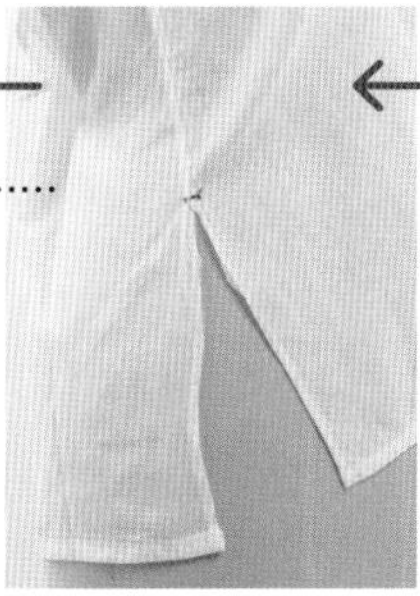
結果……
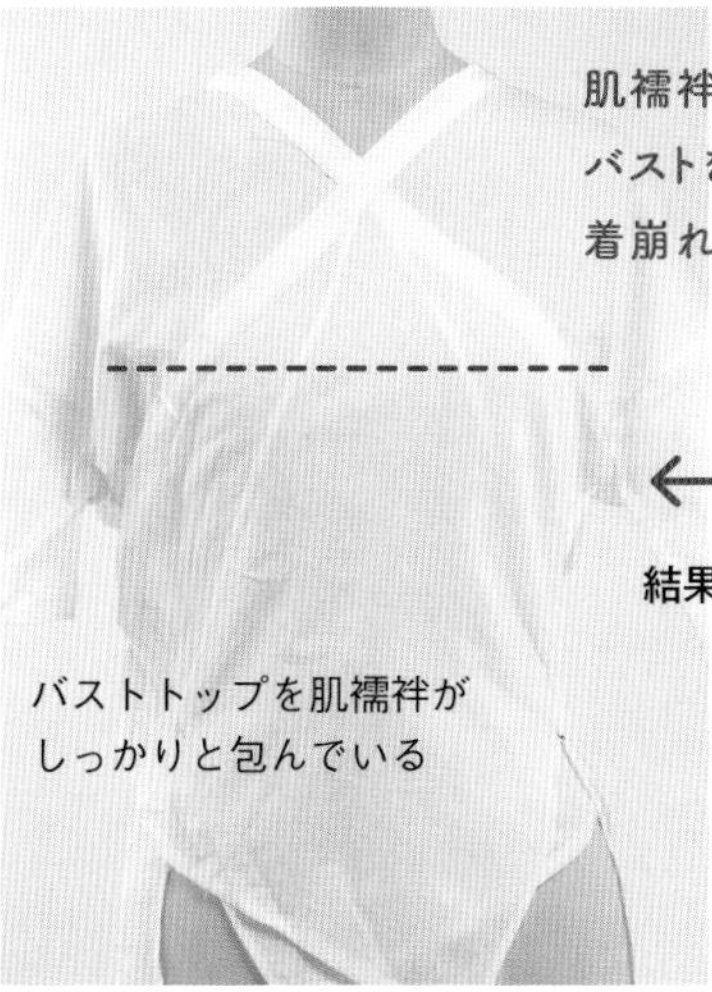
肌襦袢がしっかりとバストを包み込んでいると着崩れしません。

バストトップを肌襦袢がしっかりと包んでいる

肌襦袢の脇縫いを、縫い目に沿って5㎝ほどほどき、あき止まりを糸でとめておくことで抱きが深くなります。体型によってはさらに深くほどいて調整するといいでしょう。ただし、必ず持ち主の方の了承を得るようにしましょう。

テープひとつで着崩れ知らず

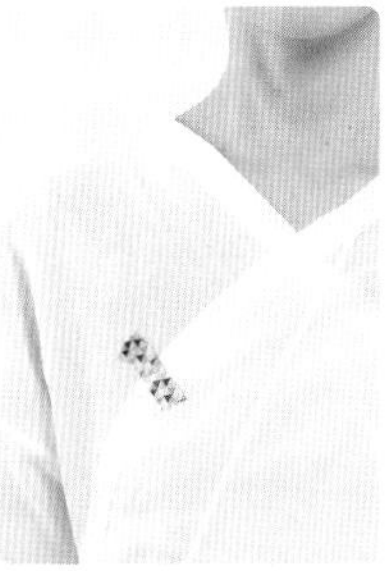

深く合わせた肌襦袢が着崩れないよう、衿元をセロハンテープでとめておくと、着崩れる心配もありません。

プロが教える
ひと工夫

裾よけを改良して ヒップアップ&下腹スッキリ

従来の裾よけの上部、木綿部分を幅広のさらしに付け替えることで、ぽっこりお腹を引き締める効果が望めます。ただし当日作業するのは時間的にも厳しいので、事前に確認できる場合など、時間に余裕のあるときにひと工夫するようにしましょう。

用意するのはさらしだけ。幅広につけたさらしは補整の代わりにもなります。

大久保式◉裾よけ

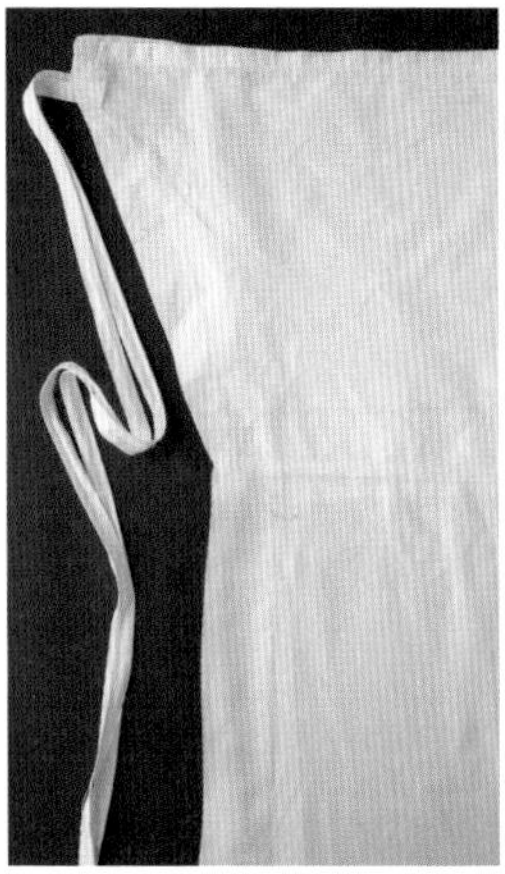

一般的な裾よけ

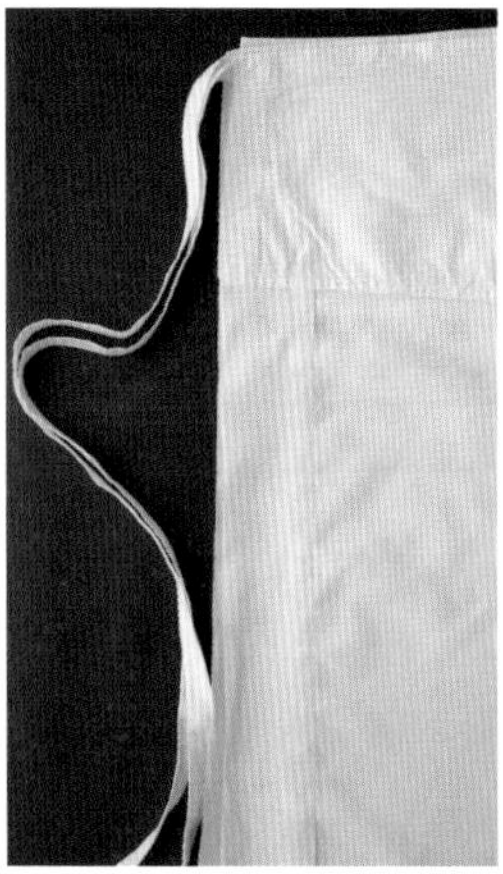

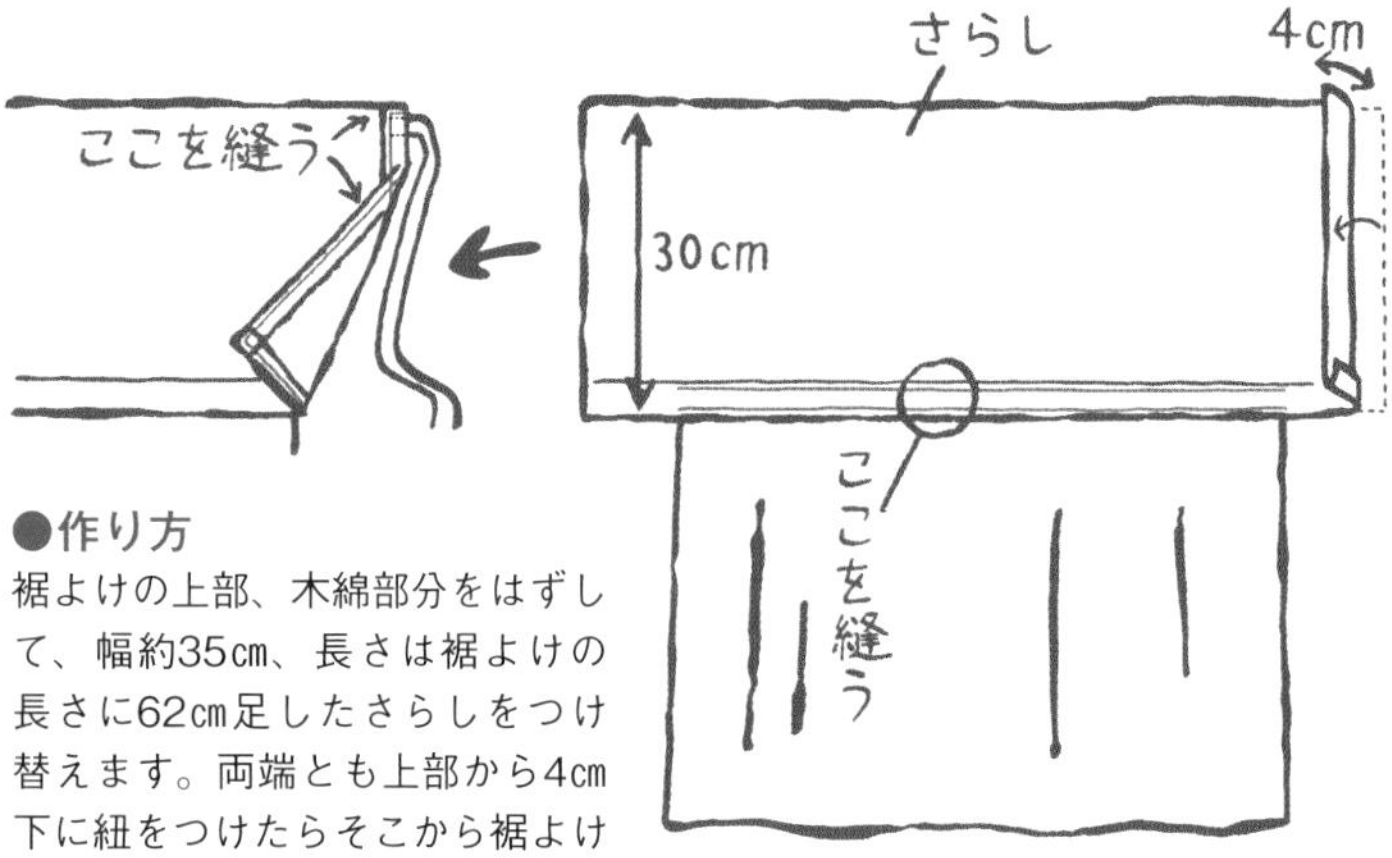

●作り方

裾よけの上部、木綿部分をはずして、幅約35㎝、長さは裾よけの長さに62㎝足したさらしをつけ替えます。両端とも上部から4㎝下に紐をつけたらそこから裾よけに向かって斜めに折って縫い付けます。本来はミシン縫いで行いますが、現場で行う場合はできるだけ細かく縫うようにします。

PART

2

長襦袢と着物の着付け

着る人の年齢や体型、ＴＰＯに応じて、
衿合わせの加減や衣紋の抜き加減を調整します。
着物は礼装の着付けを基本として、
振袖とカジュアル着の着付けポイントを解説します。
手早く美しく、着崩れのない着付けを心がけましょう。

step 1

着付けの前に確認するべき8つのこと

着る人に合わせて微妙に着付け方を変えるのがプロの技。
着付ける前に８つのことを確認してから臨みましょう。

check 1

年齢

帯の位置や衿合わせ、
衣紋の抜き加減の目安になります

check 2

礼装かカジュアルか

前帯幅やお太鼓の大きさ、
半衿の分量の目安になります

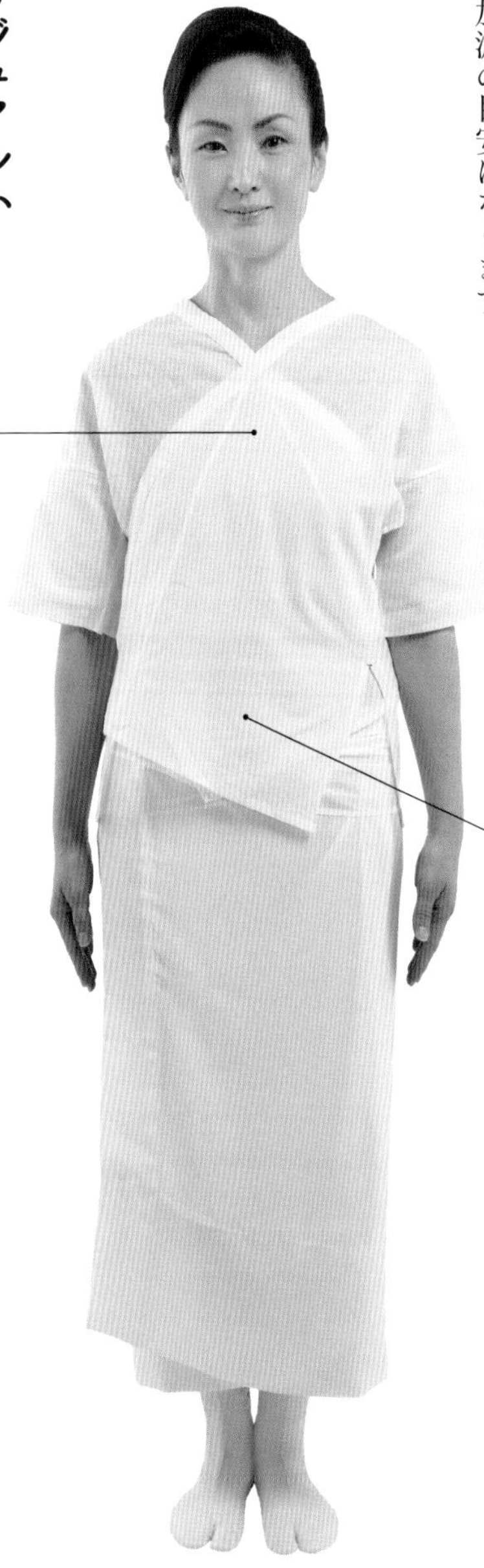

check 3

胸の厚さ

手ぬぐい補整が必要か、また、
手ぬぐいの置き方の目安になります

check 8

お腹回り

前帯の位置とおはしょりの下線の
目安になります

check
4
腰のくびれ
タオル補整が必要かどうかの目安になります

check
5
肩甲骨の高さ
衣紋の抜き加減の目安になります

check
6
首の長さ
衿合わせの角度や衣紋の抜き加減の目安になります

check
7
身長
前帯幅やお太鼓の大きさの目安になります

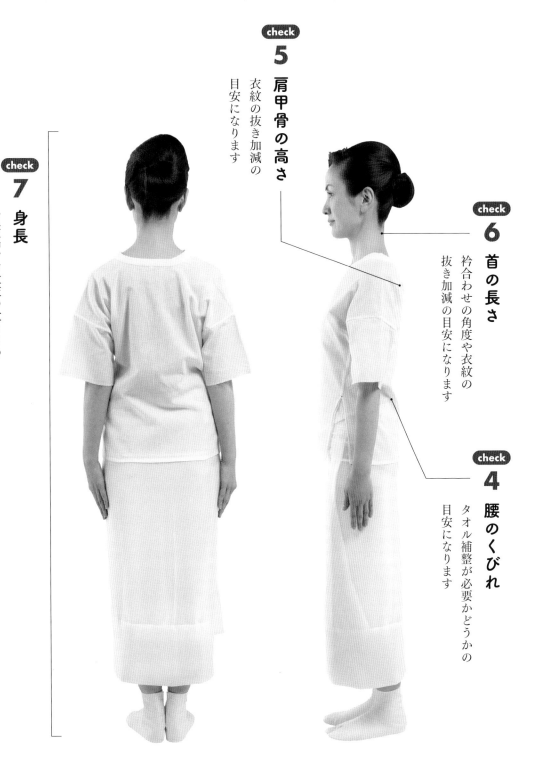

check 1 年齢

「帯の位置」「衿合わせ」「衣紋の抜き加減」の目安になります

帯の位置

高くすればするほど若々しく可愛く、低くすれば大人っぽくこなれた雰囲気に。

衿合わせ

深く詰めれば可愛らしい雰囲気に。浅いと、こなれた雰囲気になります。ただし首元のシワが目立つ場合は、浅くしすぎないほうがいいでしょう。

衣紋の抜き加減

肩から背中にかけて肉付きがいい場合は、抜き気味のほうが上半身は華奢に見えます。

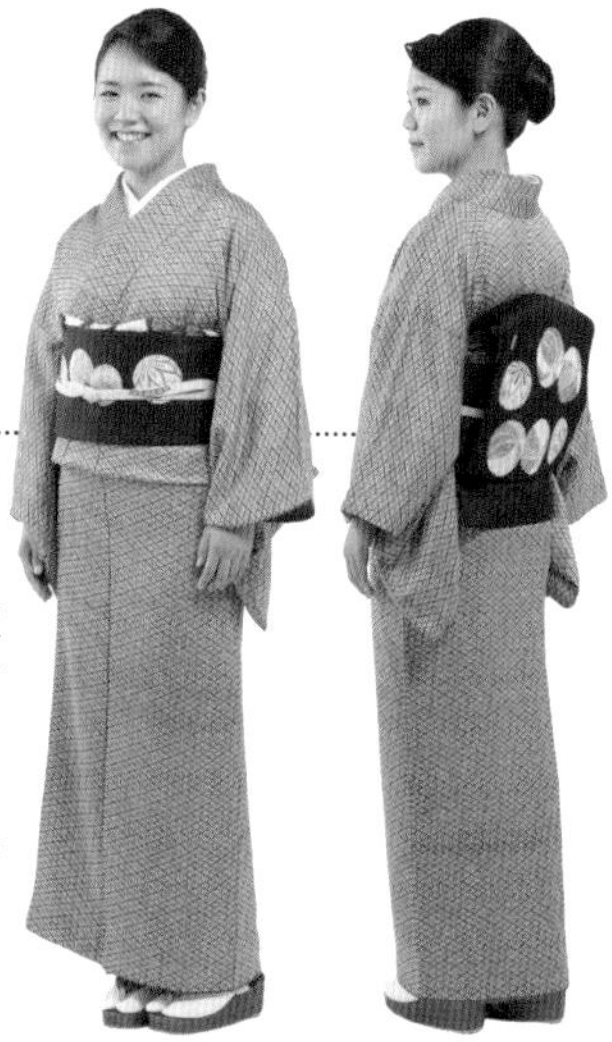

〜30代前半

若い方は肩から背中にかけて肉付きも少ないため、衣紋をあまり抜かなくても首が詰まって見えません。またヒップも上がっているため、帯位置を高くしても下半身が目立つこともありません。

30代後半〜50代

首元や背中、お腹回りに年齢が出やすい時期。衿合わせは深すぎず浅すぎず、衣紋はやや抜き気味にすると首回りをスッキリと見せられます。おはしょりの下線と帯位置も低くすることで、落ち着いた雰囲気に見せると同時に下腹のぽっこりも隠せます。

60代〜

人間としての成熟度が増すこの時期は、浅い衿合わせにしたり、帯を斜めに形作ることで、味のある、こなれた雰囲気を醸し出すことができます。

check 2

礼装かカジュアルか「前帯幅」「お太鼓の大きさ」「半衿の分量」の目安になります

前帯幅

礼装は幅広に、カジュアルは年齢や体型、雰囲気に応じて幅を調整します。

お太鼓の大きさ

礼装はやや大きく作り、垂れが人差し指一本分よりも短くならないように気をつけます。お太鼓は小ぶりなほどカジュアル感は増します。

半衿の分量

白半衿の場合でも、礼装は衿幅をやや広めに取ります。逆に細めにすればするほどカジュアル感は増します。

礼装

前帯幅、半衿幅は広めに取って華やかさを出す

2巻き目で前帯の幅を出します。あらかじめ前帯を体の前に当ててみて、柄や帯幅を決めます。半衿幅は広めのほうが華やかです。

お太鼓は大きめに、垂れは短くなりすぎないように

カジュアル用のお太鼓よりもやや大きく、垂れは人差し指一本分取ります。また年齢が若いほどお太鼓の位置は高くします。

カジュアル

前帯幅、半衿幅は細くするほどカジュアルに

礼装は前帯幅、半衿幅は華やかさを優先して幅広に取りますが、カジュアルでは年齢や体型、雰囲気に合わせて調整します。

自由な帯結びでおしゃれを楽しみます

お太鼓は小ぶりなほどカジュアルな雰囲気に。さまざまな形の帯結びや半幅帯での装いも楽しめます。

check 3

胸の厚さ

「補整が必要かどうか」の目安になります

ハト胸

補整はとくに必要ありません。

胸の厚みが少ない

補整をしてハト胸に近づけます。

バストが豊かで谷間が深い

体と帯のすき間を補整で埋めます。

胸の厚みが少なくハト胸でもない

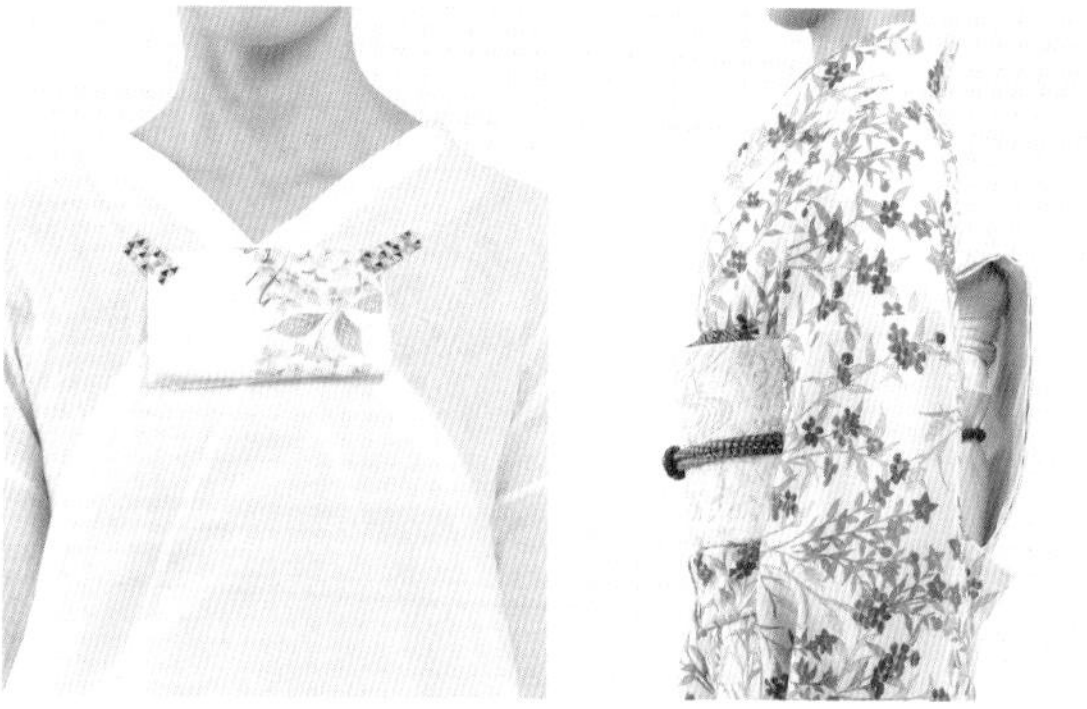

バストの上の胸元が薄い場合、手ぬぐい補整を横に置いてハト胸にします。紐は使わず、左右をセロハンテープでとめて固定します。

バストが豊かで谷間が深い

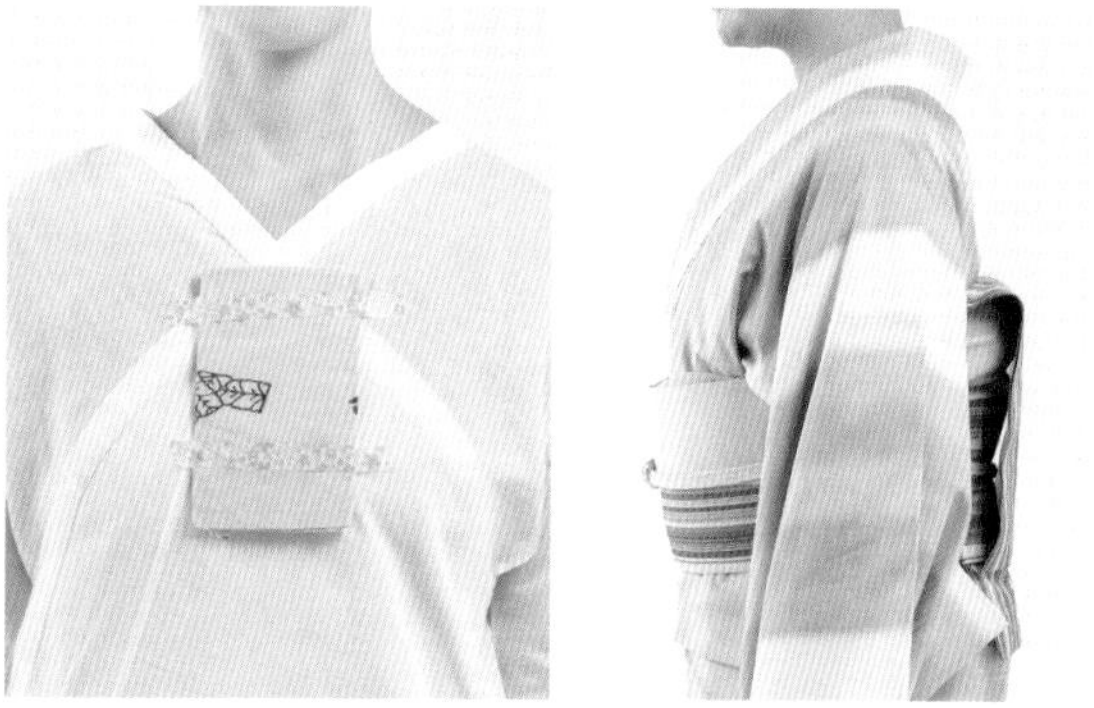

胸の谷間が深い場合は、手ぬぐい補整を谷間に沿って縦に置き、左右をセロハンテープでとめて着物と体のすき間を埋めます。

本書では「大久保式」手ぬぐい補整を使用します

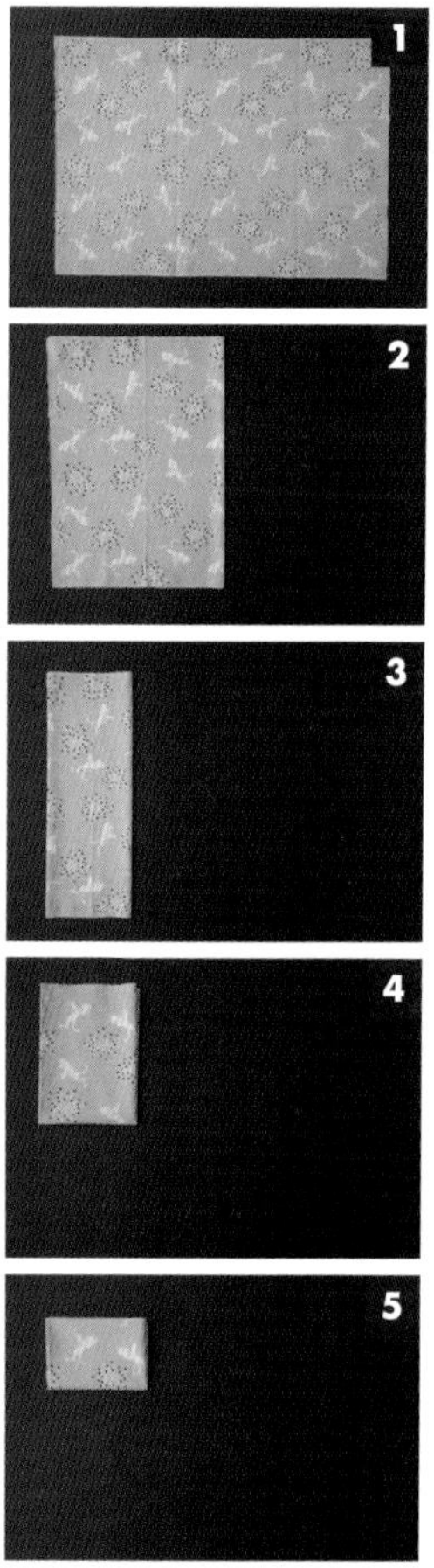

半分にカットした手ぬぐいを、15㎝×10㎝ぐらいに小さく折りたたんで作ります。

check 4

腰のくびれ

「タオル補整が必要かどうか」の目安になります

ほっそり!

ラクチン!

反り腰

とくに若い方は腰にくびれがある場合が多いので、補整が必要に。くびれたままだと帯を結んだときに、お太鼓の底線と垂れの境界線にへこみが生じることも。浴用タオルを使った補整ですき間を埋めます。このとき絶対に紐は使わないこと。裾よけの紐にはさみ込んで固定します。

このへこみを
タオル補整で埋めます。

補整は腰のくびれのみ

裾よけのあまった布や紐類、おはしょりのあまり、それらがすべて補整となるため、タオル補整はくびれにのみ当てます。また紐は使わず、裾よけの紐にはさんで補整します。

本書では「大久保式」タオル補整を使用します

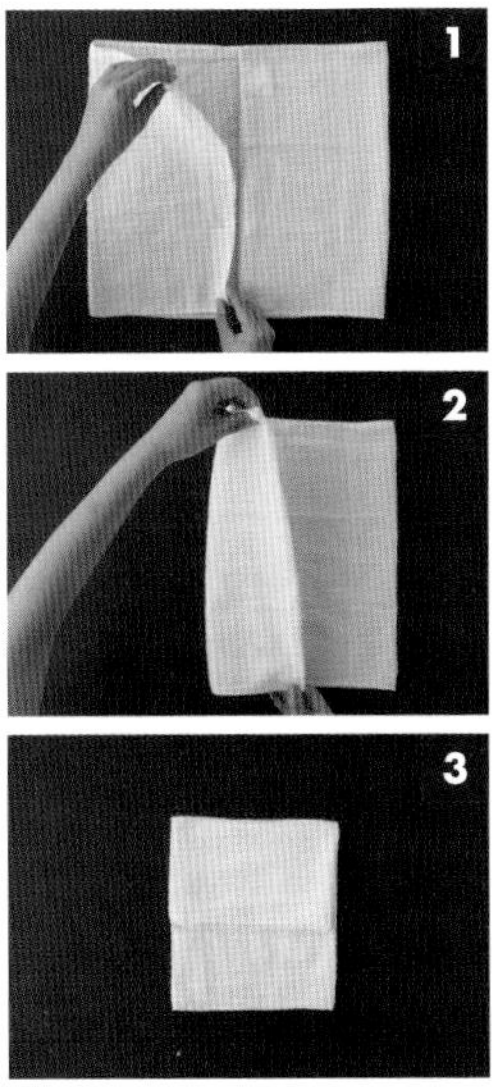

色落ちしない浴用タオルを使います。タオルの左右を中央に向かって折り、さらに半分に折ります。上部を折って腰のくびれ部分にはまるくらいの大きさに調整します。

NG ×

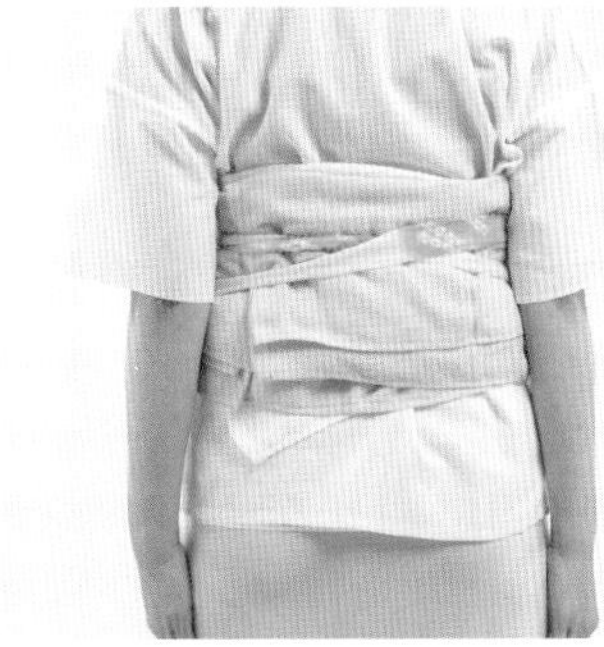

ウエストを囲むようにタオルを巻くのは絶対にNG。帯を巻いたときに胴回りが太く見えてしまいます。

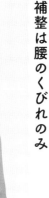

check 5

肩甲骨の高さ

「衣紋の抜き加減」の目安になります

ほっそり！

肩甲骨が低め⇓やせ型

首が長い場合、衣紋の抜きは好みで着付けます。首が短めの場合は衣紋はやや抜き気味にしたほうが首が長く見えます。

肩甲骨が高め⇓肩や背中がふくよか

衣紋は抜き気味にしたほうが背中の面積がせまくなり、後ろ姿の上半身がほっそりと見えます。

肩甲骨が高め⇓背中に丸みが生じている

背中の丸みに合わせて大きく衣紋を抜きます。

ポイントは背中の面積

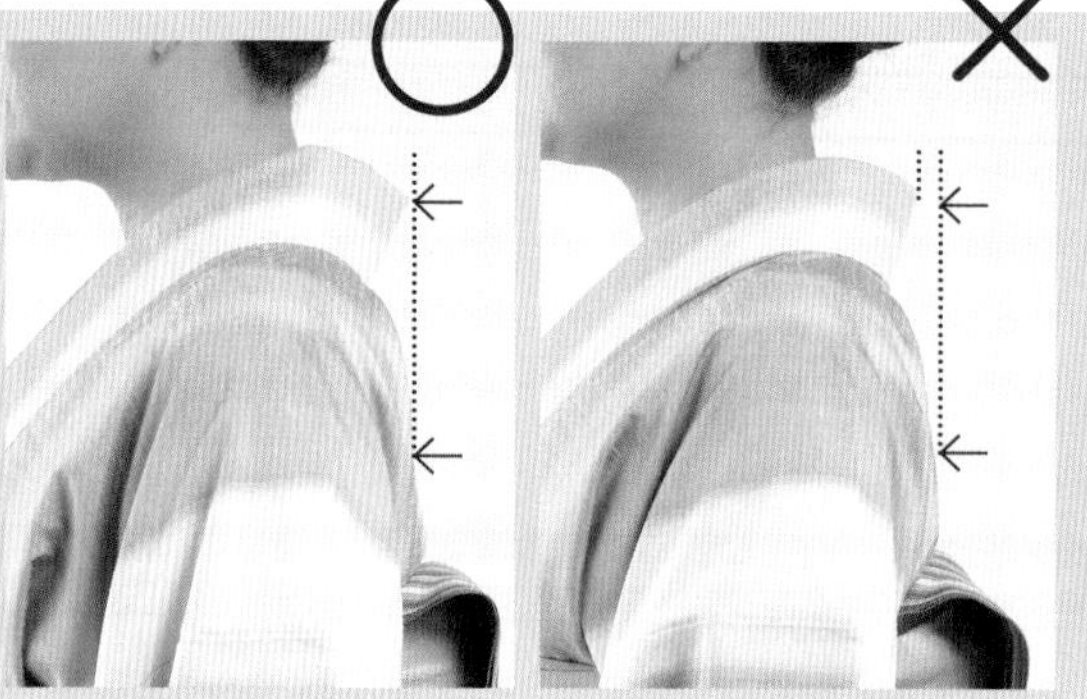

肩甲骨の高さとは横から見たときにいちばん高い位置のこと。この高さと後ろ衿の頂点が同じ高さになるように衣紋を抜くと、首元がスッキリと見え、さらに背中の盛り上がりが目立たないため、上半身がほっそりと見えます。

やせ型

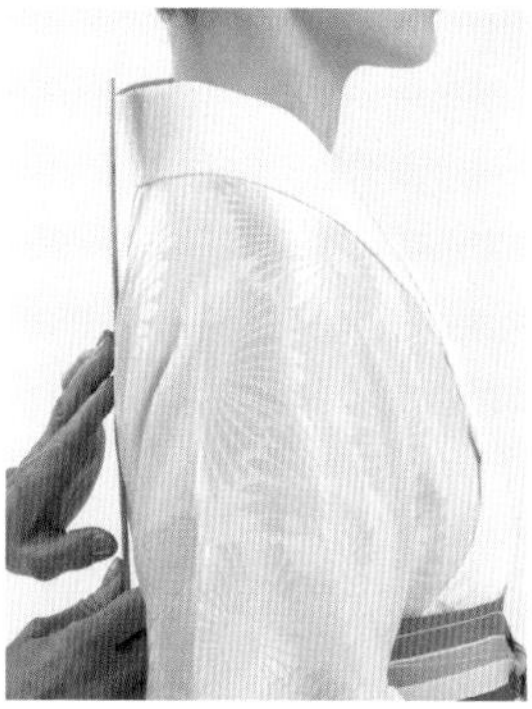

背中の肉が薄く、肩甲骨の位置が低いやせ型は、衣紋の抜きは詰め気味にすると都会的で粋な印象に。首が長い方は抜きすぎないよう加減しましょう。

肩や背中がふくよか

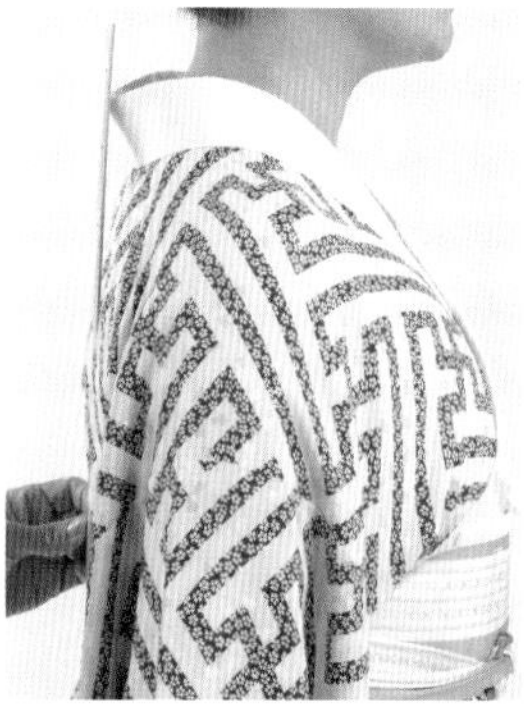

肩や背中の肉付きがよくなり肩甲骨が高くなる年代は、衣紋も抜き気味にします。衿付けからお太鼓の山線までの距離も短くなるため、上半身がほっそりと見えます。

背中に丸みが生じている

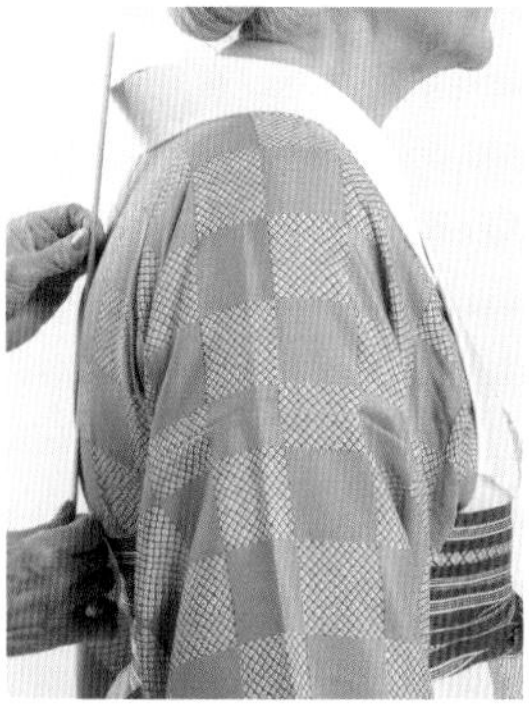

老年になると背中に丸みが生じてきます。ゆったりと衣紋を抜き窮屈に見えないようにします。とくにお年を召された方が詰め気味にすると背中の丸みが目立ってしまいます。

check 6

首の長さ

「衿合わせの角度」や「衣紋の抜き加減」の目安になります

首が短い

衿を寝かせて露出する首の面積を広くします。衿を寝かせることで、衣紋の抜きも大きくなります。

首が長い

衿を立ててバランスを取ります。衿を立てることで、衣紋は詰め気味になります。

首が短い

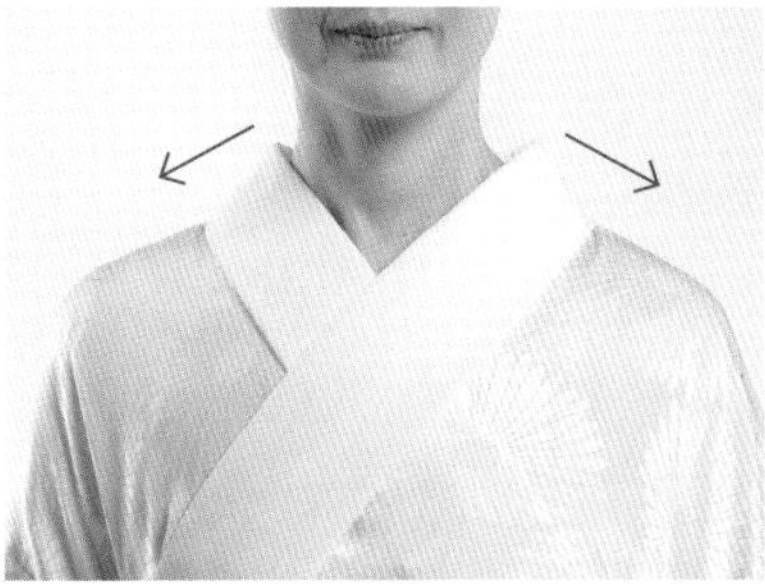

衣紋を抜き気味にし、肩に衿幅がのるように寝かせて着付けます。

首が長い

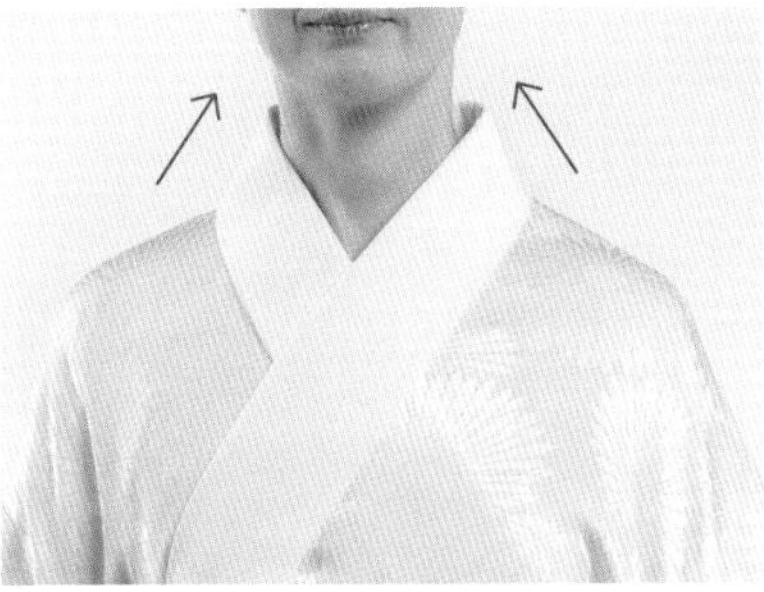

衣紋を詰め気味にし、首の付け根から衿が上に立つように着付けてバランスよく着付けます。

衿を寝かせると、上半身を華奢に見せる効果も期待できます

ほっそり！

衿付けから肩までの距離を短くすることで、上半身をほっそりと見せることができます。

check 7

身長

「前帯幅」や「お太鼓の大きさ」の目安になります

身長が低い

前帯幅は身長の10分の1が目安。お太鼓はやや小ぶりに作ります。さらに細身の場合はお太鼓の左右から出るてが長すぎないように調整し、逆にふくよかな場合はやや長めにてを出すと、体の横幅とのバランスが取れます。

身長が高い

前帯幅は身長の10分の1が目安。お太鼓は基本の大きさよりも小さくなりすぎないように気をつけます。

身長が150cm前後

前帯幅は身長の1/10を目安に調整します。大久保式ではお太鼓の底線はおはしょりの下線に合わせるのが基本ですが、小柄な方はお太鼓の底線と前帯の下線を揃えて、やや小ぶりにお太鼓を作ります。また、帯枕にも注意が必要です。厚みがありすぎる帯枕は小柄な体型を強調してしまい、場合によっては幼児体型に見えることも。

身長が170cm前後

前帯幅は小柄な方同様に身長の1/10を目安に幅出しをし、お太鼓は小さくなりすぎないようにします。背の高い方は、とくに前帯の位置が高すぎるとバランスが悪くなります。帯締めを境にして上半身と下半身の比率がなるべく4対6になるように意識するといいでしょう。逆にお太鼓の山線が低すぎると上半身が目立ってしまいます。

check 8

お腹回り

「前帯の位置」と「おはしょりの下線」の目安になります

どのような体型の場合でも、帯は前下がりが基本です。とくに下腹がぽっこりと出ている体型の場合、前帯が上がっていると下腹が目立ってしまいます。

ポイントはおはしょりの下線です。横から見てお腹のいちばん出ているところよりも下におはしょりの下線を合わせて、人差し指一本分を目安におはしょりを作ります。そしてそれにともない前帯の位置も下げます。

おはしょりが下がらない場合は、腰紐の位置を腰骨に近づけたり、さらしで幅の細い腰紐を作り、おはしょりが出るように調整します。

▶p.66参照

おはしょりで下腹を隠し、脇の高さは変えずに前帯をぐっと下げることで、お腹回りが引き締まって見えます。上半身もゆったりとした印象に見えます。

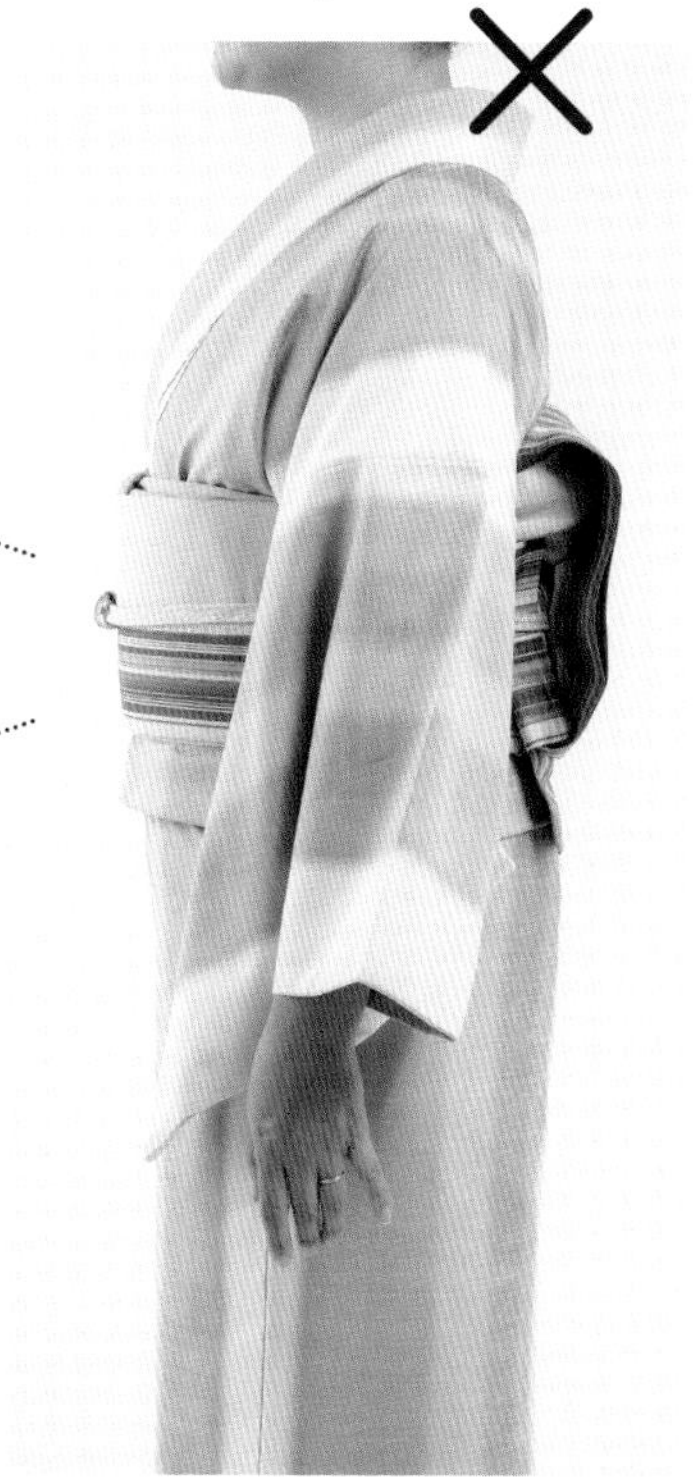

下腹のラインが丸見えのため、実際よりもお腹が出ているように見えてしまいます。前帯が上がっているので、上半身も詰まった印象に。

ひと目でわかる

着付けの早見表

年齢・体型別の着付けポイントの目安になります

TPOに合った着付けを基本にしたら、表を参考に、着る人に合った着付けの方向性を決めましょう。

○＝合う　×＝合わない　△＝どちらでもかまわない

		大人（30代後半～50代）		若い（～30代前半）	
		肩・背中肉付きよい	華奢	ぽっちゃり	細い
衿の角度	寝かせる	○	△	○	△
	立たせる	×	○	×	○
	詰める	×	△	△	○
	詰め気味	○	○	○	△
	ゆったり浅め	△	△	×	×
衣紋の抜き加減	抜きすぎず V字	×	△	×	○
	抜きすぎず U字	△	○	○	△
	抜き気味	○	△	△	△
	抜く	○	△	×	×
帯位置	高め	×	×	○	○
	やや低め	○	○	○	△
	低め	△	×	×	×

		首の長さ 短い	首の長さ 長い
衿の角度	寝かせる	○	△
衿の角度	立たせる	×	○
衣紋の抜き加減	抜きすぎず	×	○
衣紋の抜き加減	抜き気味	○	△

		フォーマル度 カジュアル	フォーマル度 礼装
前帯幅	広め	—	○
前帯幅	身長に応じて	○	—
お太鼓の大きさ	大きめ	—	○
お太鼓の大きさ	身長に応じて	○	—

		着て行く場所 脱がない	着て行く場所 履き物脱ぐ
裾の長さ（着付け時）	床につくぐらい	○	—
裾の長さ（着付け時）	床から約1cm	—	○

老年（60代〜）	首のシワが目立つ	下腹・ヒップライン下がっている
○	○	○
△	○	○
×	△	△
×	○	○
○	×	△
×	△	△
×	○	○
○	○	○
○	○	○
×	×	×
×	○	○
○	△	○

※表はあくまでも目安です。個人差がありますので着る人の体型に応じて微調整してください。

step 2

着付ける前の下準備

事前に確認ができる場合は前日までに、当日しか準備ができない場合でも慌てずに、きちんと下準備をしておくことで、着付けをスムーズに行うことができます。

比翼のついている着物は着付ける前にあらかじめ縫い付けます

比翼の分量は関西は8㎜～1㎝、関東では約5㎜が好まれるとされます。

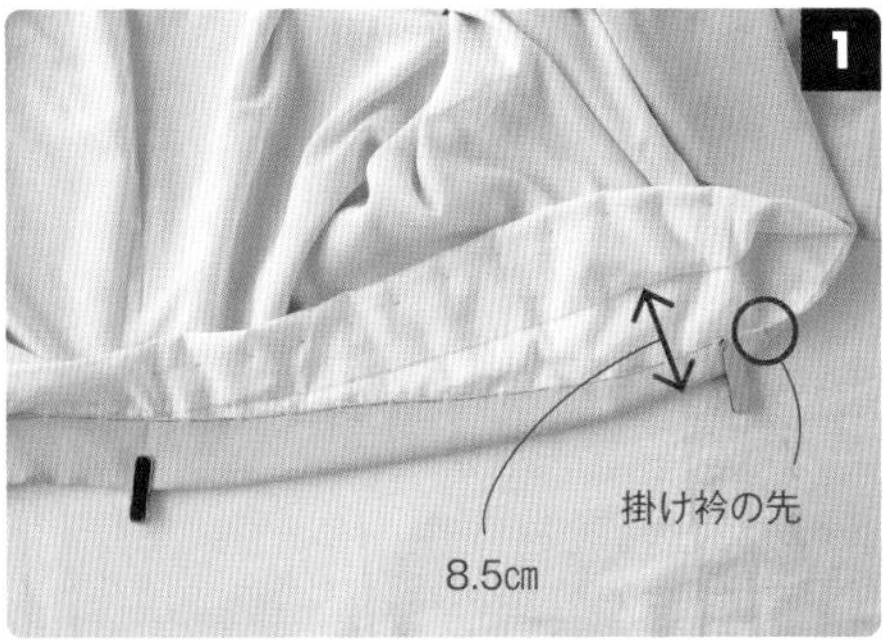

背中心で衿幅を半分に折ります。掛け衿の先の位置で衿幅が約8.5㎝になるように折り、背中心に向かって斜めに折って縫います。

比翼は着物から5㎜～1㎝出るように折って縫います。

あらかじめ縫っておくことで、着付ける際に衿幅や比翼がずれる心配もありません。

伊達衿をつける場合は あらかじめ足し布をして長襦袢に縫い付けます

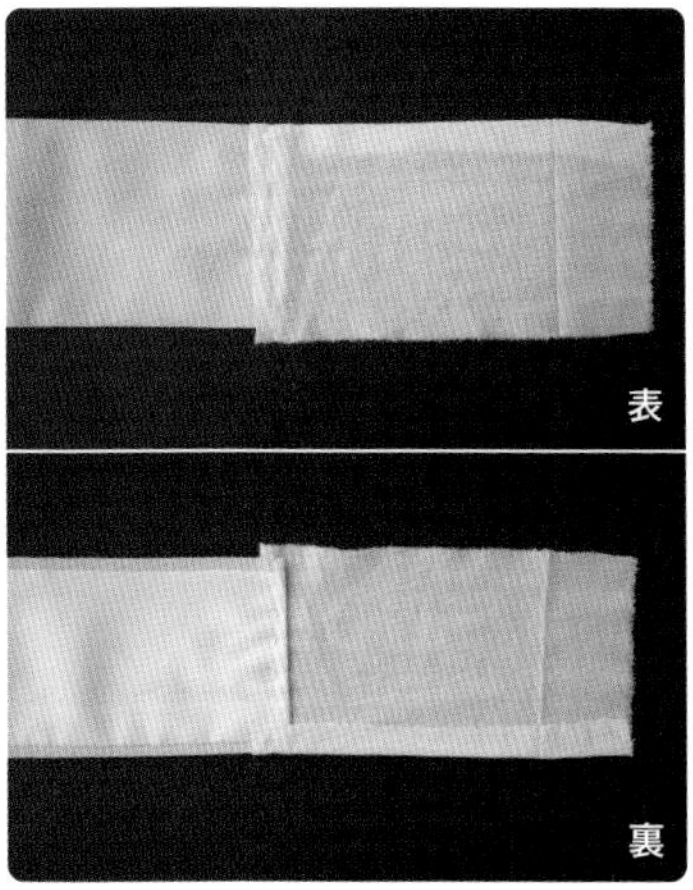

下前側になる伊達衿の先端に、さらしを約20cm縫い付けて足し布をします。

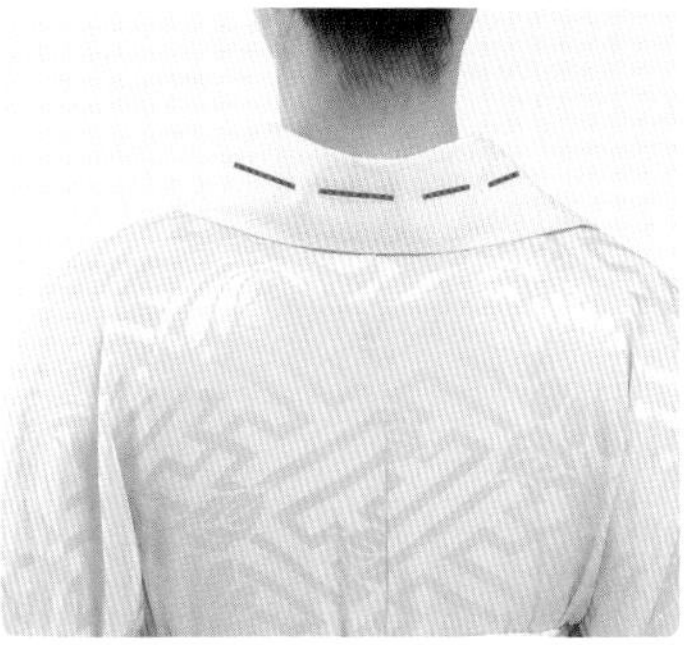

半衿の幅と同寸になるよう伊達衿を折ります。長襦袢の表側の衿に伊達衿を縫い付けます。伊達衿の真ん中を背中心に合わせて、上から約3cmほどを衿肩あきよりもやや短めに、ざっくりと縫い付けます。

比翼のない着物は あらかじめ衿幅を決めて縫い付けます

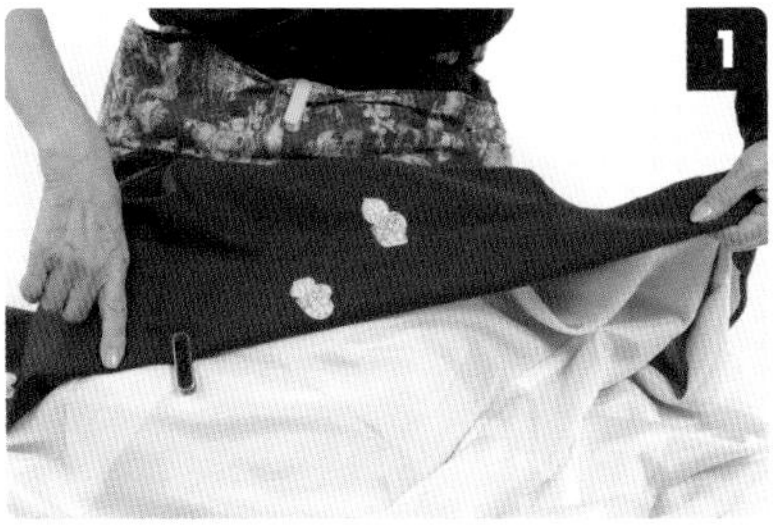

掛け衿の幅が人差し指1本分になるように折り、クリップでとめます。

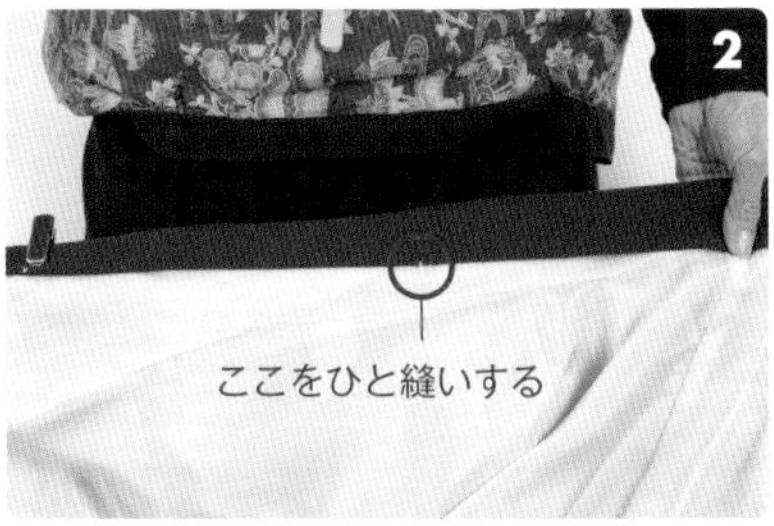

背中心の衿幅を半分に折り、剣先と背中心の中間をひと針縫います。下前側も同様に。

剣先とは……

衽《おくみ》線の上部先端、衿と交わる部分のこと。写真の〇で囲った箇所を指し、衽先とも呼ばれます。

step 3

長襦袢の着付け

衿合わせや衣紋の抜き加減は着る人の年齢や体型、雰囲気に応じて微調整します。
大切なのは下前と上前の衿を合わせるときに、しっかりとバストトップを包むこと。
この抱き合わせが浅いと着崩れの原因になります。

1 袖を通す

手のひらを内側にして、写真のように両手を後ろへ回してもらいます。

2

相手に手を入れてもらうのではなく、着せる人が着る人の手をすくう要領で、長襦袢の袖口に手を通します。

3 背中心を合わせて衣紋の抜きを決める

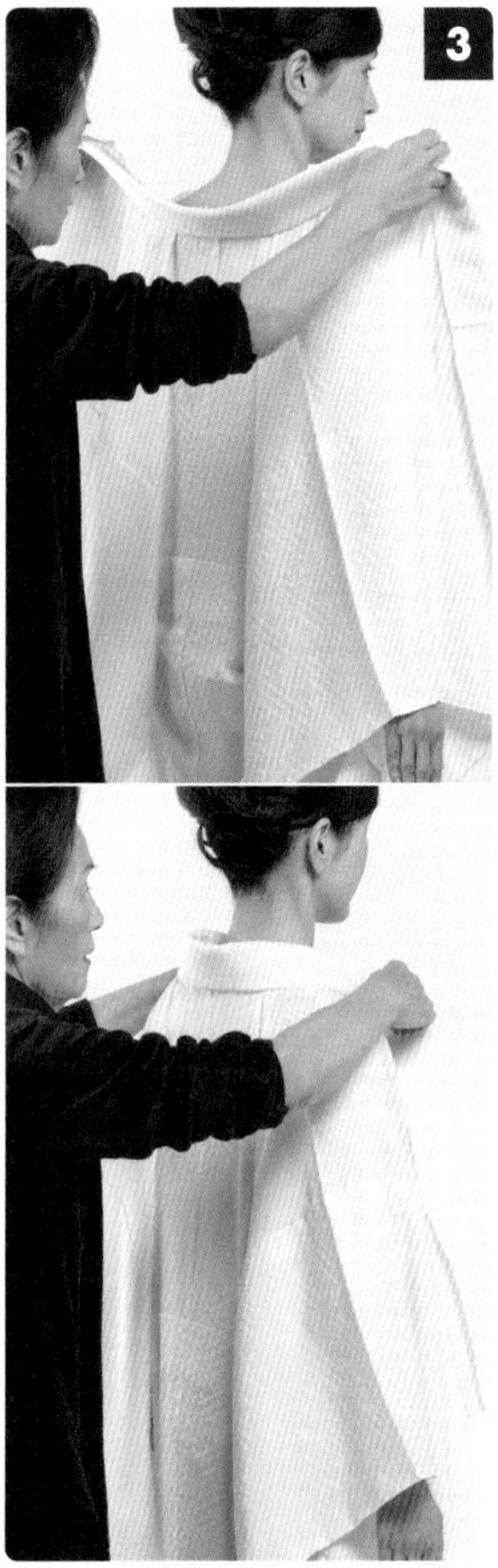

長襦袢を肩にかけたら、背中心を体の真ん中に合わせて、衣紋の抜き加減を決めます。

◆衣紋の作り方

衣紋の抜き加減

ほっそり！

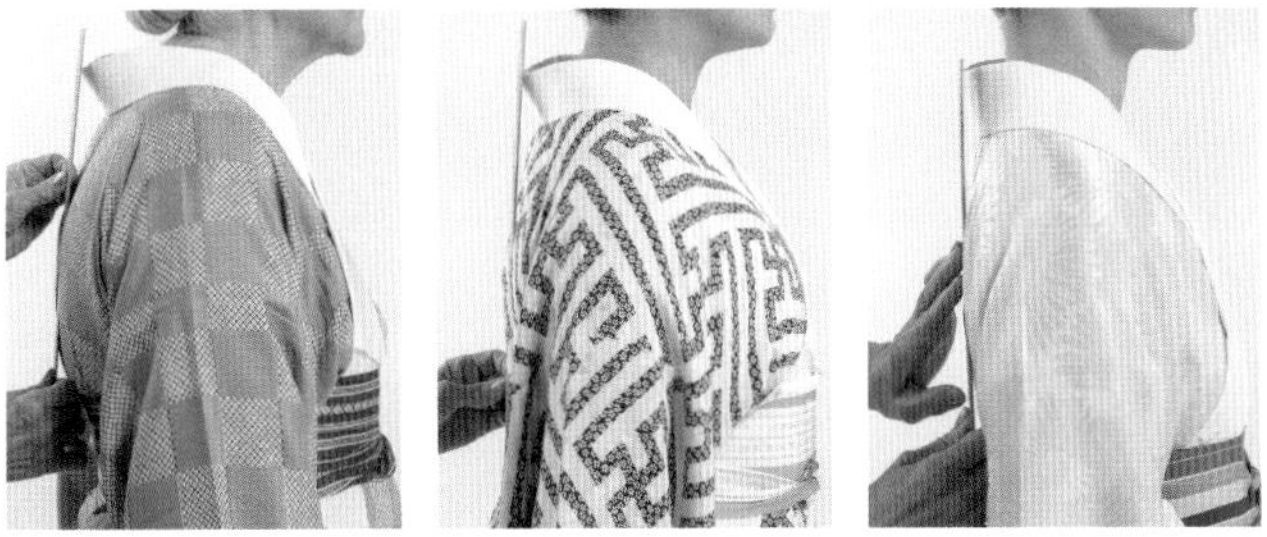

衣紋の抜き加減は肩甲骨の高さで決めると上半身が華奢に見えます。

衣紋の形は体型に応じてV字かU字に決めます

肩や背中が華奢＝V字

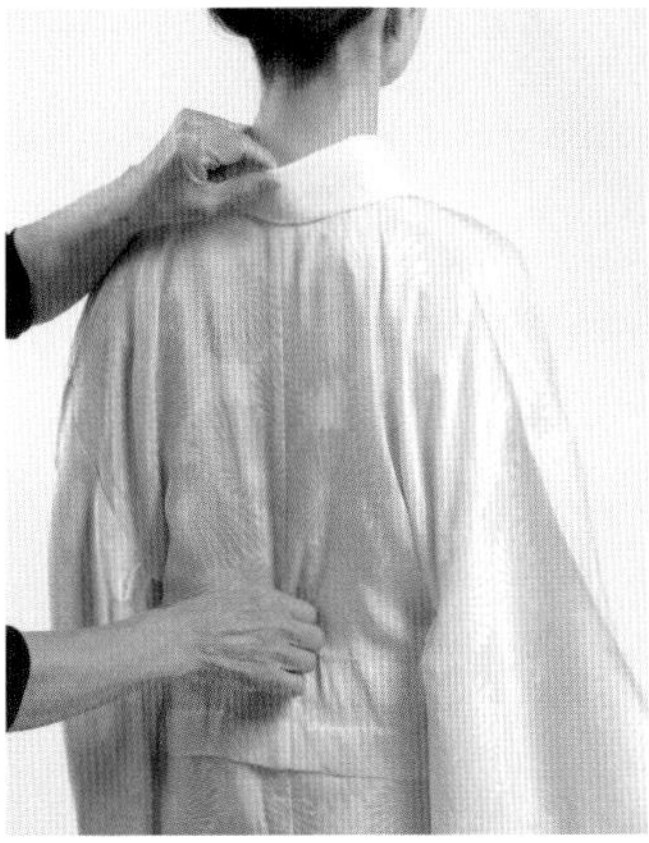

肩や背中にお肉がついていない体型の場合は、後ろ衿の真ん中をV字に抜きます。

【仕上げの引き方】

伊達締めを締めたら、背中心を下に引いて衣紋の抜き加減を整えます。

肩や背中が厚い＝U字

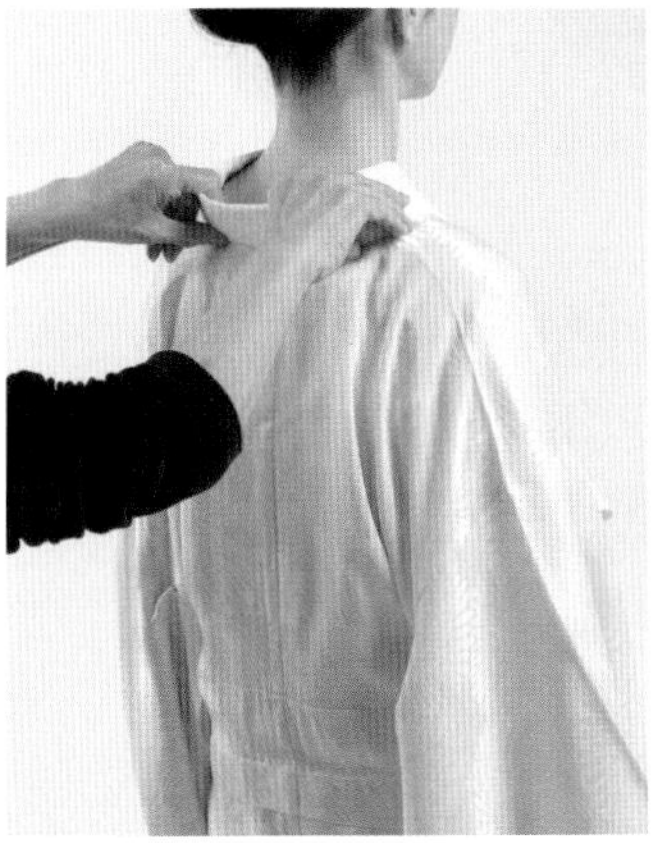

丸みのあるU字に抜くことで、厚みが増した肩や背中をスッキリと見せることができます。

【仕上げの引き方】

伊達締めを締めたら、背中心の左右を引いて衣紋の抜き加減を整えます。

4 衿を合わせる

衣紋の抜きをキープしたまま、バストをしっかりと包むように下前を合わせながら、衿の角度を決めます。

NG ×

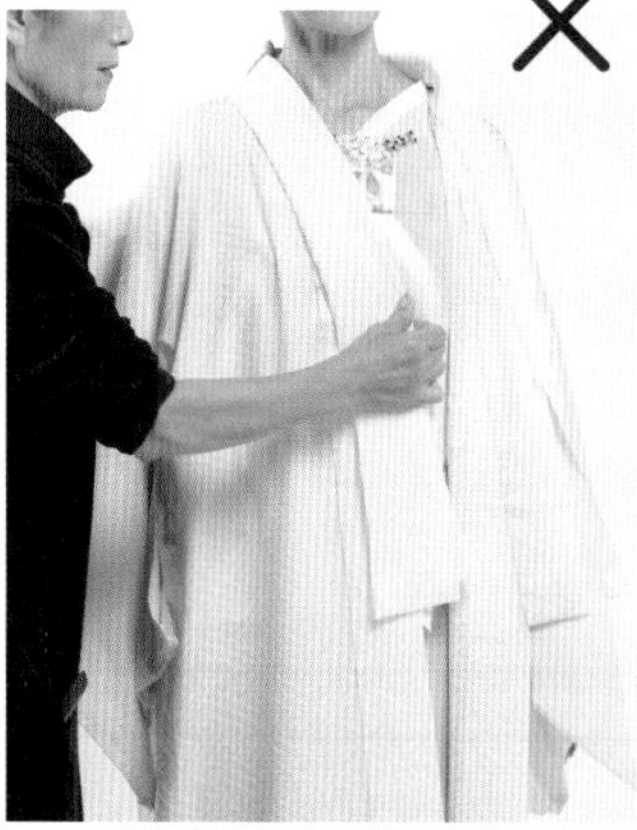

バストを包まないと衿先が下を向いてしまい、衿合わせが浅くなるなどの着崩れの原因になります。とくにバストが豊かな場合はバチ衿に半衿を縫い付けるといいでしょう。

▶p.48 参照

5

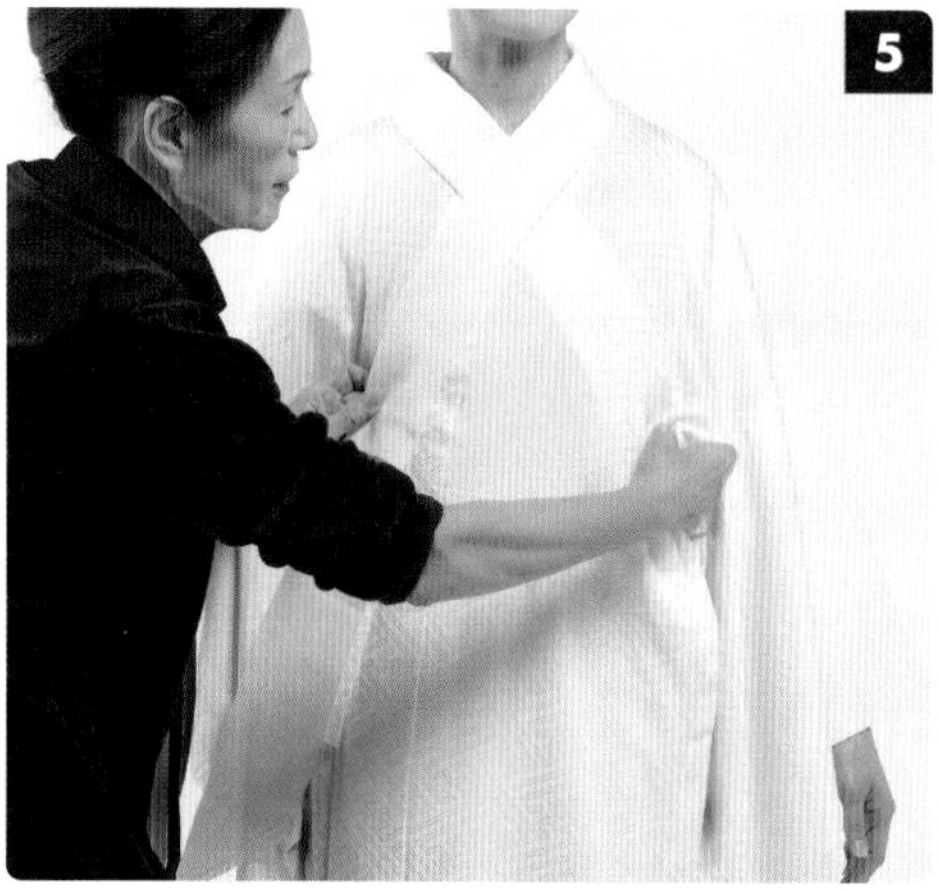

上前も同様に、しっかりとバストを包んで合わせます。着る人の左側の身《み》八《や》つ口《くち》から下前の衿を持ち、左右の衿を深く合わせます。

首の長さによって衿の角度を変えます

首が短めな人は衣紋を抜き気味にし、肩に衿幅がのるように寝かせて着付けると首がスラリと見えます。逆に長めな人は衣紋を詰め気味にして衿を立たせると、バランスよく着付けることができます。

首が長めな人

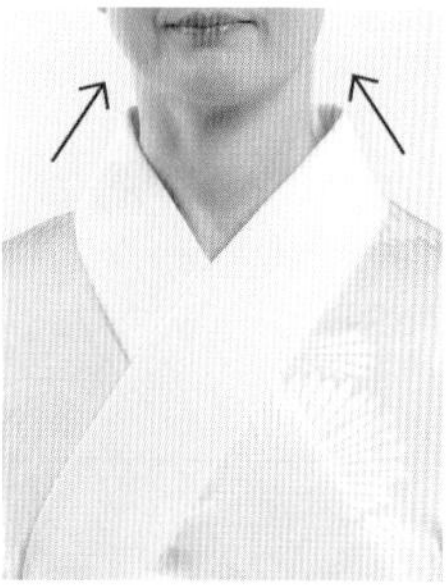

首が短めな人

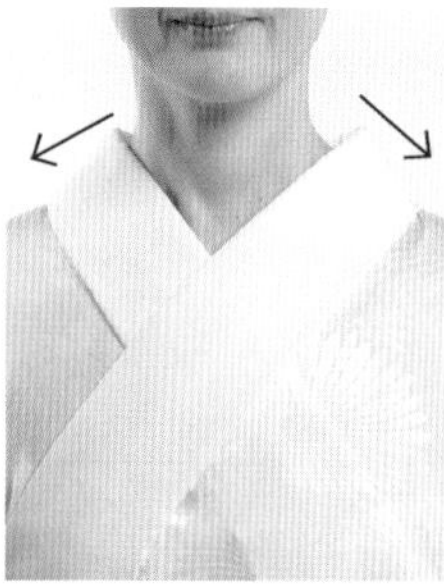

伊達締めを締める

大久保式では長襦袢に使用する紐は伊達締めだけ。幅広の紐を使うことで、体への負担も軽くなります。

6

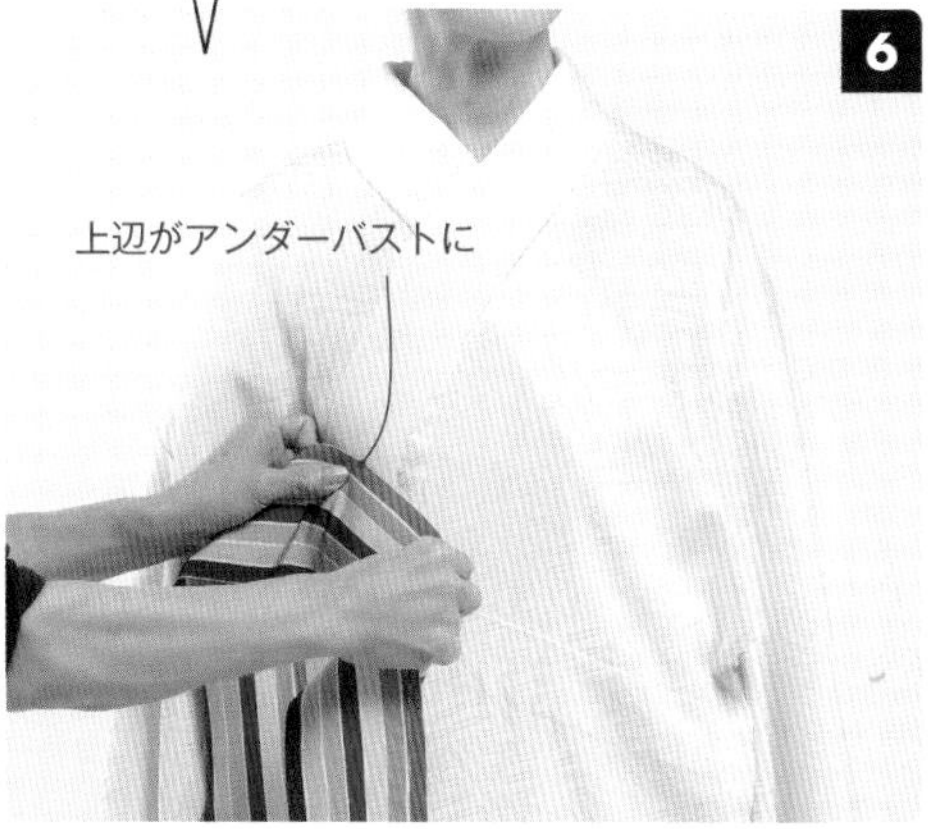

伊達締めの真ん中を持ち、上辺を右のアンダーバストに当てます。

7

左のバストの上に上げ、左の胸元を上から下になでるように伊達締めをすべらせて、左のアンダーバストに向かって下ろします。

8

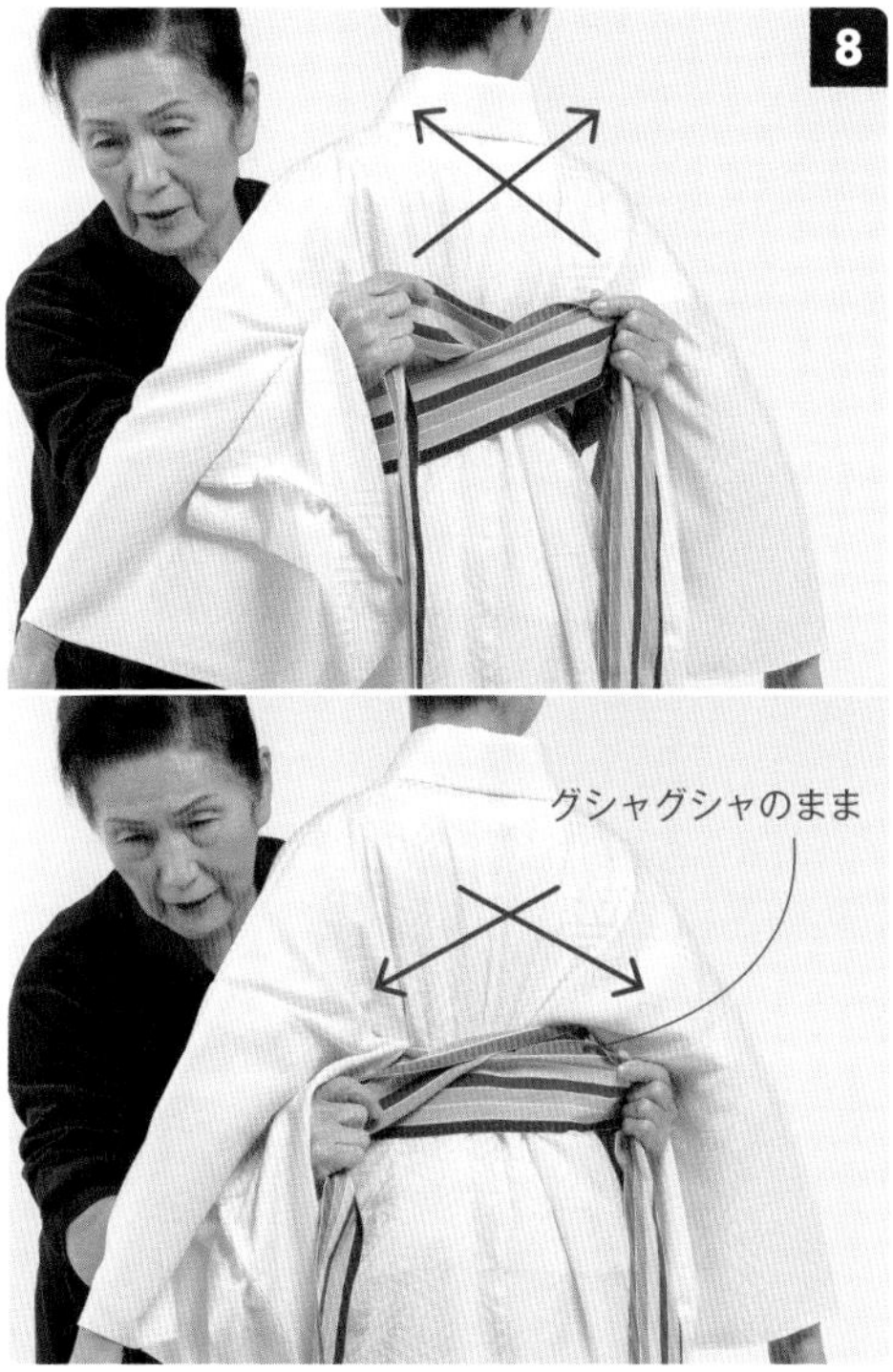

伊達締めを斜め上に上げるようにしながら後ろへ回し、交差させてから下げて前へ回します。こうすることで背中のたるみがスッキリとします。このとき下げた伊達締めは整えないこと。グシャグシャのままにしておくことで、補整の代わりにもなります。

伊達締めを締める前にひと工夫

バストのトップとアンダーの差で段差が大きい場合は、伊達締めの下にたたんだ手ぬぐいを入れて補整するといいでしょう。

ラクチン!

9 伊達締めを結ぶ

体の前のいちばんへこんだ位置で左右の紐を2回からげます。結び目を作らないため体への負担も軽減します。

10

左右の紐を交差させ、あまった紐は体に巻いた伊達締めの間にはさみます。

11 シワを取る

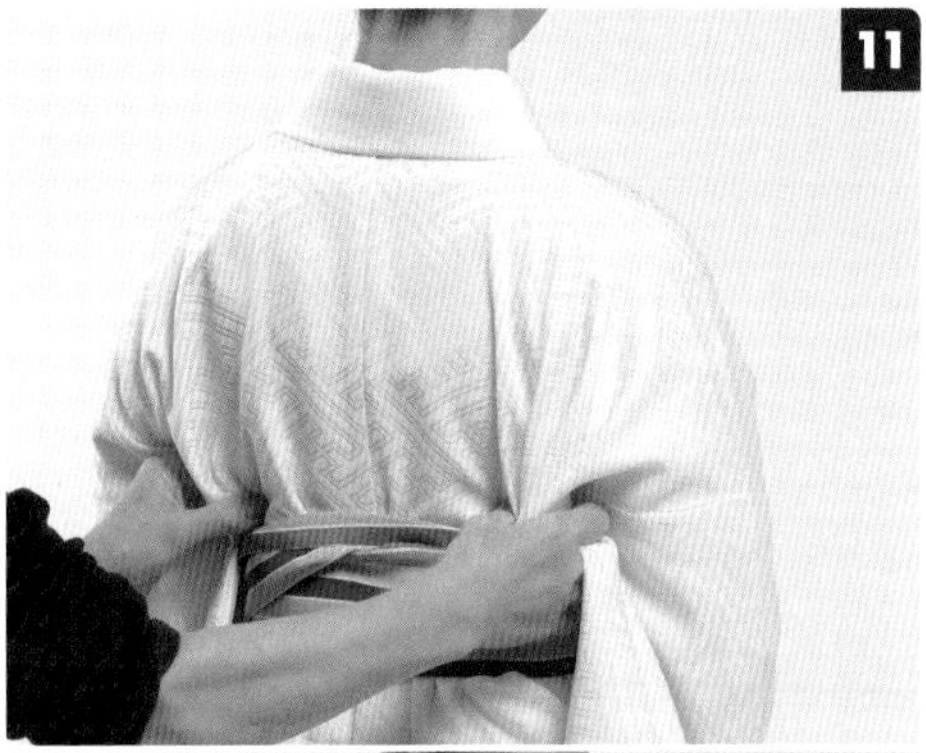

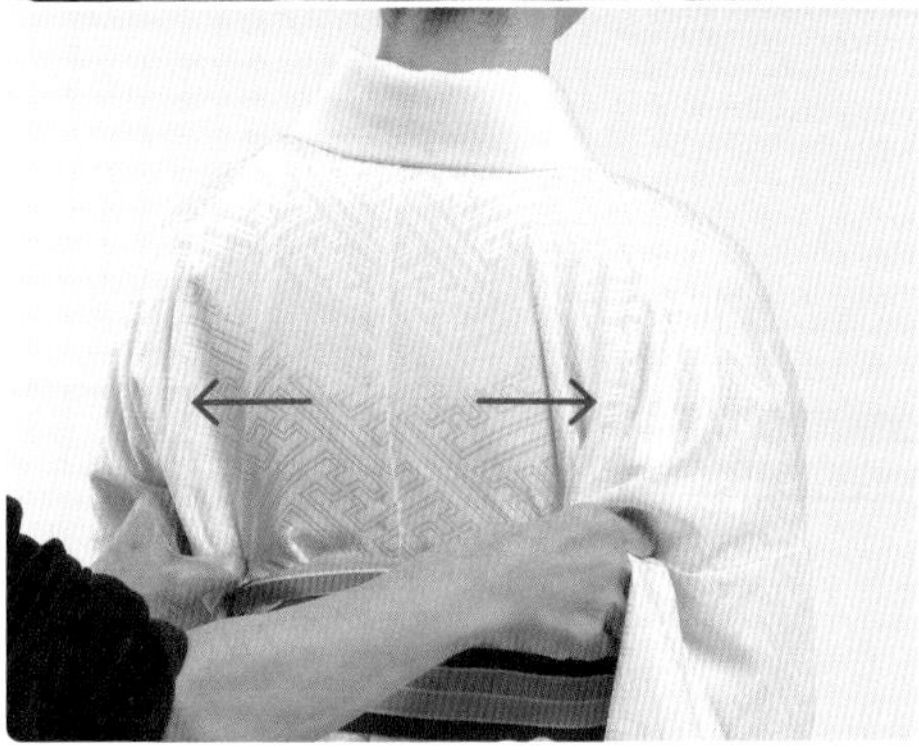

伊達締めよりも上にできた背中のシワを、左右の脇に寄せます。

12 衣紋を抜き直す

U字

V字

V字の場合は伊達締めよりも下の背中心を、U字の場合は伊達締めよりも下の背中心の左右を下に引いて衣紋を抜き直します。

完成チェック

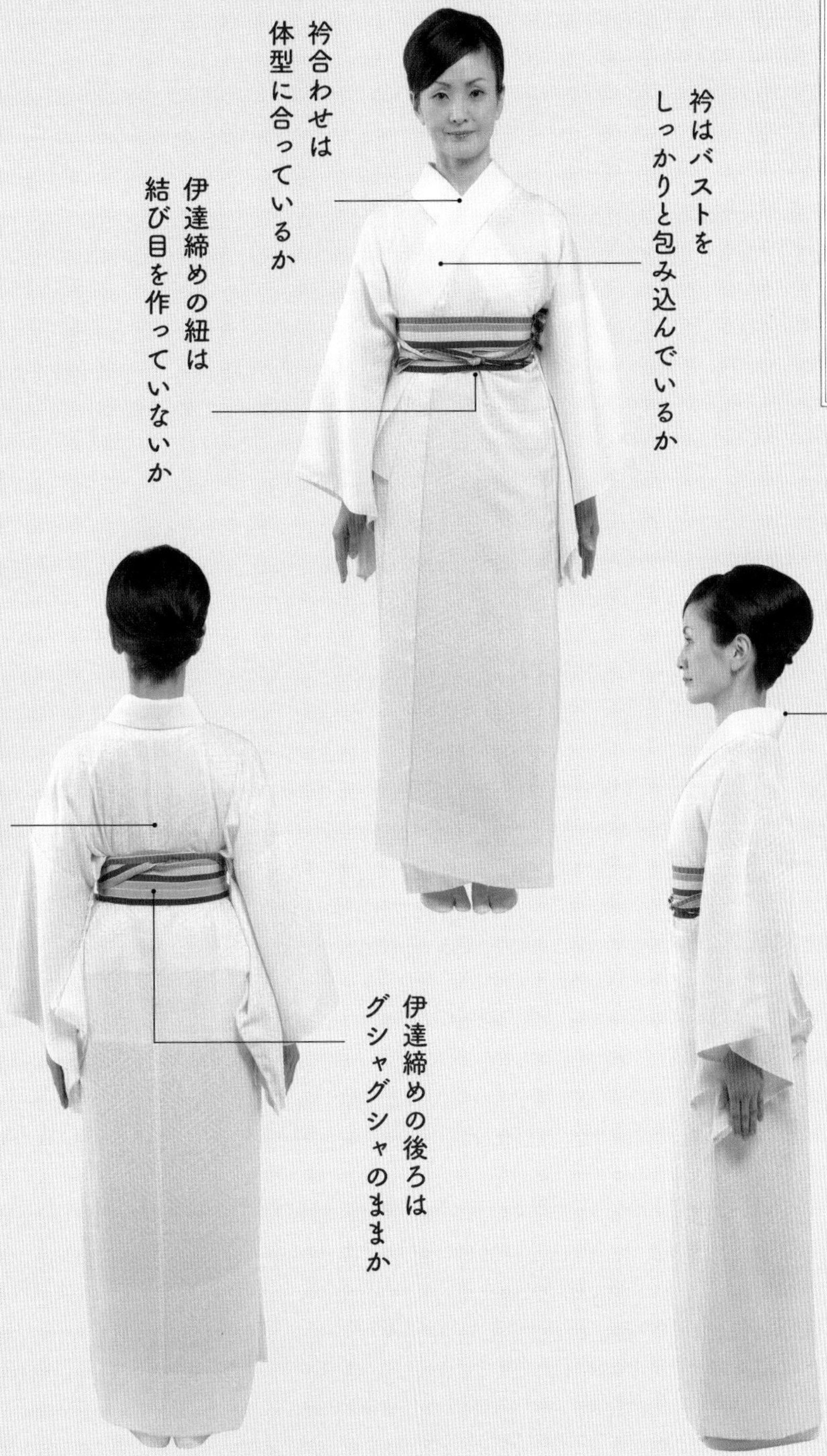
衿はバストをしっかりと包み込んでいるか
衿合わせは体型に合っているか
伊達締めの紐は結び目を作っていないか
衣紋は肩甲骨の高さに合っているか
伊達締めの後ろはグシャグシャのままか
背中心は体の真ん中か

プロが教える
ひと工夫

裾すぼまりで美ラインを実現

長すぎる長襦袢にも応用できます

大久保式の着付けの特徴のひとつでもある、江戸前の粋な褄の上げ方。長襦袢、着物ともに褄を上げることで、裾すぼまりのラインで美しい仕上がりになります。

柔らかものであれば床から約10センチ、織りの着物は5～8センチを目安に褄を上げて、キュッとした裾すぼまりにします。

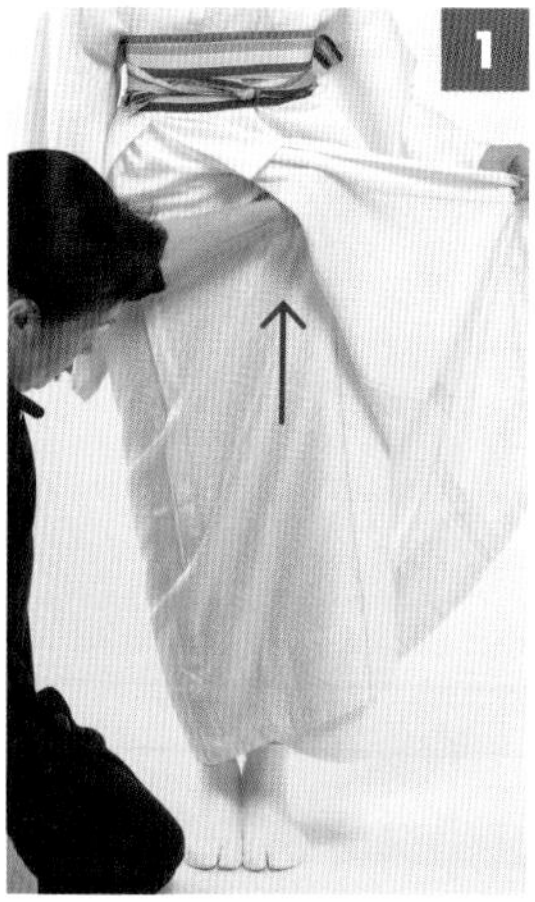

1 長襦袢を着付け終わったら、腰骨の上で下前の衿先をつまみ、褄を上げます。

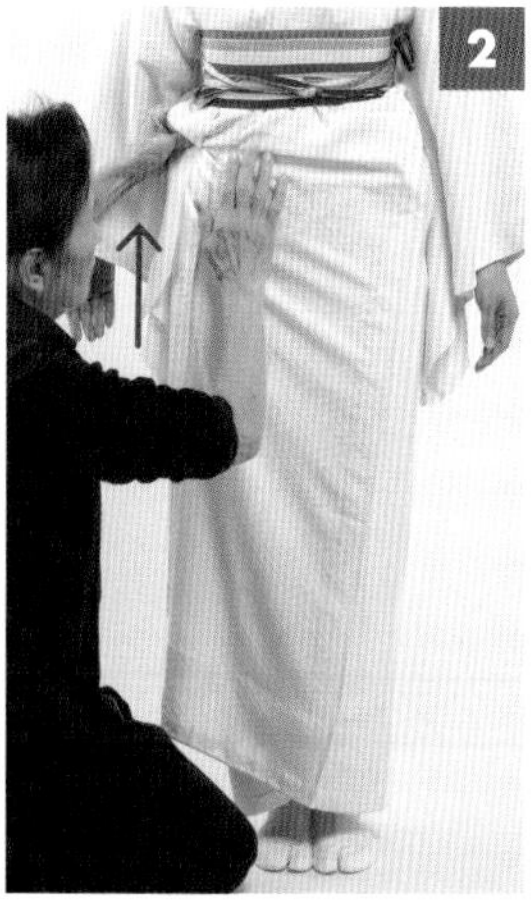

2 上前も同様に、腰骨の上で衿先をつまみ、褄を上げます。

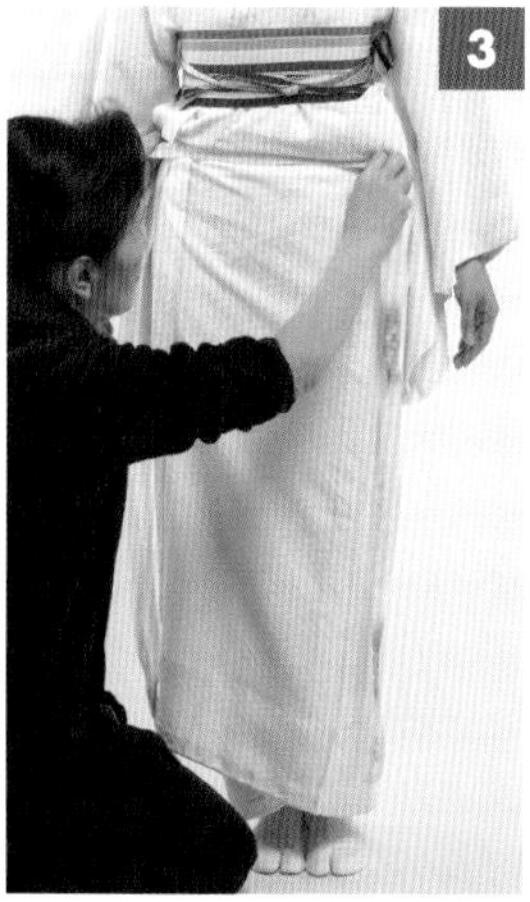

3 腰骨の上に紐を当てて、後ろで交差させ、前に回して結びます。

後ろのたるみは腰の補整に
裾すぼまりのシルエットに

あまった布は補整代わりに
伊達締めと腰紐の間のあまった布は補整に

伊達締めと腰紐の間の布は補整代わりになります。大久保式では無駄な補整はしない代わりに、着付けの工程でできる布のあまりなどが補整の代わりとなるのです。

半襦袢の着付け

カジュアルな装いには簡易的な半襦袢を着ることができます。長襦袢同様、バストをしっかりと包み込むように衿を合わせます。二部式の裾よけは肌着の裾よけと兼用でき、裾よけ同様下腹を引き上げるように着付けます。

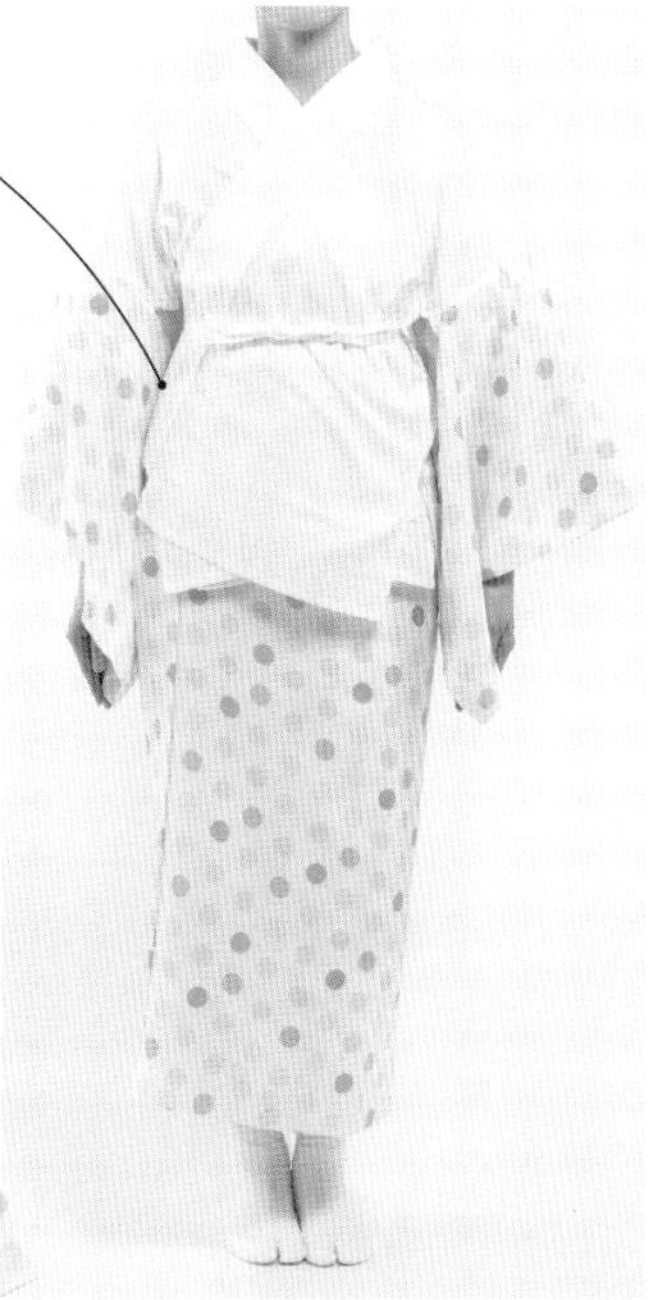

肌襦袢と同じように脇の縫い目をほどくと抱きが深くなります

上にはさんだ布を押さえるように伊達締めを締めます。長襦袢の伊達締めと同じように、後ろはグシャグシャのままにしておきます。

裾よけをつけてから、半襦袢を羽織らせ、バストを包み込むように衿を合わせて胸紐を締めます。胸紐から下の上前の身頃を上げて紐にはさむと、お腹回りの余計な厚みを減らすと同時にウエストの補整にもなります。

着付けの「困った」を即解決！

長襦袢編

Q 衿がパカパカ浮いてしまう

衿が首や肩にきちんと沿っていないため、衿と体の間にすき間ができてしまっています。首が短くいかり肩にも見えてしまいます。

A 衿芯の素材を見直してみましょう

ほっそり！

硬い衿芯が適しているのは礼装や厚みのある素材の着物の場合です。カジュアルな着物や柔らかい素材ではとくに、衿芯の反発で生地が浮いてしまいます。

また年齢を重ねると肌のハリが失われ、硬い衿芯が肌に沿わなくなってきます。衿芯がそこまで硬くなくても長襦袢に三河芯が縫い付けてある場合はその硬さもプラスされてしまいます。着付ける前に衿芯の素材を確認し、必要に応じてp.47を参考に代用品を用意するなどしましょう。

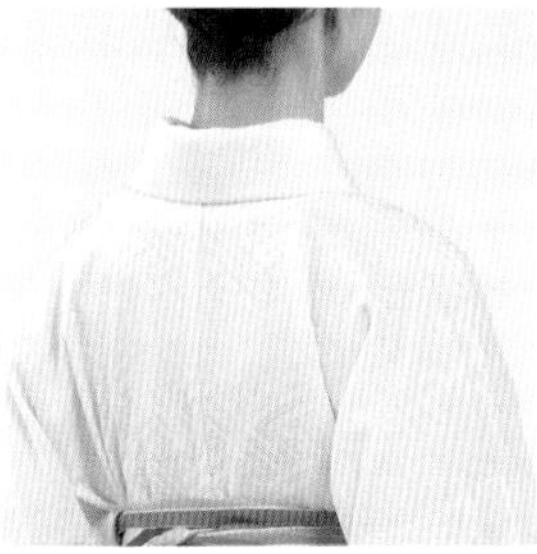

衿芯が必要なのは後ろ衿の部分だけ。胸元はなくてもいいくらいです。

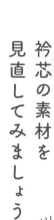

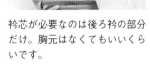

大久保式◎即席衿芯の作り方

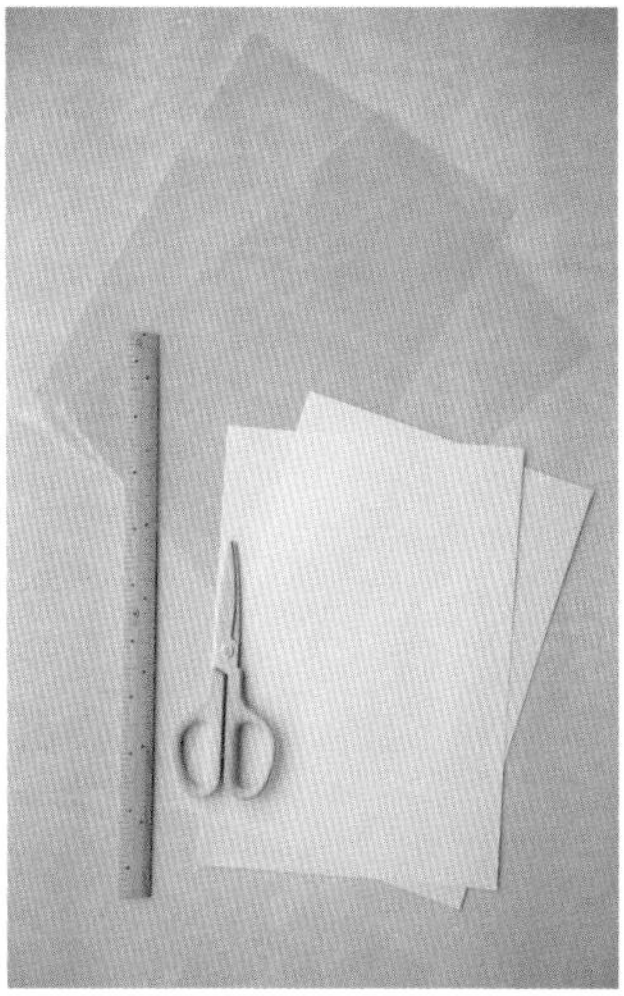

case 1

長襦袢に三河芯がついていない場合

三河芯が入っておらず、適度な強度を出したいときは、2枚重なっているクリアファイルの1枚をカットして衿芯の代用にできます。

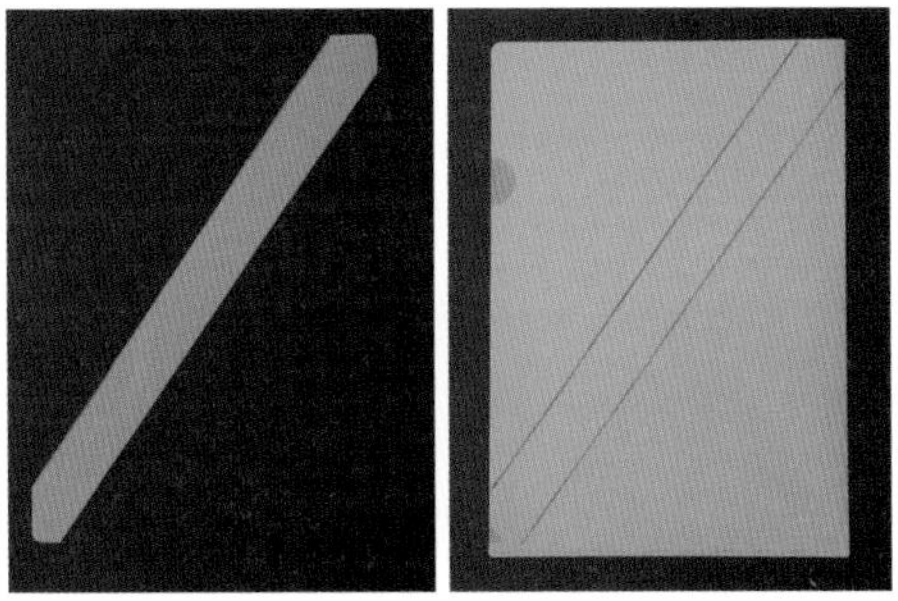

クリアファイルを写真のように約3.5㎝幅に斜めにカットします。これで後ろ衿に十分長さが足りる衿芯になります。衿に入れるときは30㎝定規を使うといいでしょう。先端が気になるようでしたら丸くカットします。

case 2

長襦袢に三河芯がついている場合

すでに三河芯が長襦袢に縫い付けてある場合は、A4サイズのコピー用紙を約3・5㎝幅に斜めに折って代用すれば、自然で柔らかな衣紋抜きを作れます。

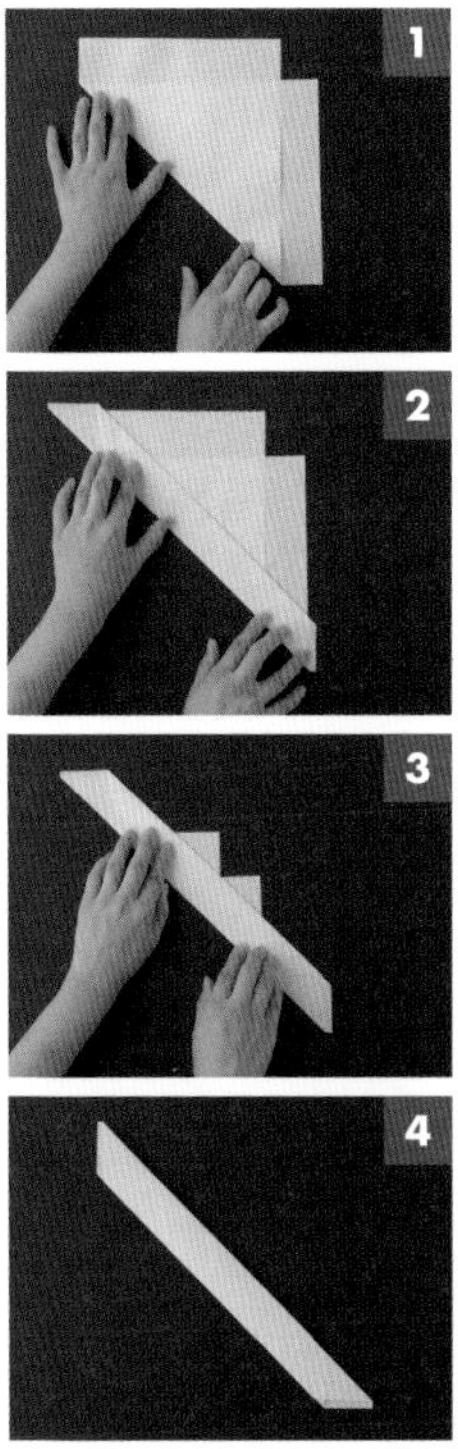

●長くしたい場合

A4サイズのコピー用紙を斜めにカットし、それぞれ約3・5㎝幅に折りたたみ、一方の先端にもう片方の先端を差し込み長さを出します。

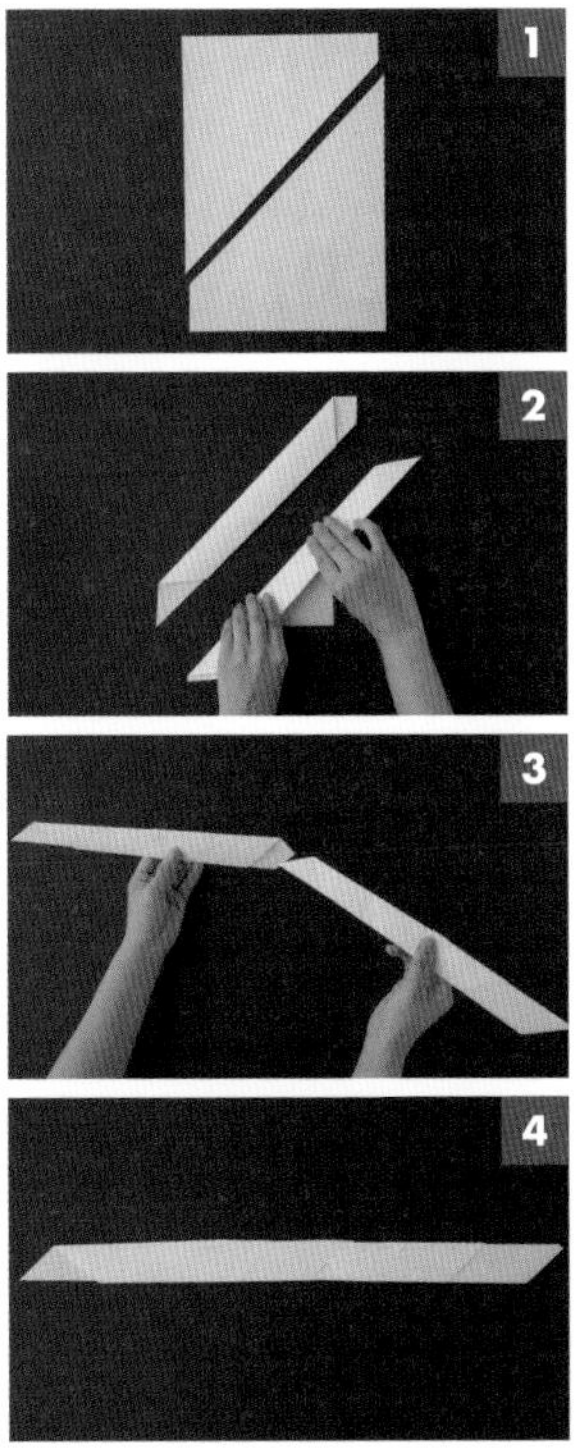

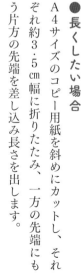

Q

抱きが浅くて衿が開いてくる

長襦袢の身頃が足りずにしっかりとバストを包み込まないと、徐々に衿は開いてきてしまい、着物から半衿が見えなくなってしまったり、左右で衿の幅が違ってくるなど着崩れが生じます。

A

衿肩あきから衿先まで半衿を付け替えて身幅を広げます

もともと長襦袢に半衿が縫い付けてある場合は、衿肩あきから縫い目をほどいて付け直し、長襦袢の身幅が広くなるよう工夫するといいでしょう。

着付け師が半衿を縫い付ける場合も、左右の先端にいくほど半衿の幅が広くなるように縫い付けることで、身幅を出すことができます。

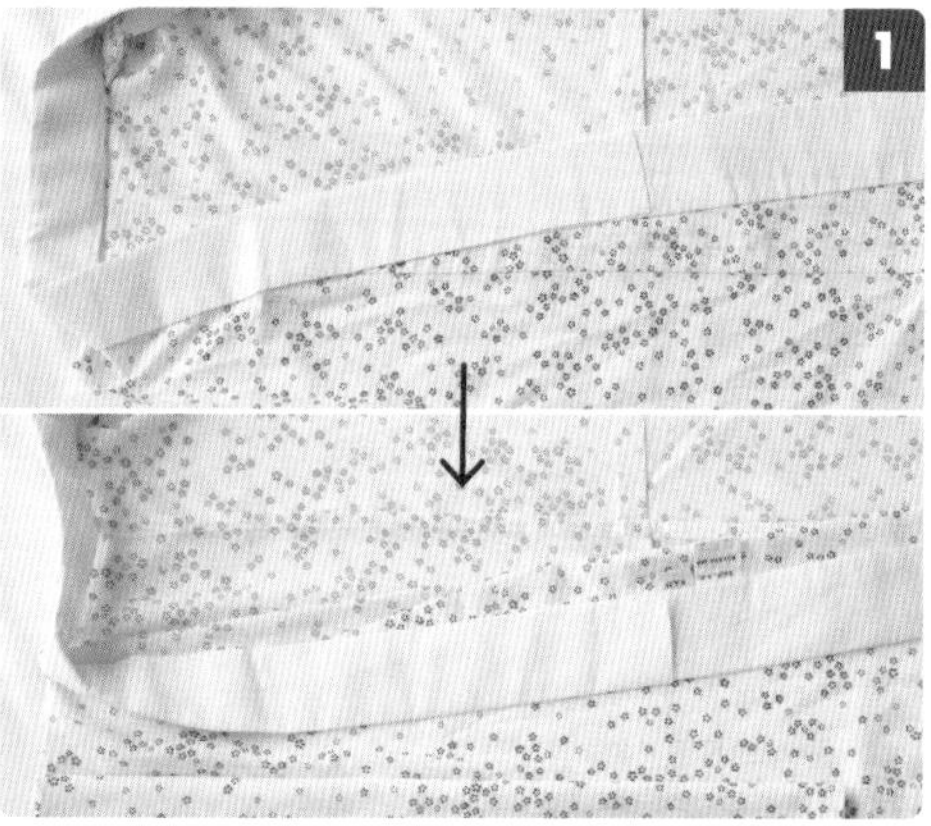

1 一般的な長襦袢の半衿のつけ方の状態から、裏側が表になるように衿を返します。

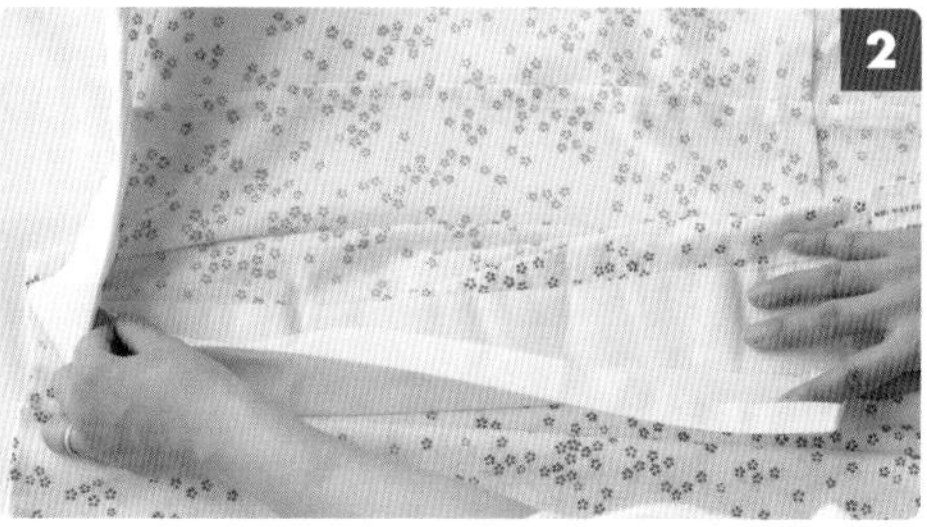

2 衿肩あきから衿先にかけて裏側だけ縫い目をほどきます。

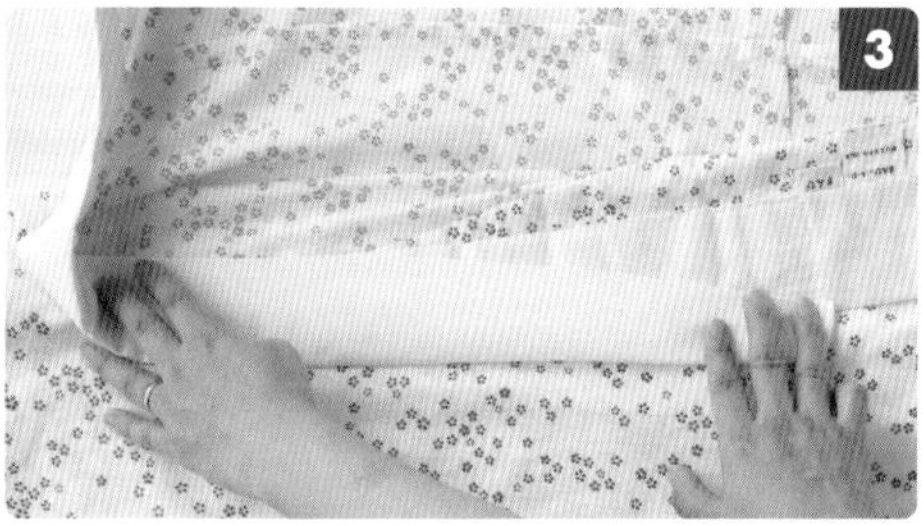

3 衿先にかけて幅広くなるように、半衿を斜めに折ります。

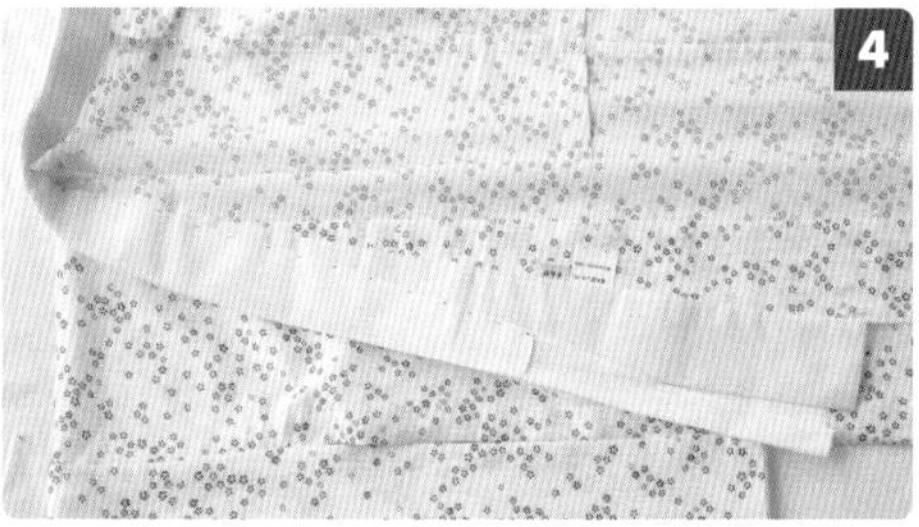

4 半衿を縫い付けます。さらに衿先に約20㎝、さらしで足し布をして力布にします。

step 4

着物の着付け

衿先にしっかりと腰紐をかけて、裾すぼまりのシルエットに着付けます。礼装では半衿は幅広に出し、カジュアルはやや細めに出すなどTPOに応じて着付けを変えます。

袖を通す

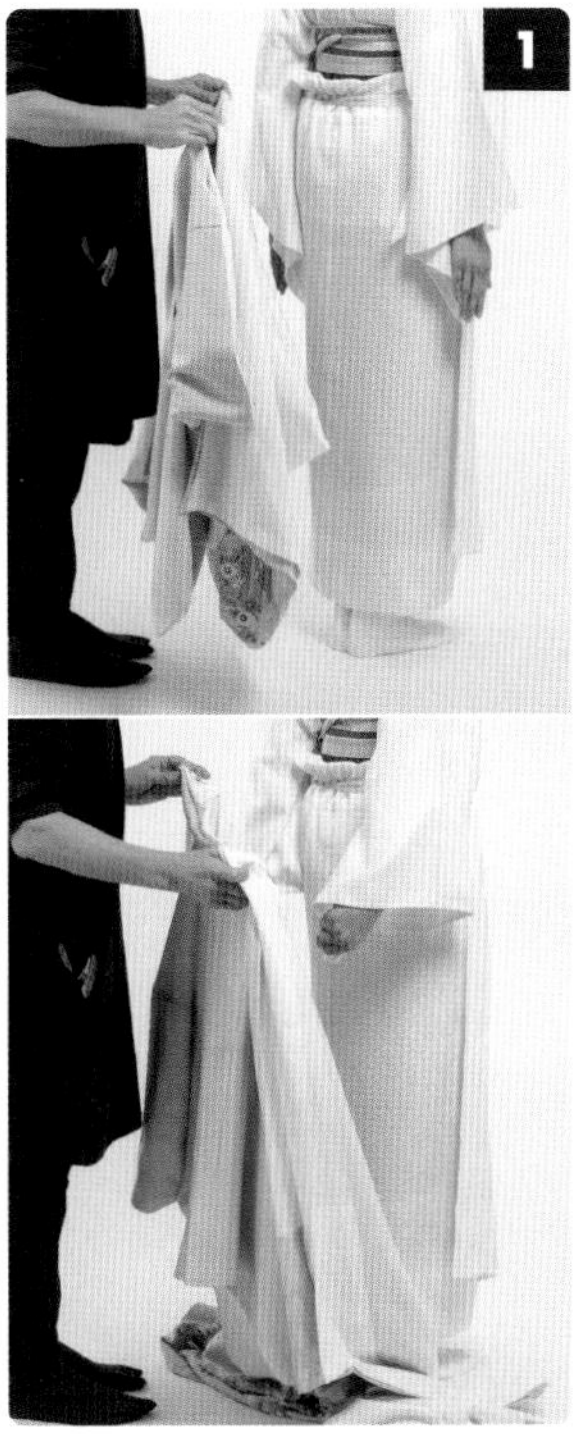

着物は決して引きずらず、着る人の近くまで衿と裾を一緒に持ち、後ろに立ったら裾を下ろします。長襦袢と同様に、両手を後ろへ回し、長襦袢の袖口を軽く持ってもらいます。着物の袖で手をすくう要領で袖口に手を通します。

◉振袖の場合

袂の長い着物の場合は、長襦袢の袂を持ってもらい、袖を手に通します。

背中心を合わせる

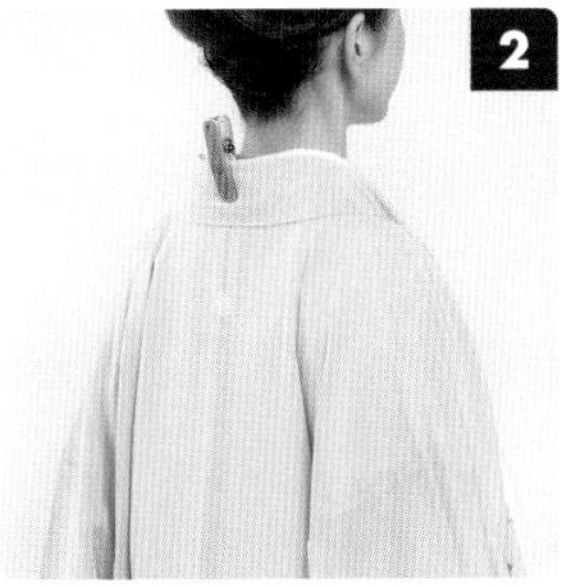

着物を肩にかけたら、長襦袢の衿にそっと着物の衿を沿わせて背中心を合わせます。長襦袢と着物の衿を一緒にクリップでとめます。

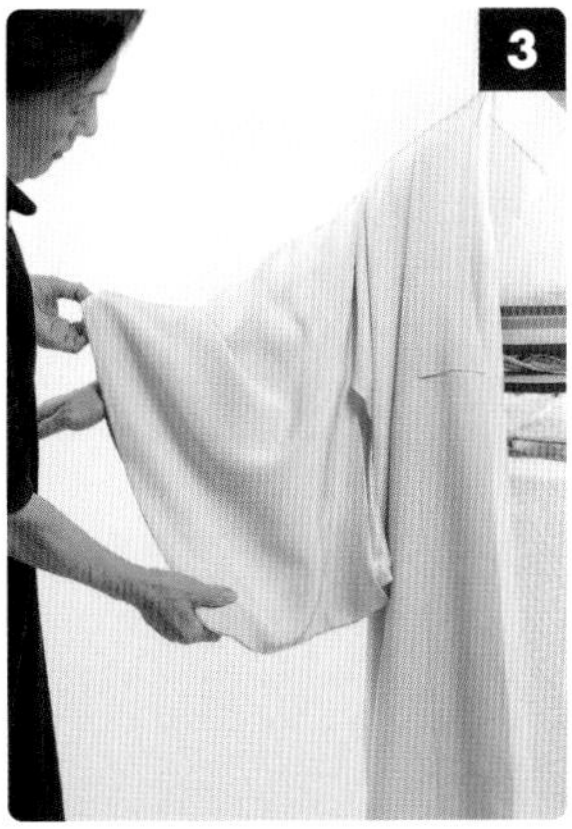

長襦袢と着物の袖を合わせて整えます。

◉振袖の場合

袂の先まで長襦袢と振袖を合わせます。

4 裾線を決める

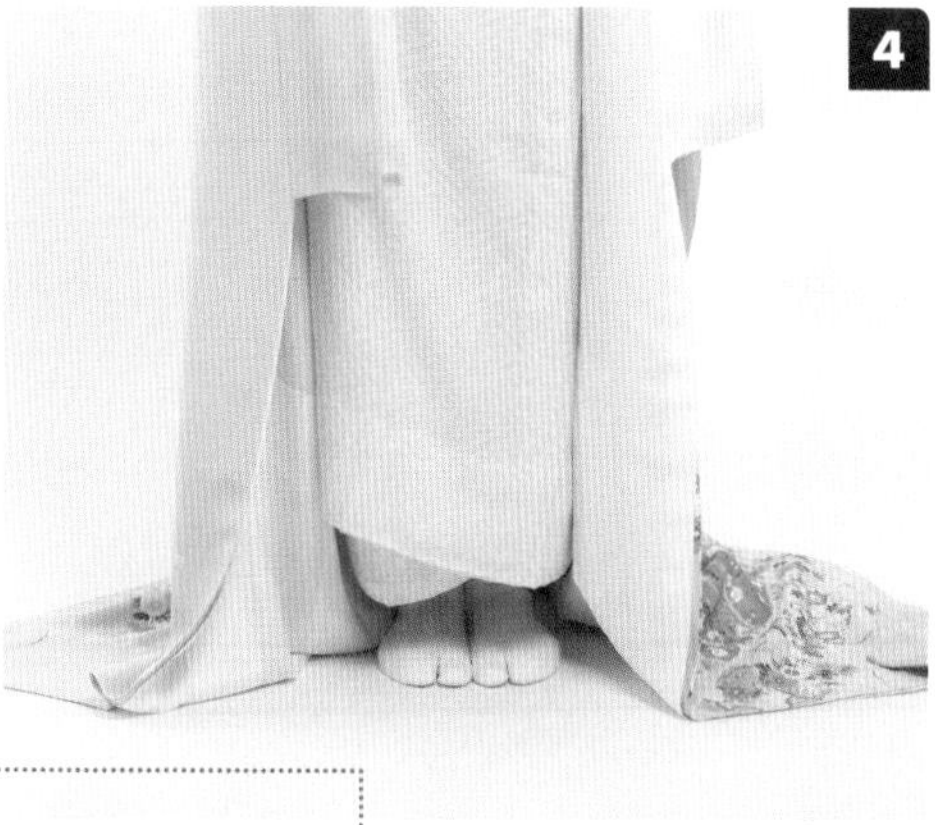

着る人にまっすぐに立ってもらってから裾線を決めます。

着る人の前にしゃがみ、両方の衿先から手幅ひとつ分上を持ちます。

Advice

草履を履ける場所であれば履いてから裾線を決めるといいでしょう。履けない場合は草履の高さに応じて裾線をやや長めに取るなど調整します。ただし履物を脱ぐ会場の場合は、踏まないよう、床よりも長めに裾線を決めてはいけません。

伊達衿をつける場合は、裾線を決める前に下前の伊達衿を整えます

伊達衿の角度を調整したら、p.37でつけた足し布を長襦袢の伊達締めにはさんで固定します。

どの着物の場合でも、着物の裾線を決める前に、股の間に手刀を入れてもらいます。股割りをすることで、歩きやすくなります。

5

ウエストよりも上に、着物を斜めに上げます。

6

基本は床ギリギリ。茶席など草履を脱ぐ場合は
やや短めに裾線を決めます。

7

着物を手前に引いて、おしりに着物を
しっかりとつけます。

8

両方の衿先を片手に持ち
替えて、着物を手前にしっかりと引いたまま、
後ろに手を回して長さを調整します。

9 上前幅を決める

右足の外側に上前の衽線がくるように、上前の幅を決めます。

ここが point!

右足の外側よりも内に上前の衽線を合わせてしまうと、歩きづらくなります。

10 下前を合わせる

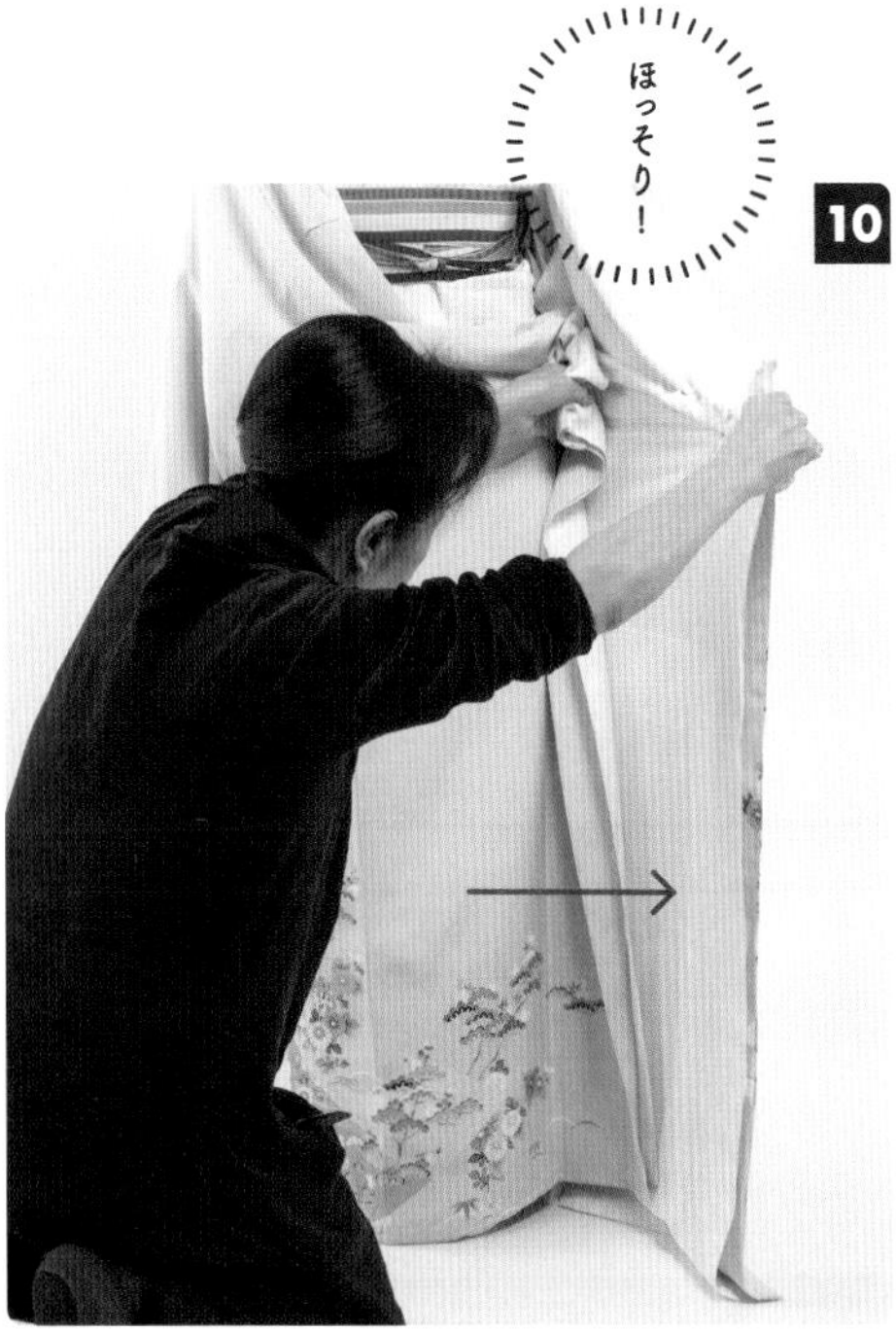

上前幅がずれないようにそっと開き、下前を水平に合わせます。

11

下前を水平に合わせたら、15～20㎝褄を上げます。

ラクチン！

織りの着物の場合は控えめに褄を上げます

織りの着物はすべりが悪く、そのため褄を上げすぎると歩くたびに裾がめくれ上がってしまうことも。織りの着物の上前は、柔らかものよりもやや控えめに、5～8㎝上げるようにします。

12 上前を合わせる

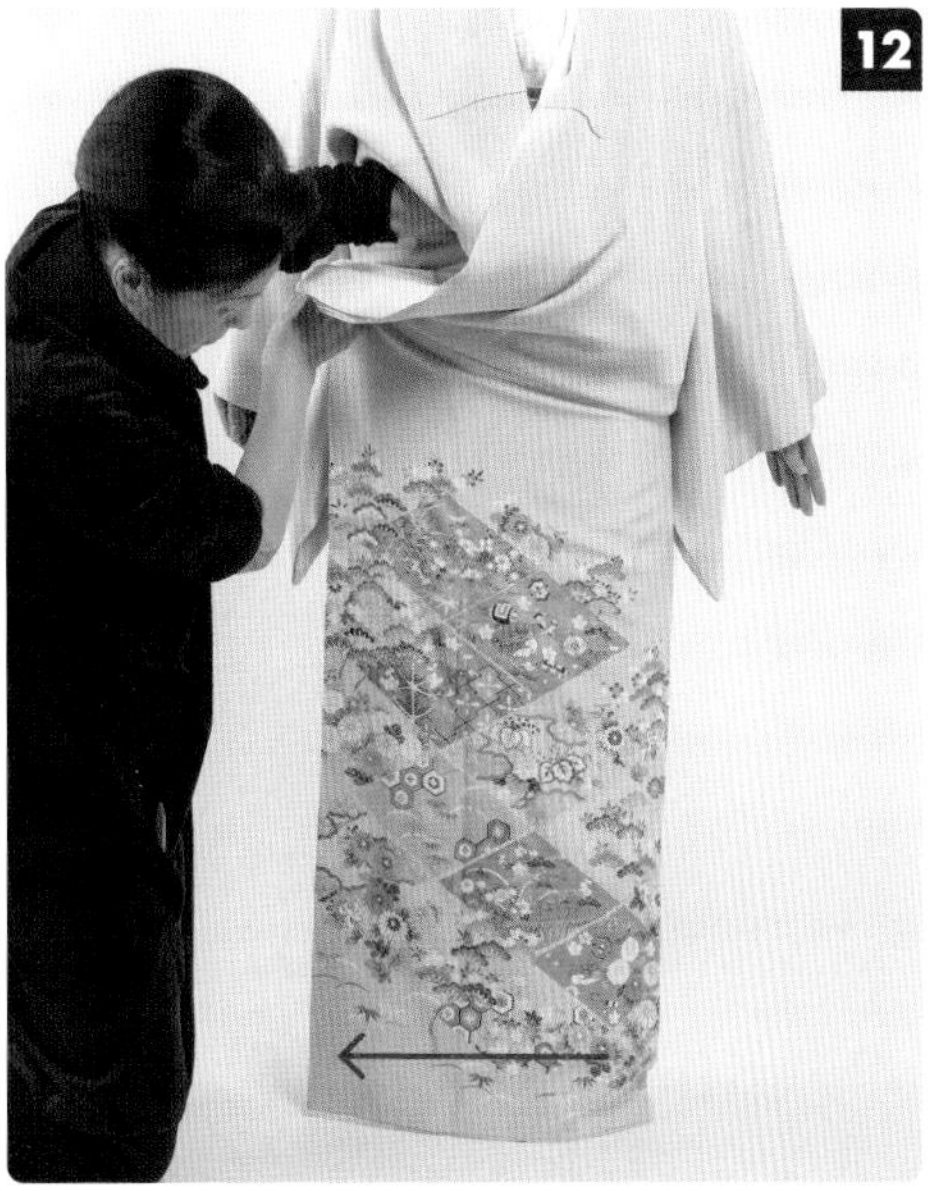

上前を水平に合わせます。

13

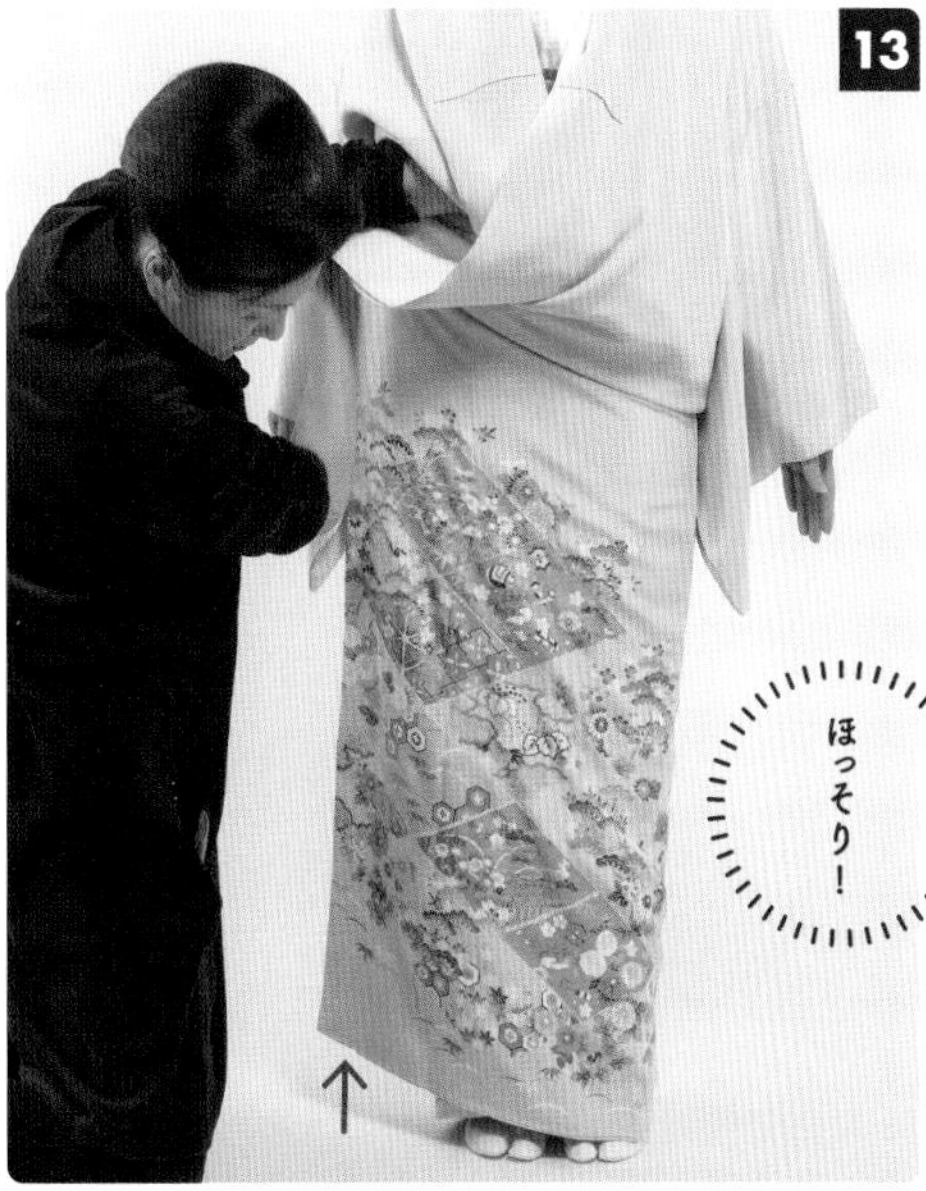

上前を水平に合わせたら、床から約10㎝褄を上げて、裾すぼまりのシルエットを作ります。

14 腰紐を締める

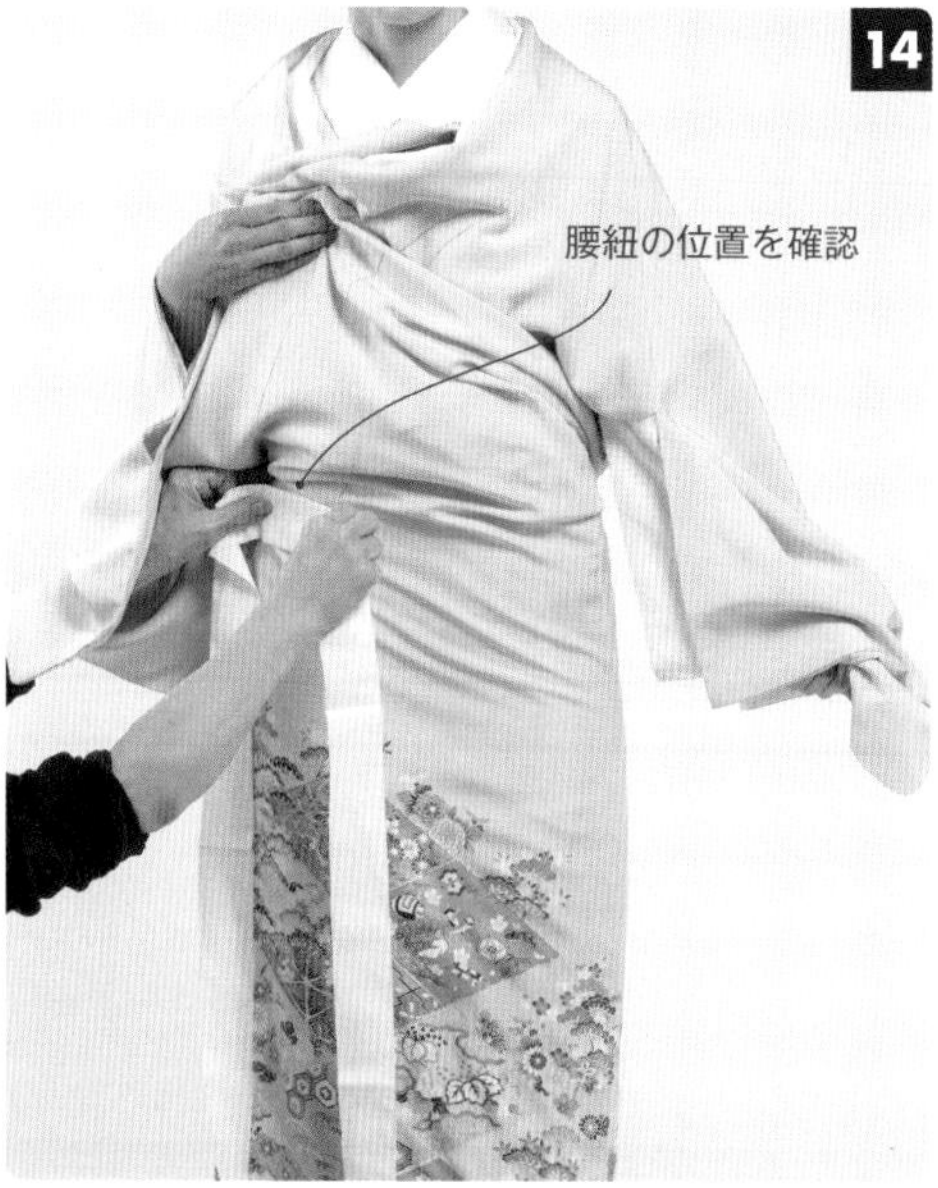

腰紐の真ん中を持ち、腰骨の上に当てます。ウエストで締めないように気をつけましょう。

15

後ろ上がりになるように腰紐を後ろへ回します。腰のくぼんでいるあたりで強く締めます。

16 腰紐を結ぶ

ほっそり!

後ろで交差させたら前に回し、真ん中よりもやや右脇で蝶々結びにし、あまった紐は腰に巻いた紐にはさみます。

ここが point!

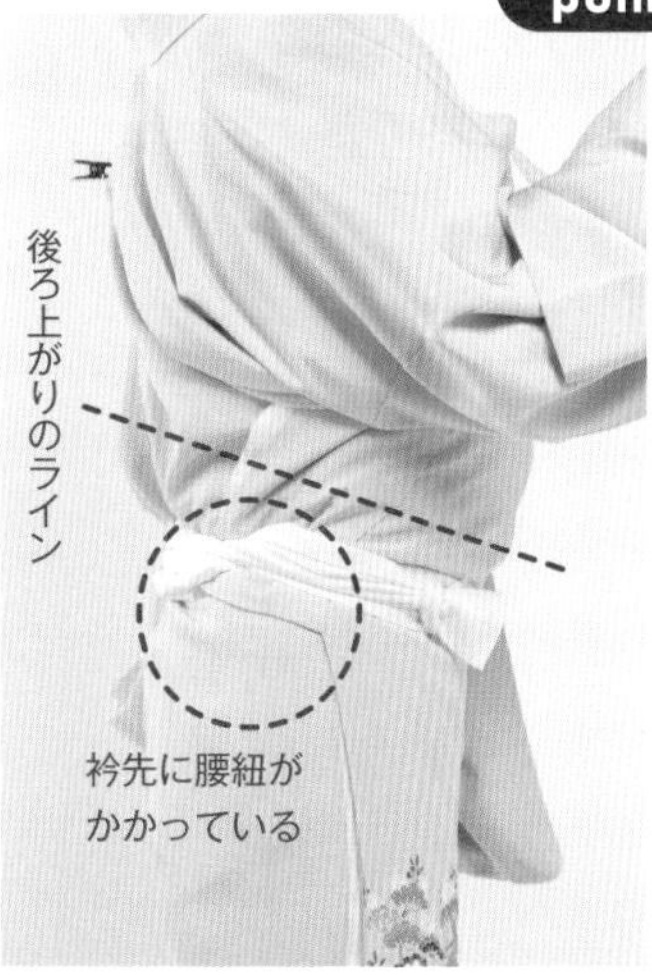

腰紐のラインは前下がり後ろ上がりになるように。衿先に腰紐がきちんとかかっていないと着崩れの原因にもなります。

17 後ろのおはしょりを整える

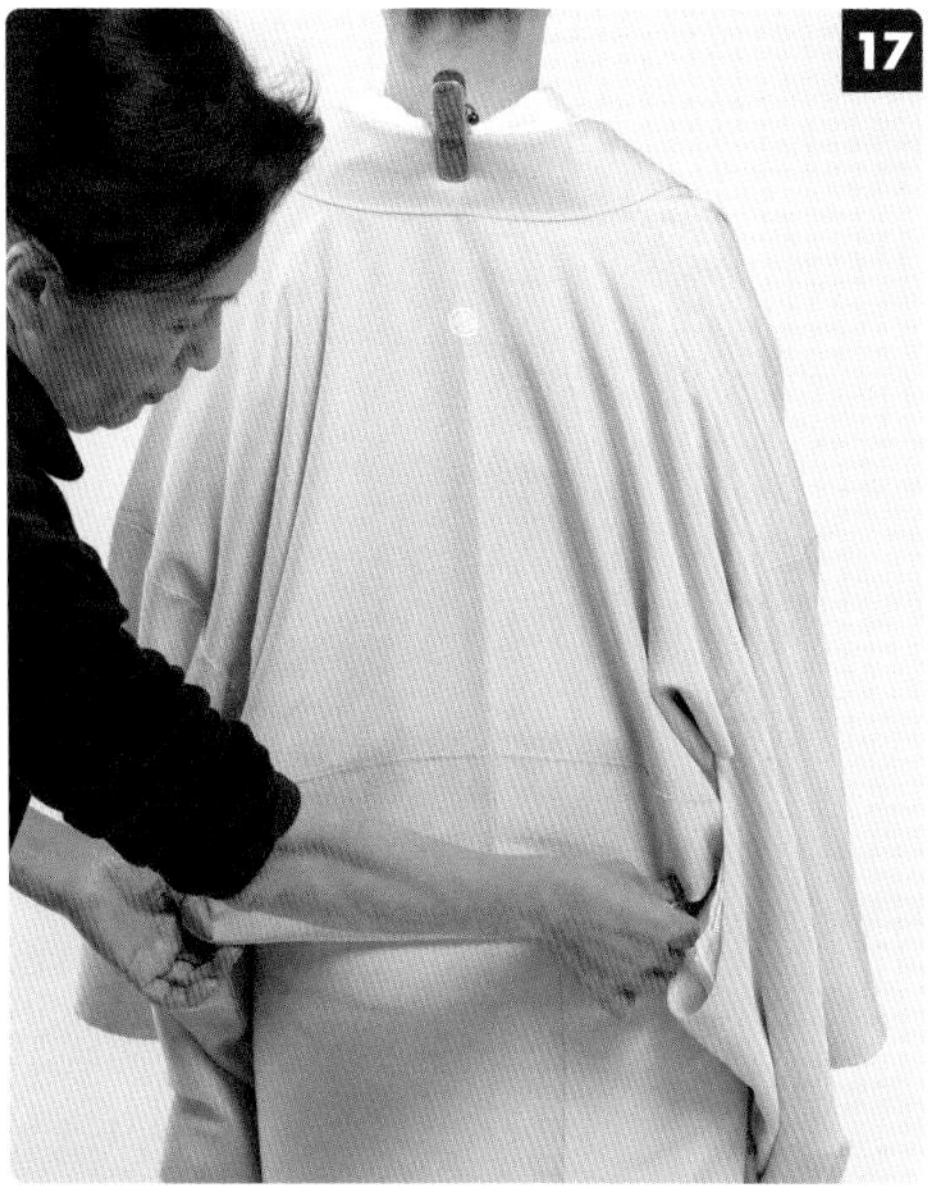

自装では身八つ口から手を入れて後ろのおはしょりを整えますが、他装の場合は外側から整えます。

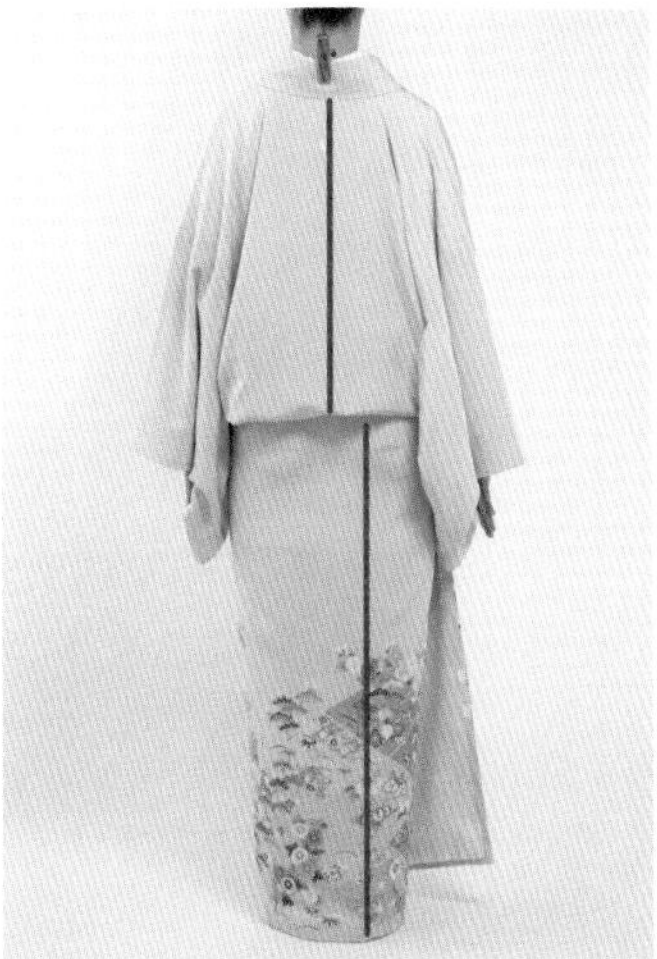

とくに身幅の合わない着物は、下半身の背中心が上半身の背中心とずれてしまいますが、問題はありません。

18 下前の衿を整える

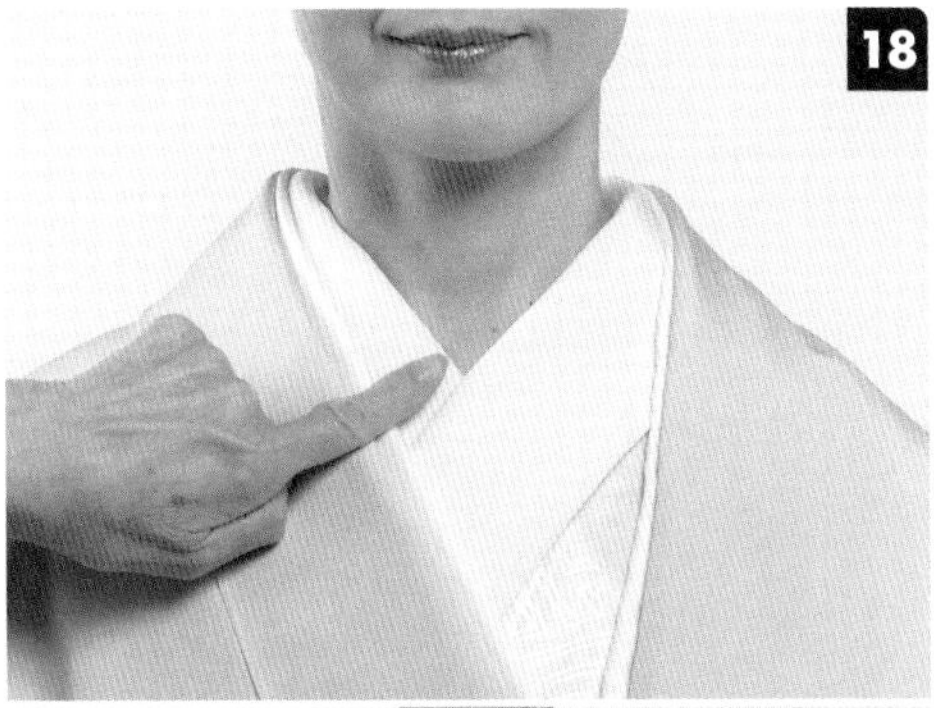

衿の合わせ目のところで、人差し指ひと節分半衿が出るように調整します。下前の衿を合わせたら、下のイラストを参考に、おはしょりをバストの下まで内側に折り上げて、重ねた衿を底辺、右脇を頂点とした二等辺三角形になるように整えます。

※写真はわかりやすいように上前を脱いでいます。

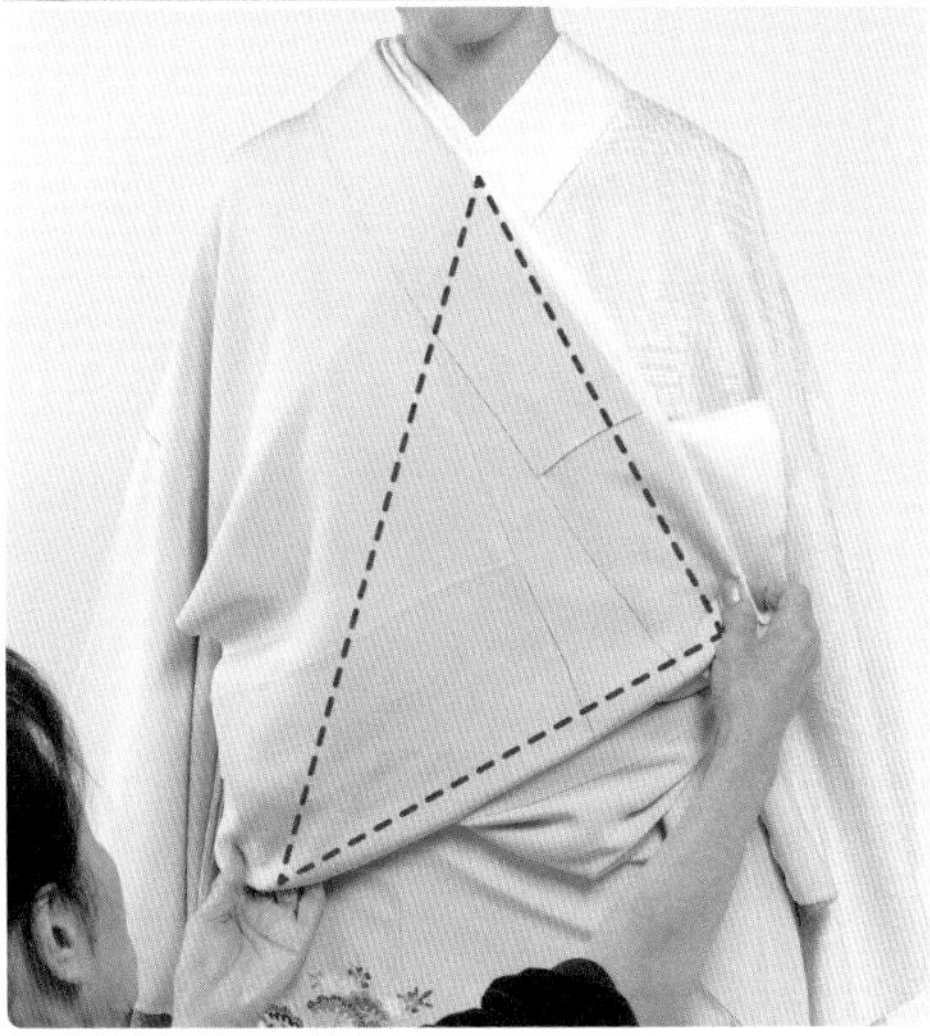

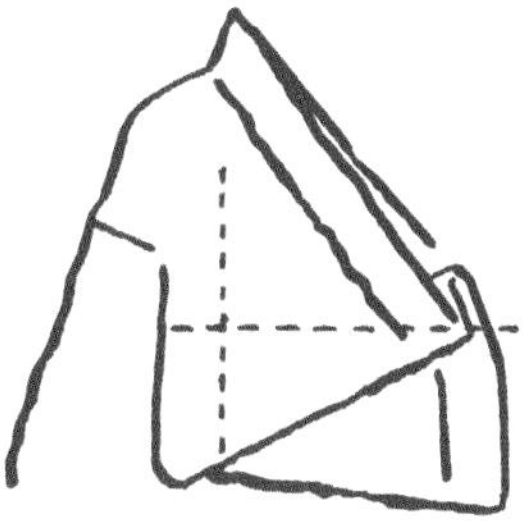

19 上前の衿を整える

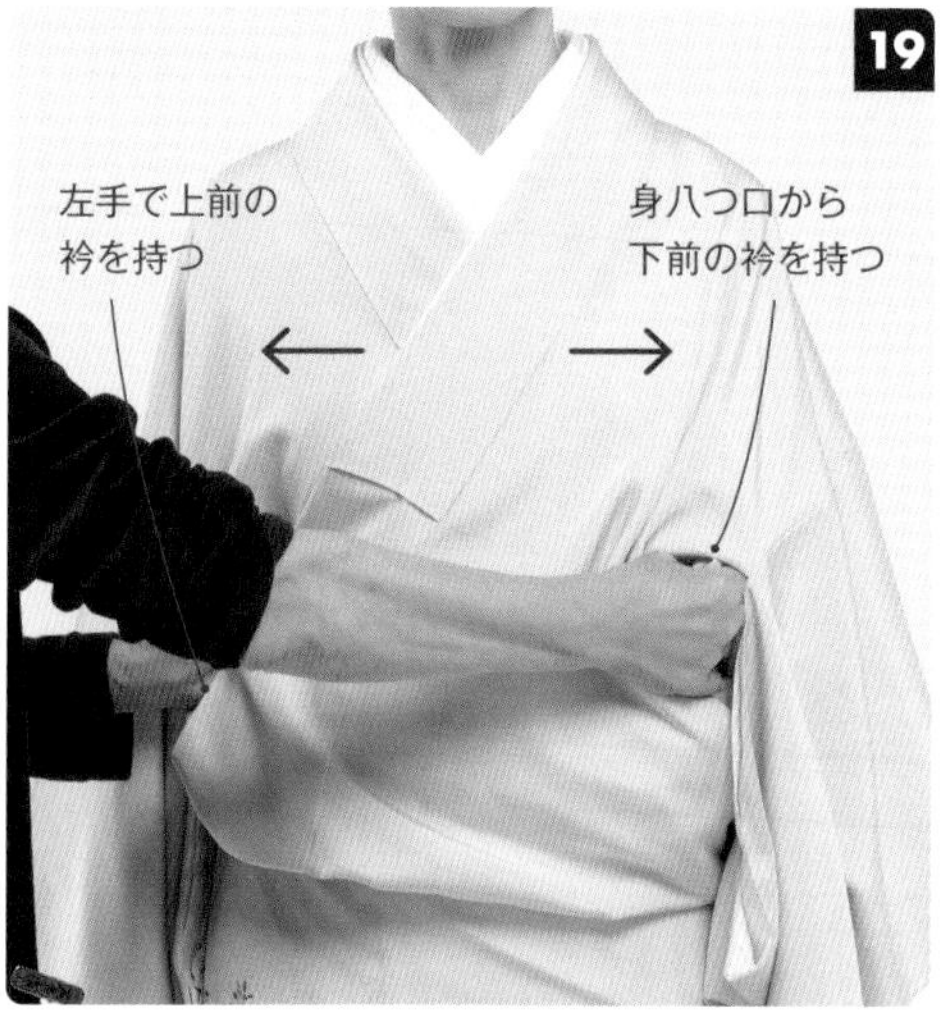
左手で上前の
衿を持つ
身八つ口から
下前の衿を持つ

左の身八つ口から下前の衿を持ち、左手で上前の衿を持って合わせ、軽く左右に引きます。

伊達衿の場合

上前を合わせる前に、伊達衿を下前と同じ分量出るように角度を調整します。

下前の褄を上げたい場合

下前の褄が下がっている場合は、腰紐がずれないように上前の脇線を押さえながら、下前の衿先を上げて褄を上げます。

胸紐をかける

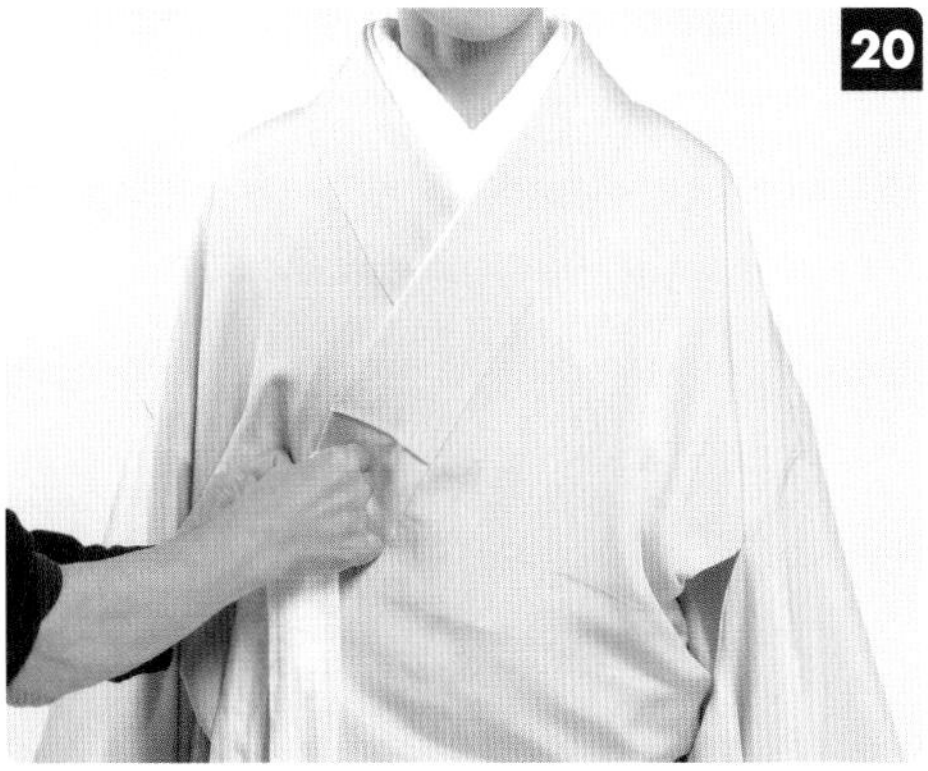

紐の真ん中を、右のアンダーバストに当てます。

左のバストの上に上げます。

下になで下ろすように、左のアンダーバストまで紐を下げます。

紐を後ろに回して交差させ、前に回したら体の真ん中で蝶々結びにします。胸紐はきつく締める必要はありません。

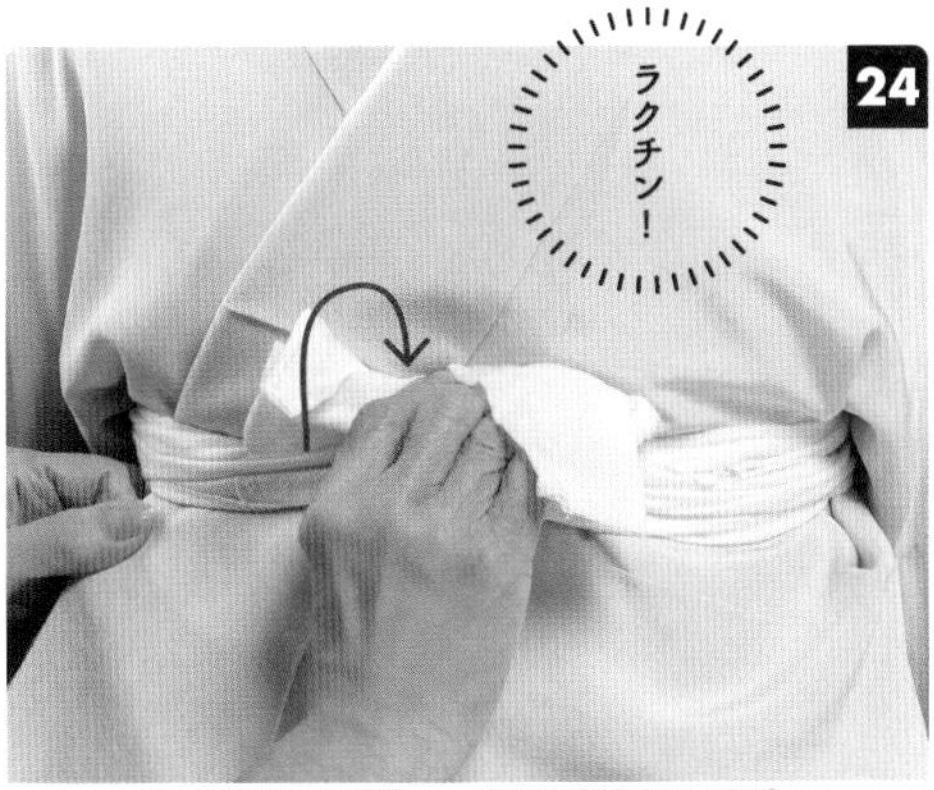

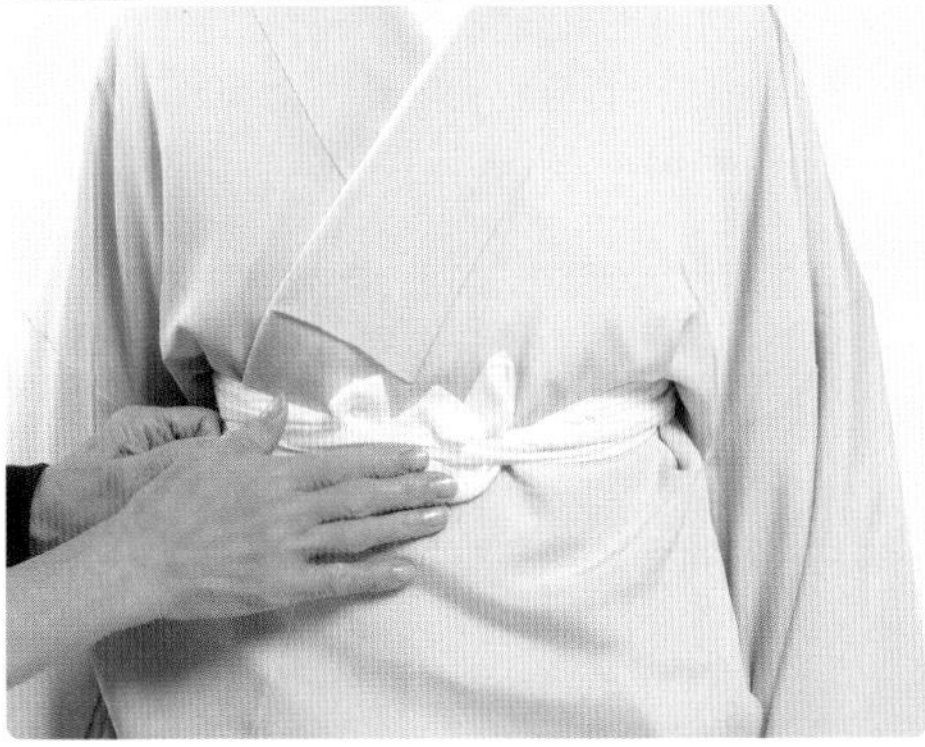

結び目をひっくり返します。こうすることで適度に紐が締まります。

上半身のシワを取る

25

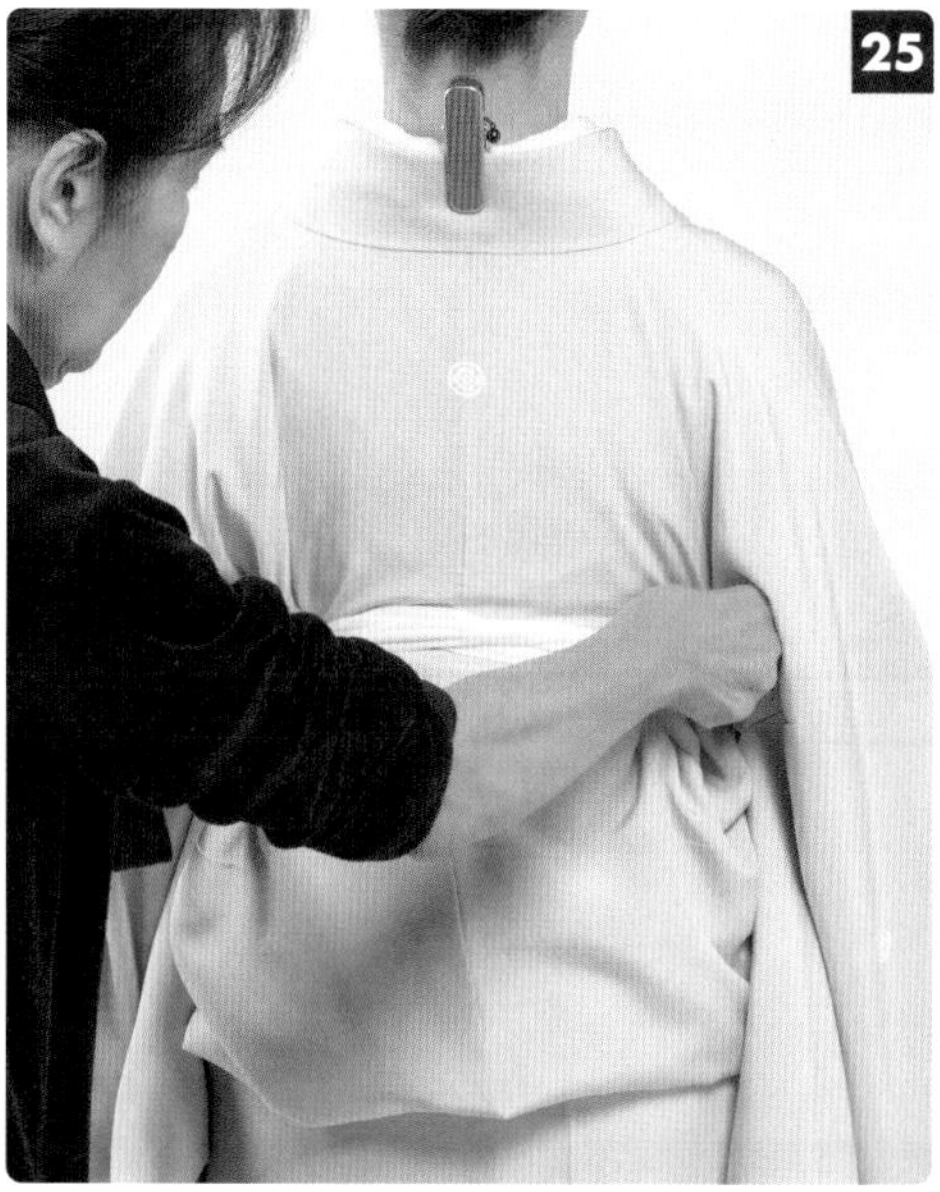

胸紐より上の上半身のシワを左右の脇に寄せます。

26

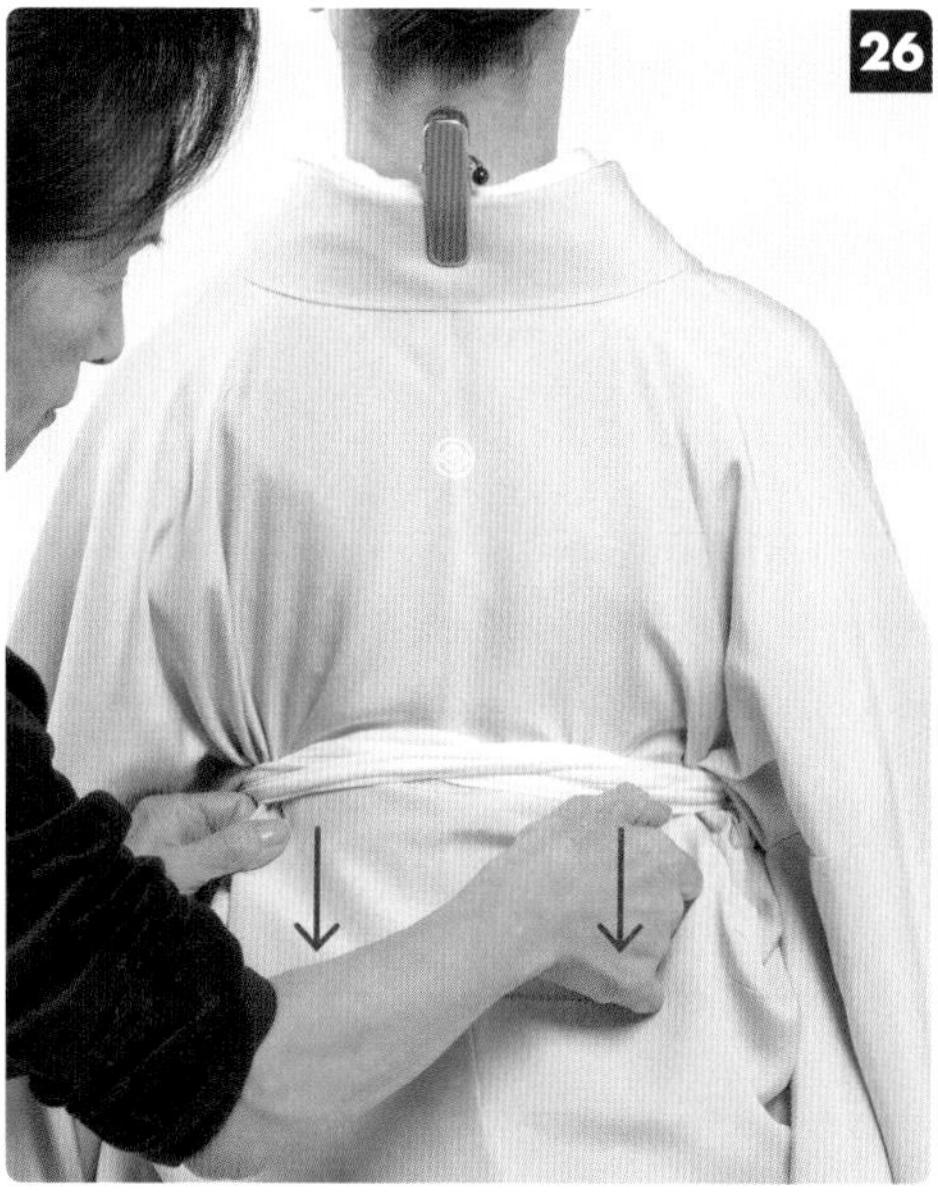

胸紐の下を下に引いて、上半身のシワを取ります。背中のシワを取るのは左右の脇から脇の間のみ、それ以外のシワは神経質になる必要はありません。

ここが point!

点線の間のシワをきれいにするだけで、仕上がりがぐっと美しくなります。

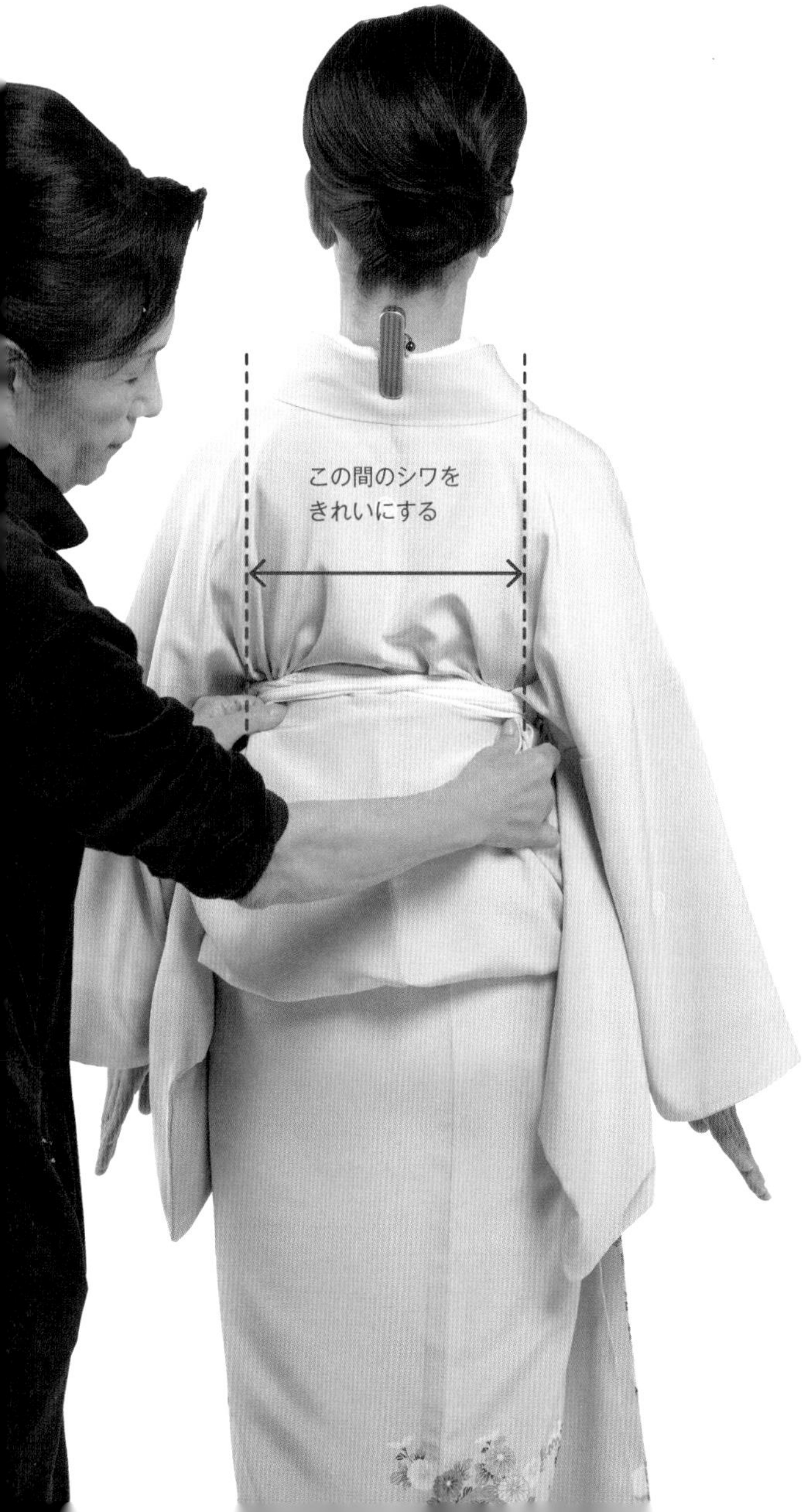

27 前のおはしょりを整える

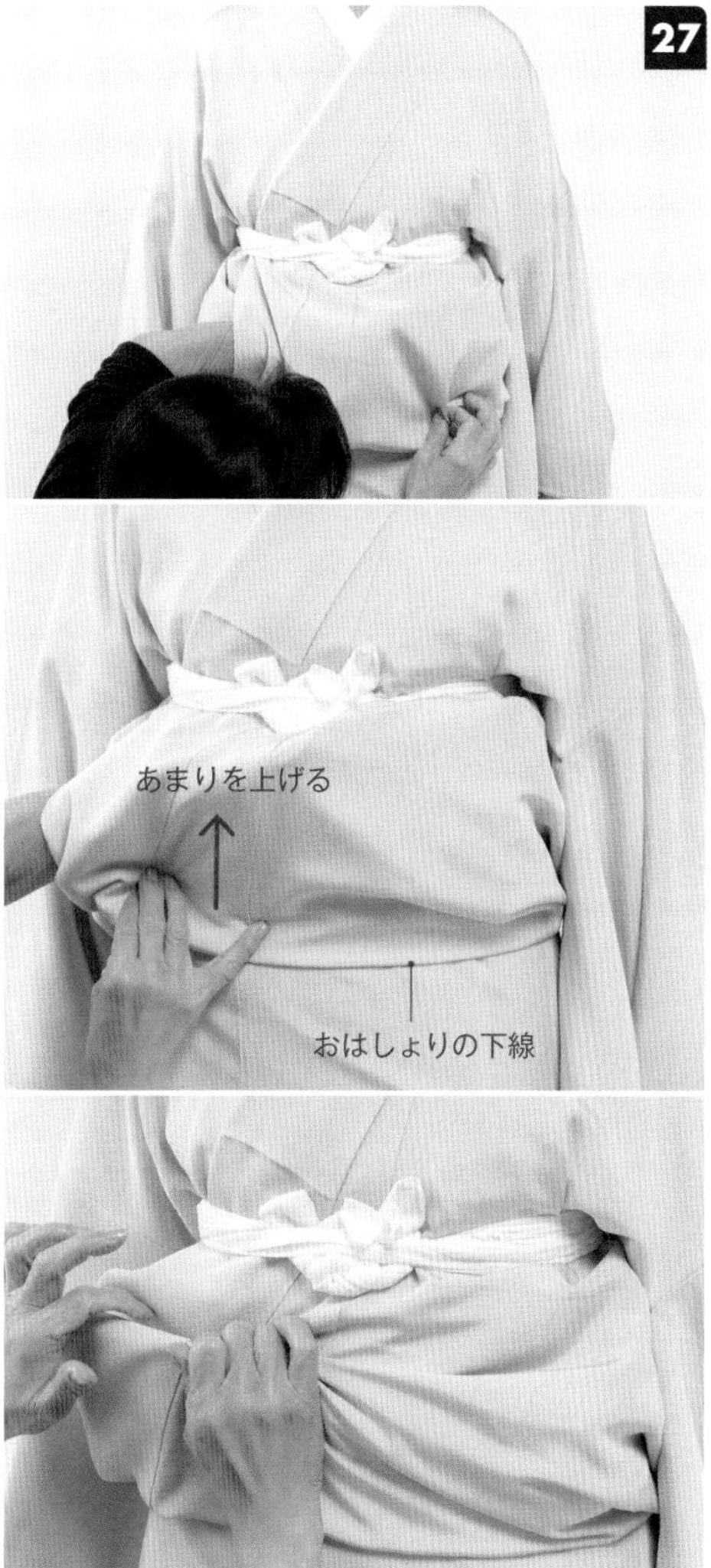

上前から手を入れて、下前を上げると同時におはしょりの長さを決めます。人差し指一本分を目安におはしょりの長さを取り、それよりも上に下前と上前のあまった布を引き上げます。

Advice
あまったおはしょりは補整代わりになるので均等に伸ばします。

28

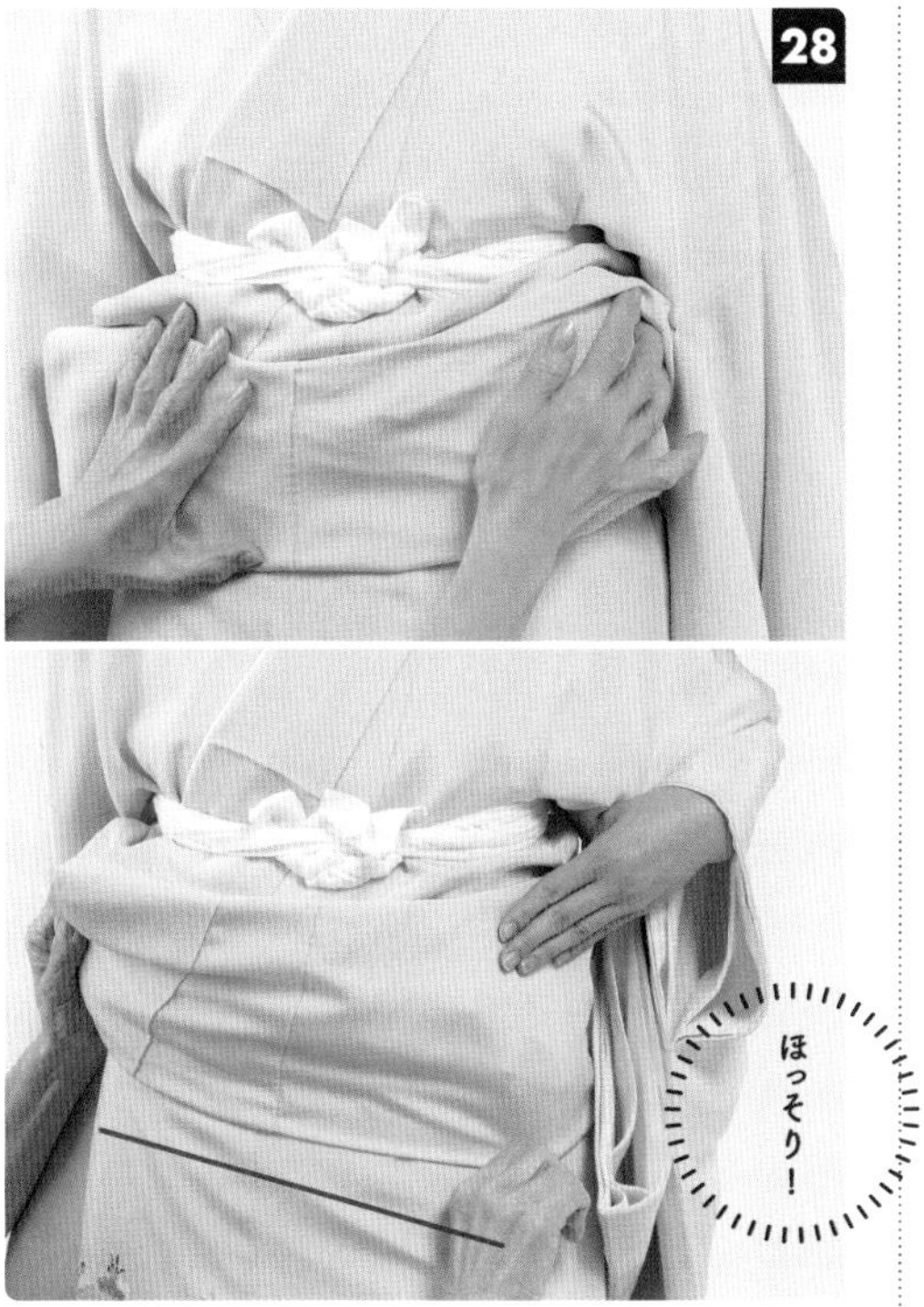

おはしょりの下線を上前の褄上げに合わせて、やや斜めに整えます。

おはしょりは斜めに取って ほっそり&情緒ある着姿に

一般的に斜めのおはしょりは粋と言われています。さらに上前の褄上げとラインを揃えると、視覚的な効果でスッキリと脚長にも見せることができます。

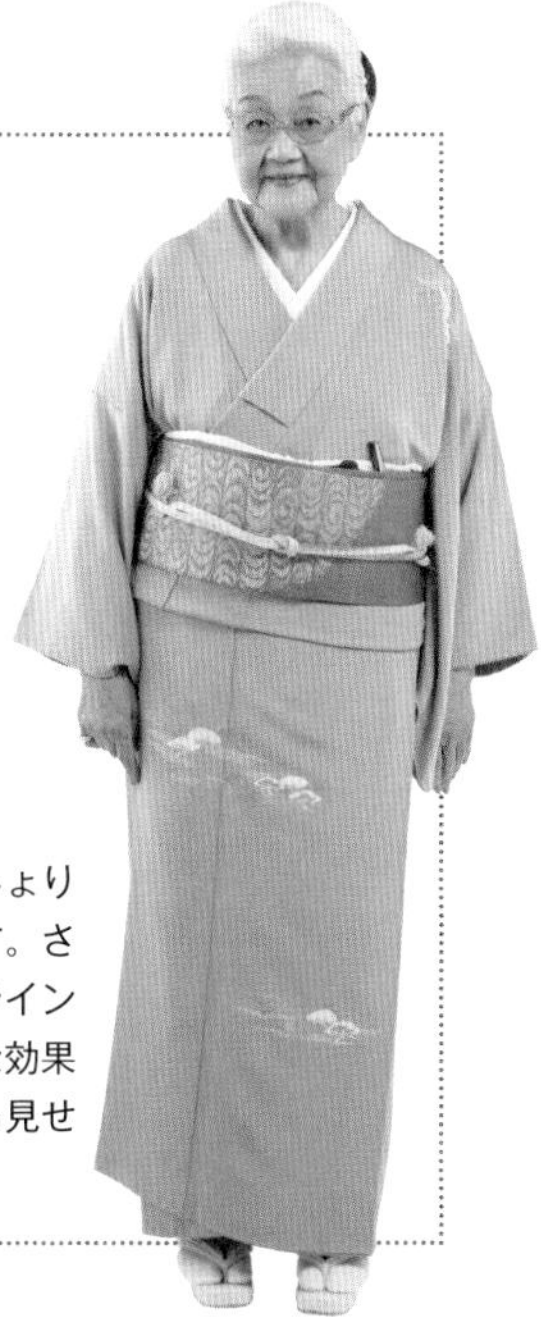

後ろのおはしょりを整える

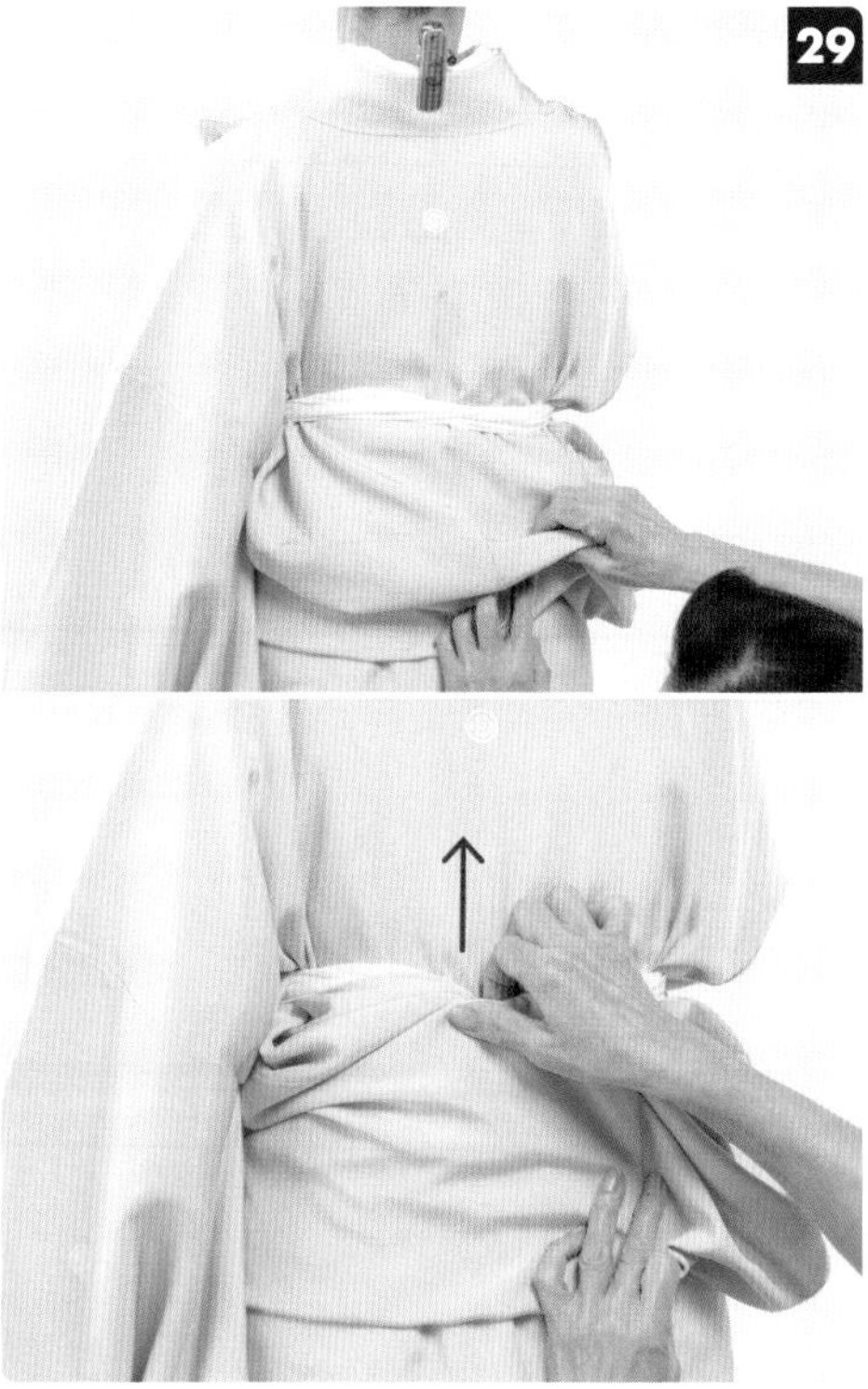

前のおはしょりに合わせて後ろのおはしょりも下線を決め、あまった布は上に引き上げます。

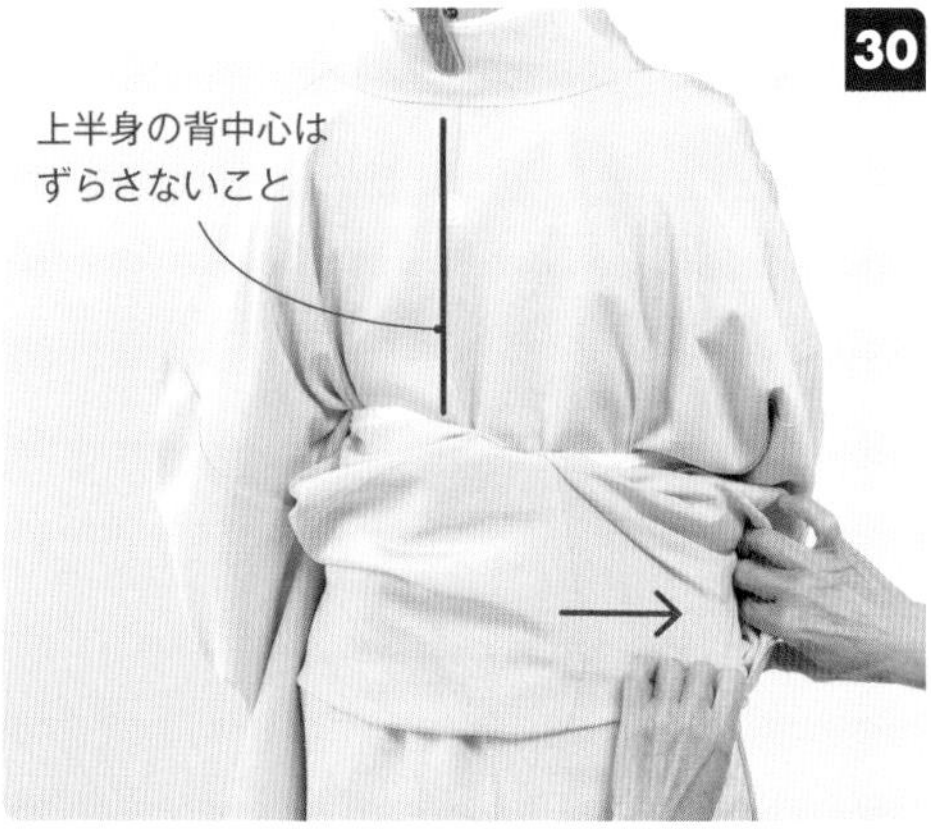

胸紐よりも下のあまった布は右脇に寄せます。おはしょりが落ちてきやすい場合は**29**で胸紐に引っかけて作業するといいでしょう。

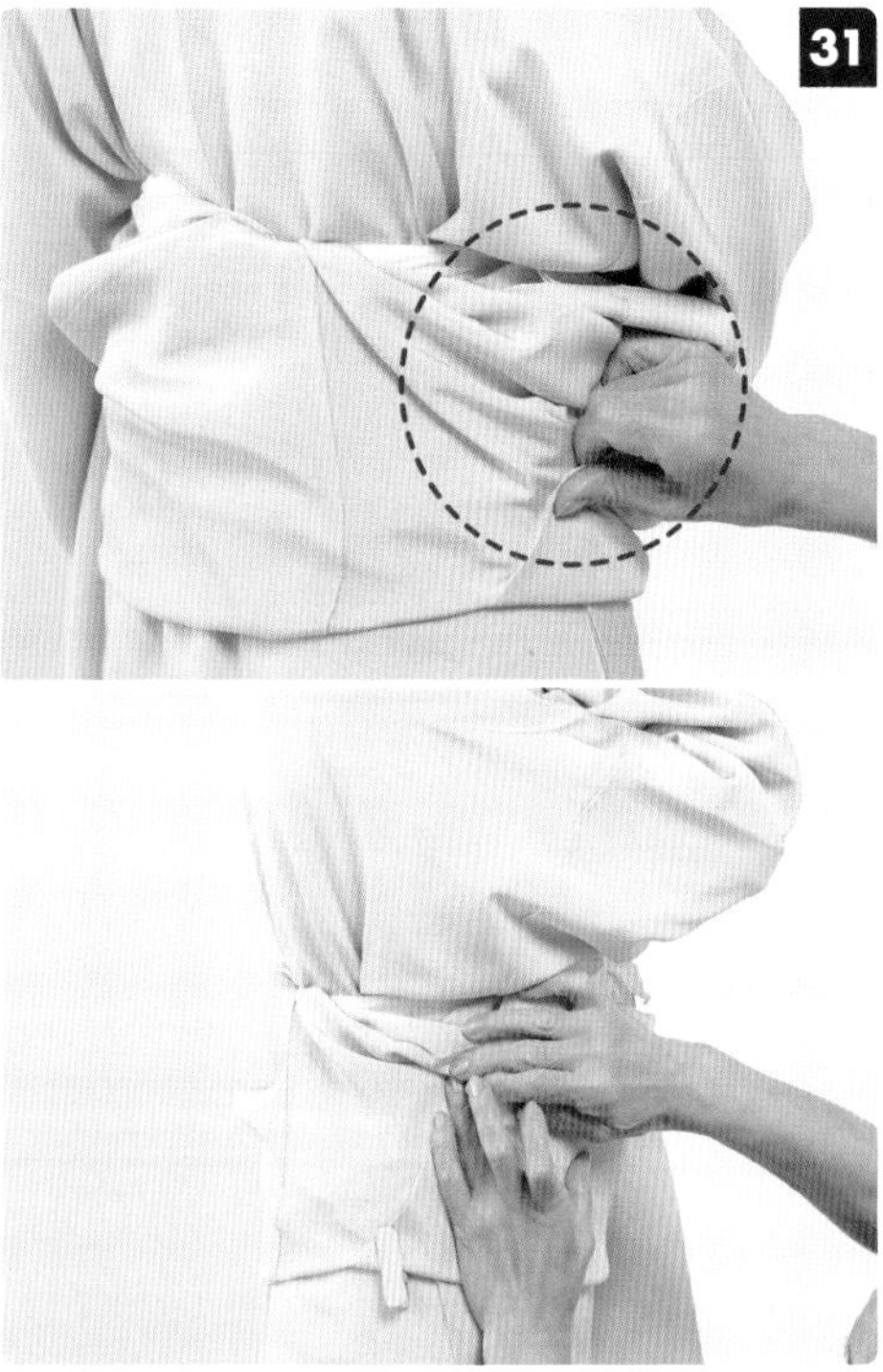

あまった布を上前の中に入れたら、後ろのおはしょりの下線を前のおはしょりと合わせて、クリップでとめておきます。

前帯の下線になるところ（おはしょりの下線から人差し指1本分）に伊達締めの下線がくるように当てて、上げた布を押さえます。後ろで交差させて前でからげ、あまりは巻いた紐にはさみます。

完成チェック

上半身に余計なシワがない

比翼、伊達衿がある場合は左右均等に出ている

前のおはしょりの長さが適正で、余計な厚みがない

裾が上がっている

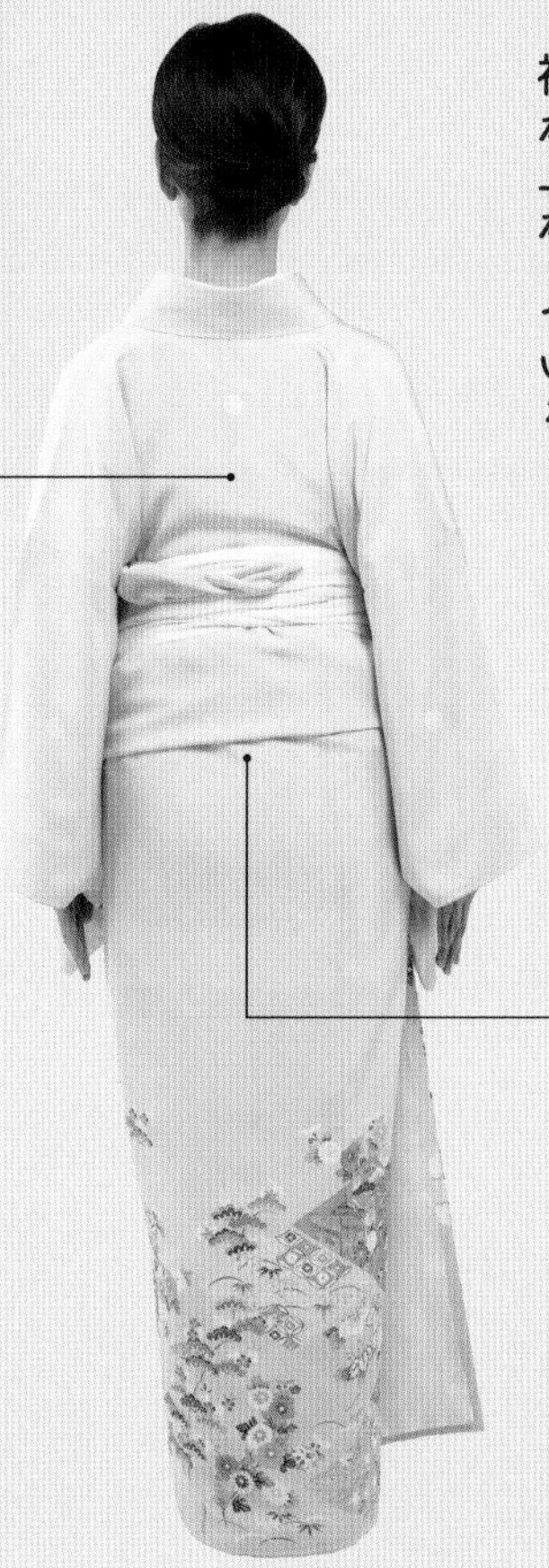

背中心は体の真ん中

後ろのおはしょりの長さが適正で、余計な厚みがない

長襦袢の衿が出ていない

Q 紐が足りない

着付けには最低でも2～3本の紐が必要です。紐が一本もない、もしくは足りない場合は、代用品を用意しなければなりません。

A さらしをカットして紐代わりに

吸汗性、通気性にも優れており、適度な締まり具合になるさらしで紐を作れます。さらしは和装ブラジャーがないときや、着物の身幅が足りないとき（p.64参照）、着物の衿先に腰紐がかからないとき（p.65参照）、伊達衿を崩さずに着付けたいとき（p.37）などにも利用できる万能アイテム。ドラッグストアなどで売られている10m巻のさらしは必ずカバンに忍ばせておきたいマストアイテムです。

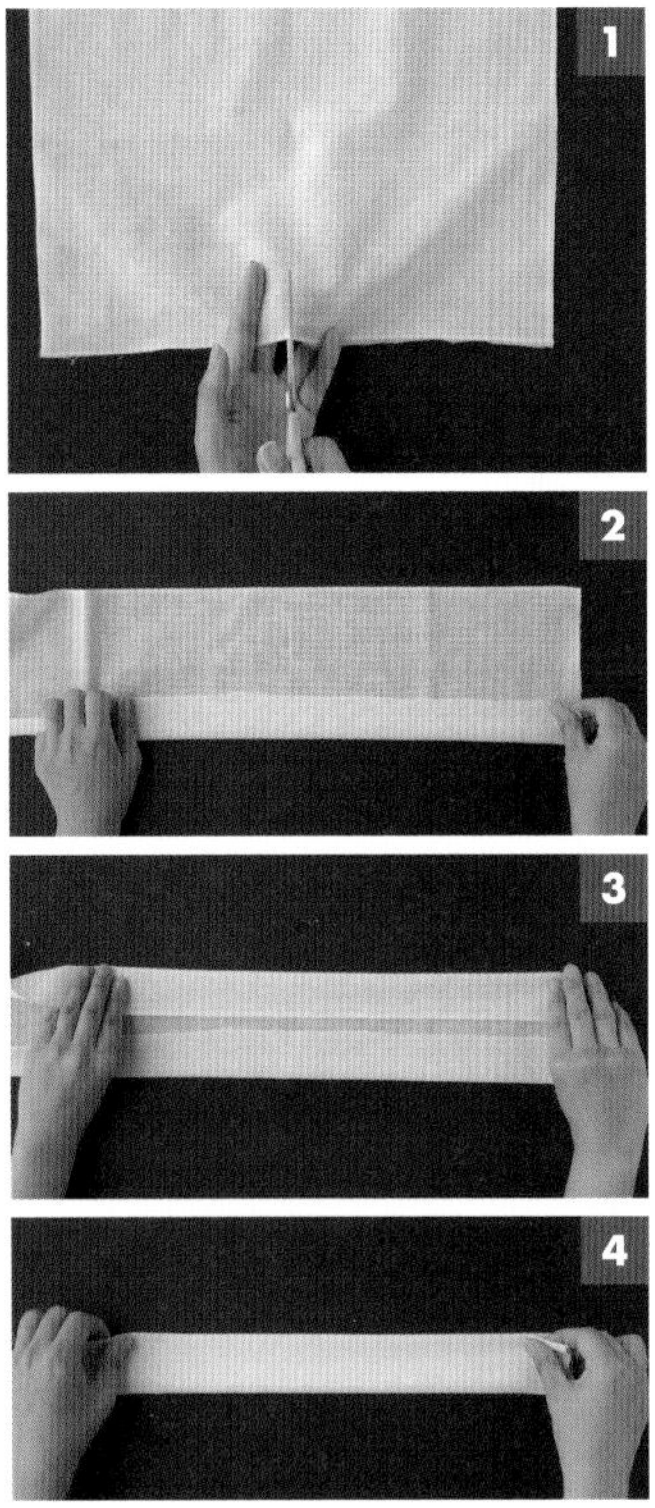

通常の紐の長さの2～3mを目安にカットしたさらしを、半分の幅にカットします。さらに上下を中央に向かって折り、1/4の幅に折れば完成です。長さや幅は体型や使用する場所に応じて変えます。

礼装用の伊達衿に

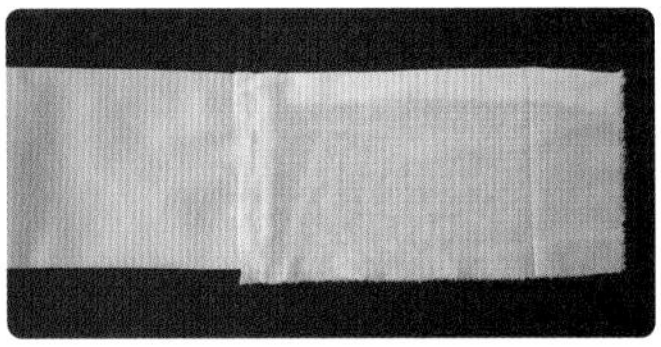
下前側の伊達衿に足し布をすることで、幅出しが簡単にでき、衿合わせの際に伊達衿の幅が崩れる心配もありません。

▶p.37 参照

Q 伊達締めがない

着付けには最低2本の伊達締めが必要に。とくに肌に近いほど太い紐を使う大久保式では、長襦袢は紐ではなく伊達締めを締めます。

A 手ぬぐい+三河芯で作れます

締めやすくてゆるみにくく、さらに通気性も抜群な手ぬぐいは、伊達締めに最適な素材です。伊達締めを忘れたときの応急処置に、あらかじめ何本か作って用意しておくといいでしょう。

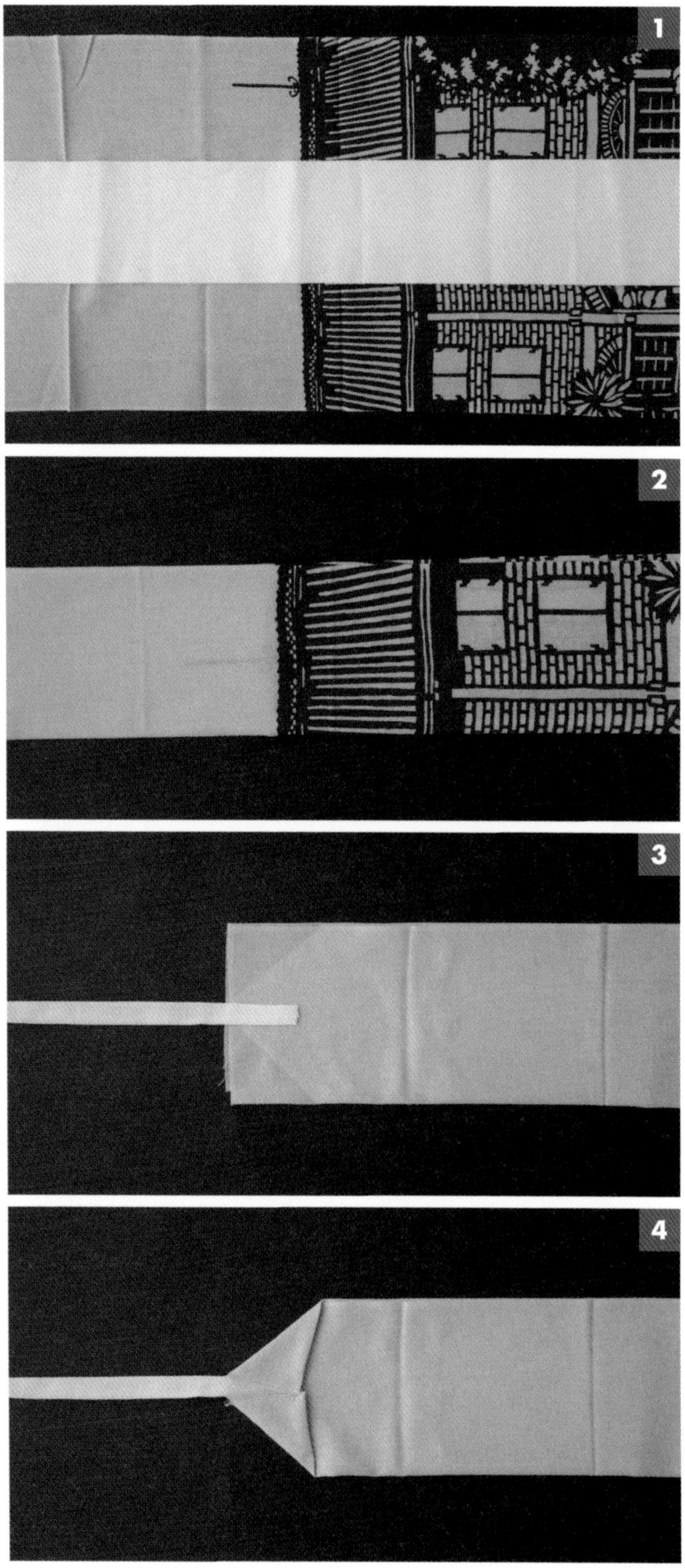

手ぬぐいの中央に三河芯を置き、上下を折りたたんで三つ折りにします。両端に紐をのせて上下を三角に折って紐と一緒に縫い付ければ完成です。

使い方次第で補整にもなります

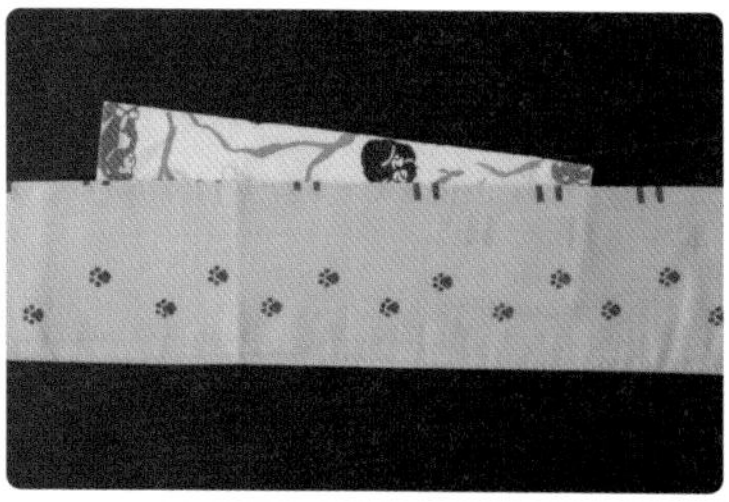

折りたたんだ手ぬぐいの間に手ぬぐいを差し込めば補整代わりにもなります。バストのトップとアンダーの差が大きい場合に使えば、胸の段差をなくすことができます。

Q 身幅が足りない

譲り受けたサイズ違いの着物や、若い頃の着物が合わなくなったなどの場合、上前の幅を優先すると下前が足りなくなることがあります。下前の衿先が体の脇までこないと、着ているうちに下前が落ちてきて、スカートのように裾が広がってくる原因になります。

A 下前の衿先に足し布をします

重要なのは下前の衿先が体の脇までくることです。下前の衿先に足し布をして、衿先に腰紐がかかるようにします。

さらしを衿幅の2倍の幅で約20㎝カットし、衿をはさむようにして着物の衿先に縫い付けます。

※わかりやすいようにトルソーの上に直接着物を羽織らせています。

プロが教える
ひと工夫

衿の寸法が短い場合にも有効です

サイズが合っていても衿が短くて腰紐を締めたときにかからない場合も、衿先に足し布をします。衿先は必ず腰紐の下から出ないと、裾が広がるなどの着崩れの原因になってしまいます。

足し布があることで
下前の衿が腰紐の下に出る

衿先に足し布をしておけば、下前の衿先を腰紐でしっかりと押さえることができます。

足し布がないと
衿先に腰紐がかからない

下前の衿が短いと、腰紐を締めたときに衿先に腰紐がかからず着崩れの原因にもなってしまいます。

Q おはしょりが取れない

身丈が足りなくておはしょりが取れない場合、カジュアル着であればあえて対丈《ついたけ》でおしゃれをすることもできますが、よそゆきや礼装ではそうもいきません。

A 腰紐の位置を下げてみます

腰紐を締める位置を、ギリギリまで下げてみます。それでもおはしょりが出ない場合は、腰紐の幅よりも細くカットしたさらし紐を使ってみましょう。さらし紐は幅広にカットして必要な幅に折りたたんで作ります。▶p.62参照

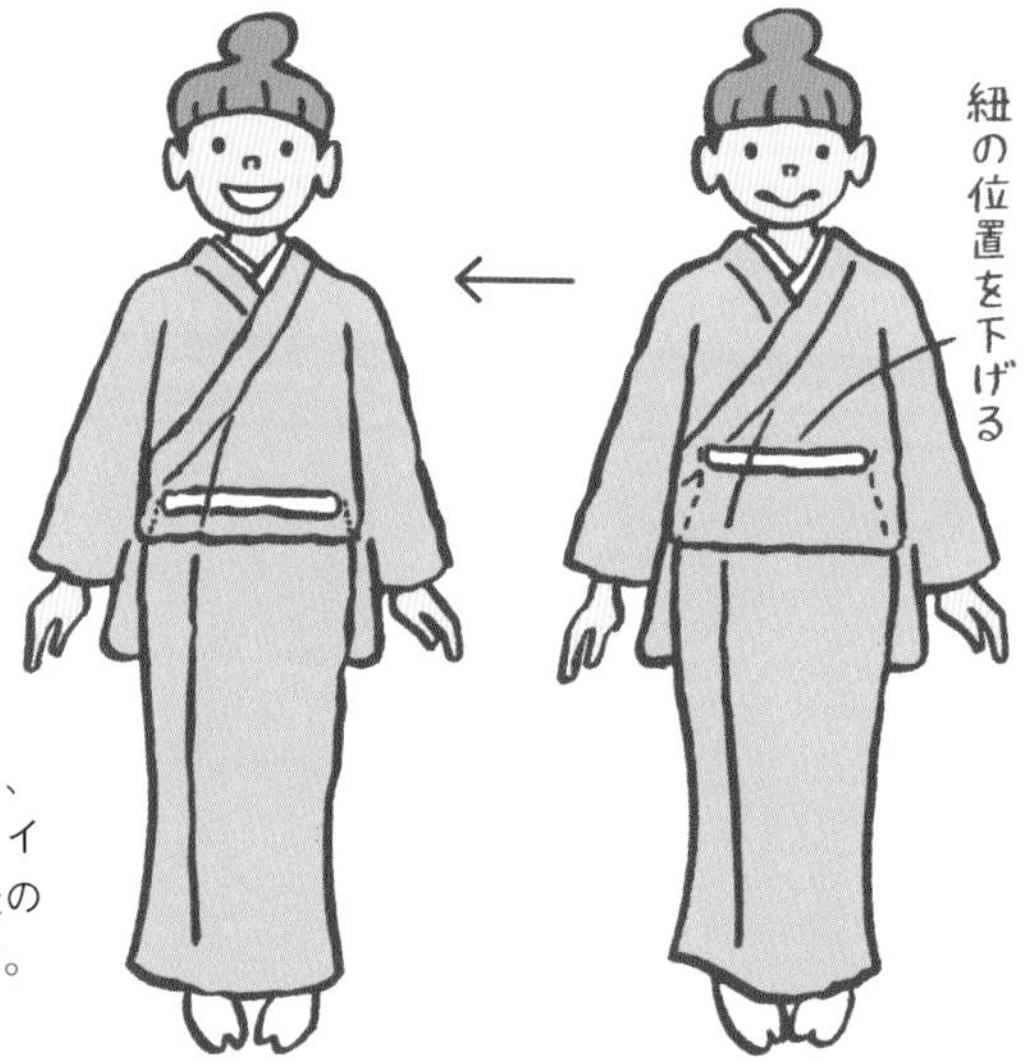

腰骨よりも下にならないよう、前下がり後ろ上がりの腰紐ラインも変わらないように、腰紐の位置をギリギリまで下げます。

おはしょりが取れるかどうかは手幅で確認できます

肩に着物を羽織らせて、床に手幅ひとつ分以上裾があれば、おはしょりを取ることができます。

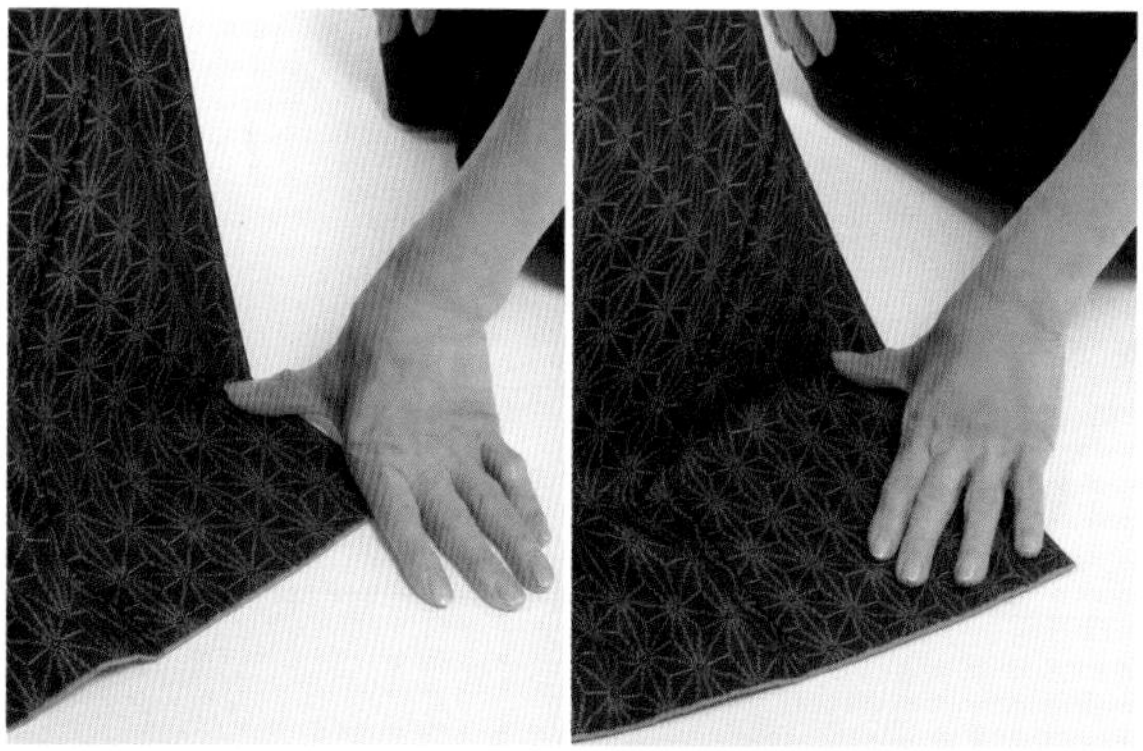

手幅ひとつ分以上あればおはしょりは余裕で取れますが、手幅半分よりも短ければ腰紐の位置と腰紐の幅の工夫が必要です。

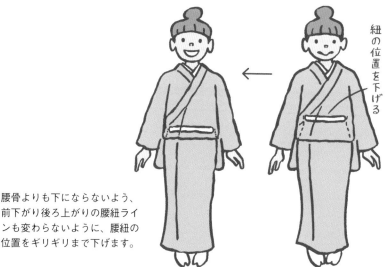

PART

3

帯結び

礼装シーンでは、大きく結んで豪華に見せ、
カジュアルシーンでは、着る人の年齢や体型に合わせて前帯の幅や
お太鼓の大きさなどを決めるのが基本の考え方です。
ここでは礼装、振袖、カジュアル着に合わせる帯結びを解説します。

袋帯で結ぶ 二重太鼓

礼装シーンでもっとも結ぶ機会の多い二重太鼓。お太鼓は大きめに作り前帯の幅も広めに出して華やかに結びます。

◉帯の折り方

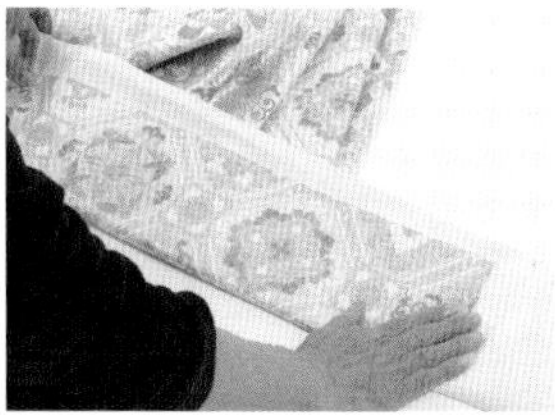

タレの際から2巻き目の前帯にかけては、あらかじめ幅広になるように折ります。

ては真半分の幅になるように折っておきます。

二種類のての長さの決め方を覚えましょう

六通柄・お太鼓柄

まず鏡の前で前帯の柄を決めてから、ての長さを決めます。お太鼓柄で前帯がポイント柄の場合、柄は左右どちらかに寄せたほうが大人っぽく洒落た雰囲気に。ポイント柄の名古屋帯の場合も、こちらの方法でてを取ります。

あらかじめ幅を折った帯を体の前に当てて、前帯の柄出しを決めます。

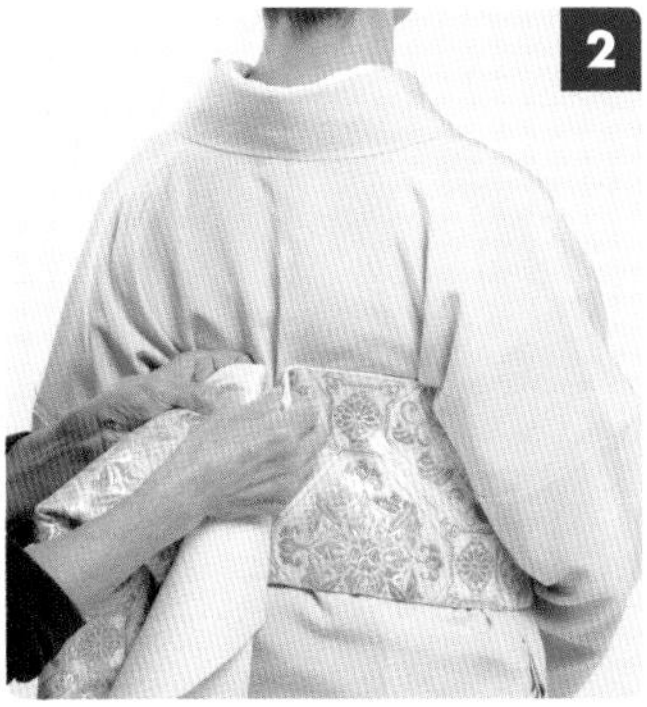

2

前帯の柄出しが決まったら、そのままてとタレを後ろに回して、胴回りの長さを測ります。

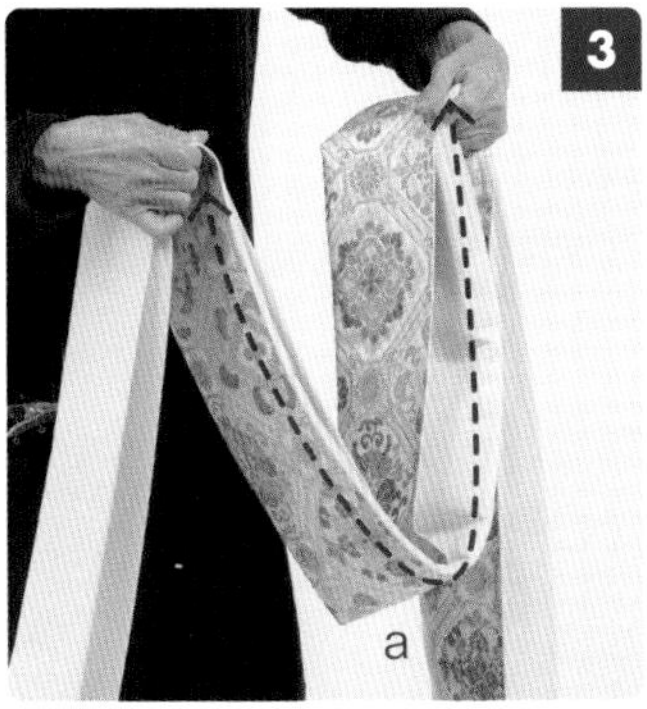

3

帯を体から外し、**2** で測った胴回りの分の帯（a）を半分に折りたたみます。

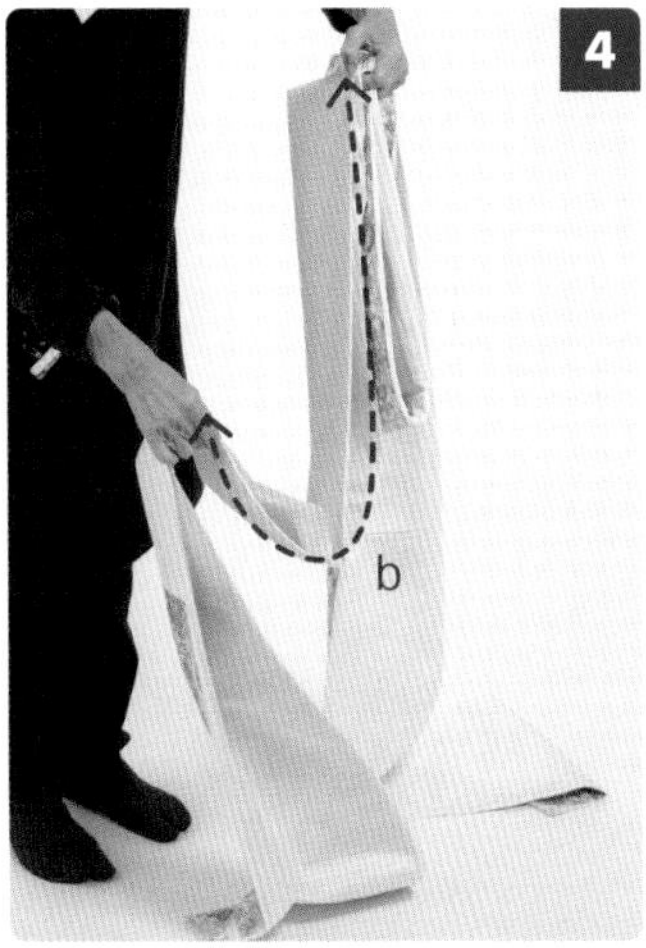

4

a よりもやや短めの長さをて先側に取ります（b）。

5

aと同じように、bも半分に折りたたみます。

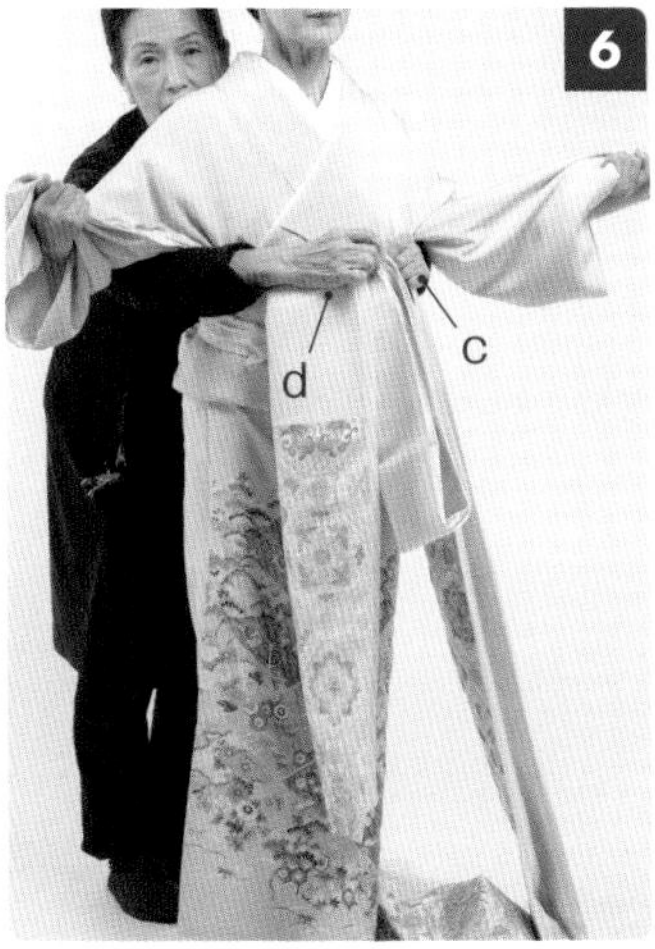

6

aは外します。

7

bを広げて体の前に当てます。

8

cとdが背中の真ん中にくるように、体にひと巻きします。

六通柄・全通柄

六通柄はどちらの方法でもての長さを決めることができます。

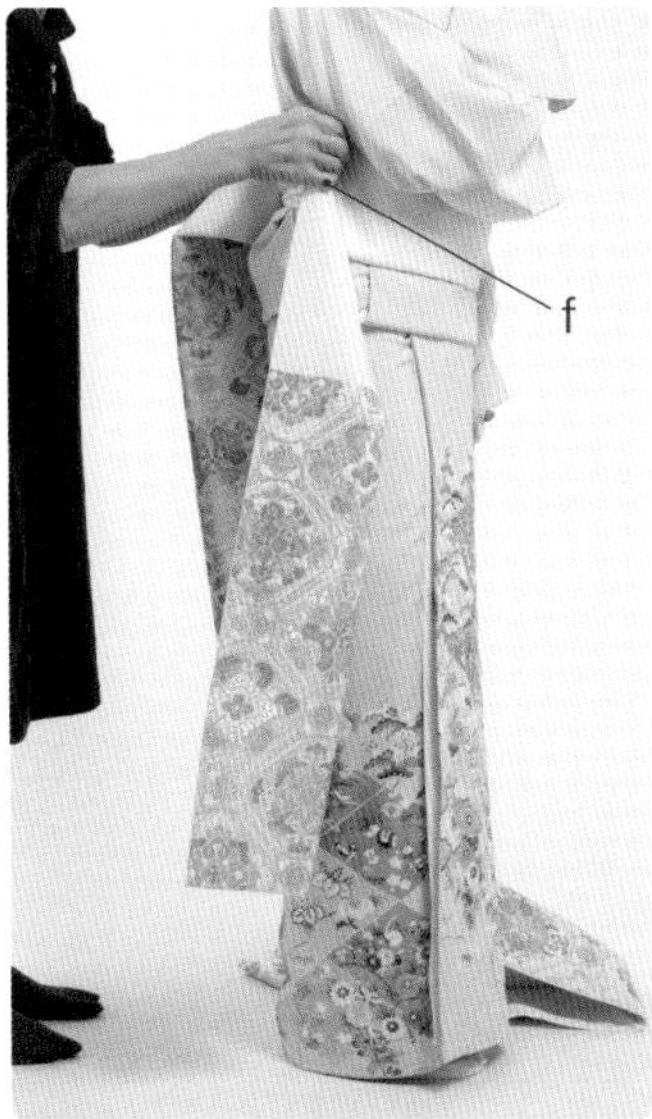

帯を脇（f）に当てて、て先がふくらはぎの真ん中くらいになるよう調整します。巻くときは、f を背中心に置いて巻き始めます。

年齢・体型に応じてお太鼓の高さを決めます

▼p.103参照

お太鼓の山線は高いほど若々しく豪華に、下げると落ち着いた雰囲気になります。山線の高さは背紋の位置を目安にするといいでしょう。帯枕の厚みが合わない場合、枕が薄ければタオルを巻き付け、逆に厚すぎるときは手ぬぐいを丸めてちょうどいい厚さにしてからガーゼでくるんで代用するか、帯枕の天地を逆にします。

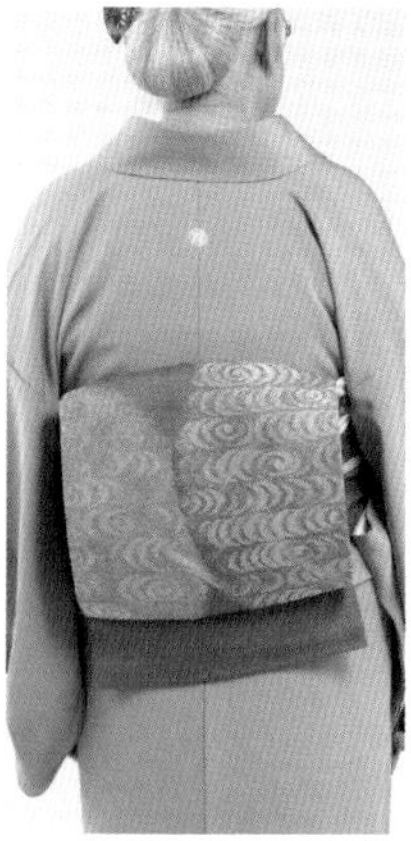

背紋よりもかなり下

60代以降は帯枕も薄くして低めに結ぶと体型カバーだけではなく、こなれた雰囲気にも。

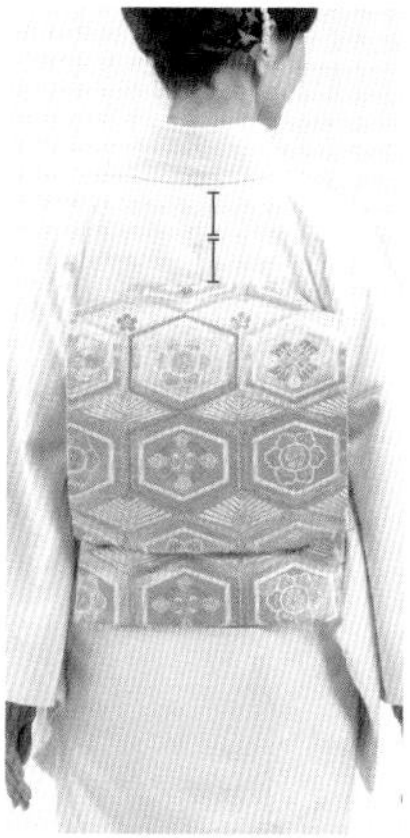

衿付けから山線のほぼ真ん中に背紋

ヒップラインが下がり、背中の肉付きもよくなる中年以降は、低めにして体型カバー。

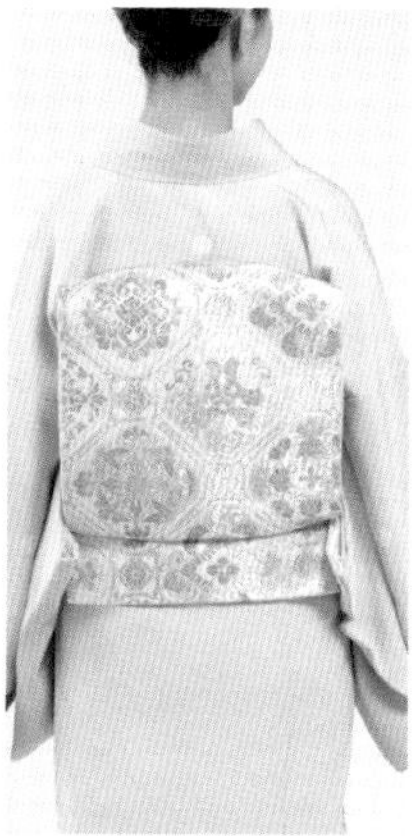

背紋のすぐ下

振袖や豪華な柄の訪問着を着付けるときは、高めに結ぶと華やかな雰囲気になります。

お太鼓の大きさとての長さでほっそり効果

大柄な人やふくよかな人ほどお太鼓を大きく作って背中の面積を小さく見せます。また通常てはお太鼓の端から2～3㎝出し、て元は際から裏側に入れ込みますが、て元を3～4㎝出すことで体の横幅とのバランスも取れます。

◎お太鼓の大きさ

やや小さめ

背中にしょっている感が否めず、ヒップラインも強調されています。

ちょうどいい大きさ

ヒップラインが隠れて腰回りがほっそりと見えます。

◎ての長さ

通常のての長さ

体の横幅に比べると、お太鼓が小さく見えてしまいます。

長めのて

お太鼓の横幅が出るため、体の横幅を強調しません。

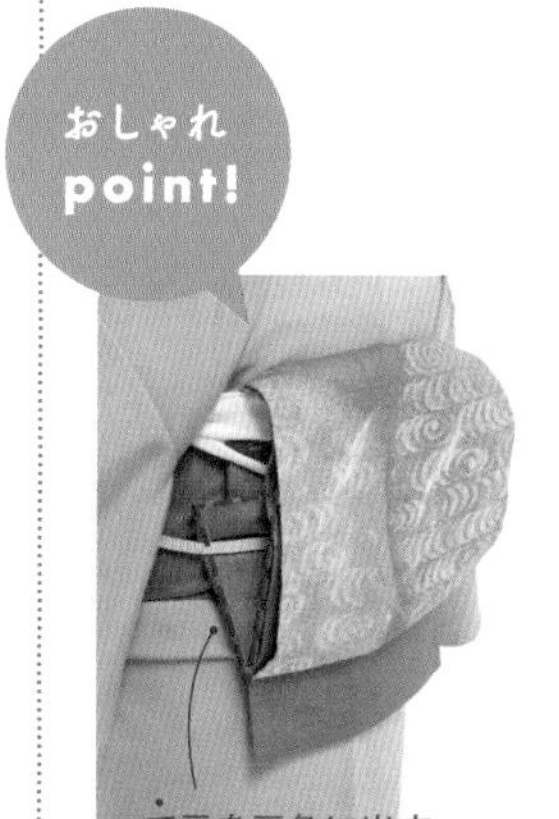

て元を三角に出す

年配の方であれば、あえててて元を斜めに形作ると、こなれた雰囲気に。て元の上線をお太鼓から2～3㎝出して斜めに形作ります。

二重太鼓

ひと巻きして締める

ての長さを決めたら帯をひと巻きし、てとタレを引いて締めます。

幅出しを調整する

2巻き目で、前帯の幅出しを調整します。

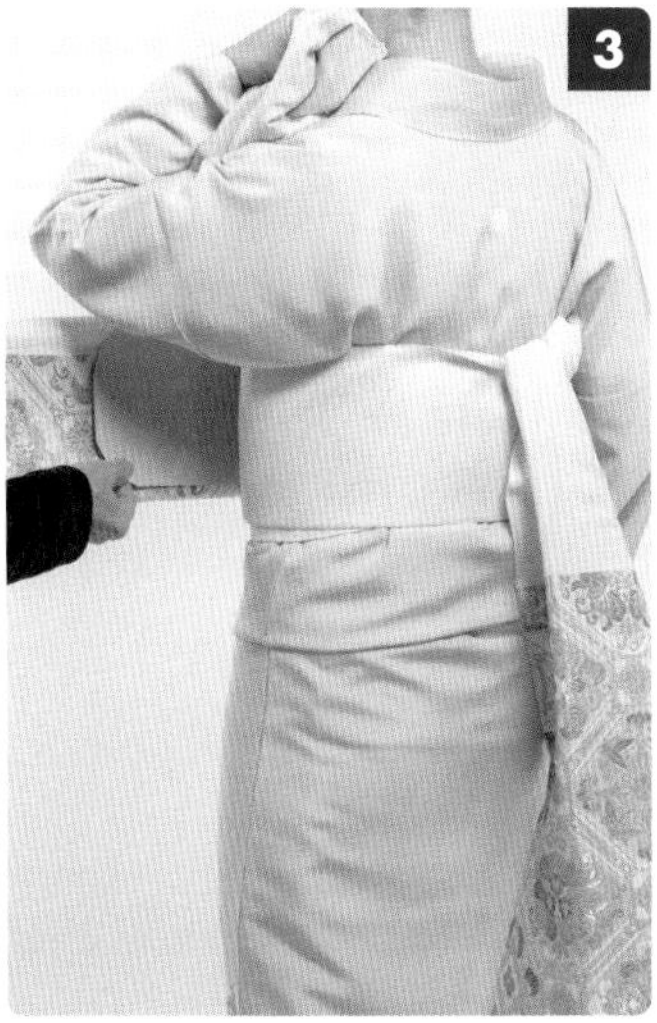

帯板を入れる

帯の上辺に高さを揃えて帯板を入れます。

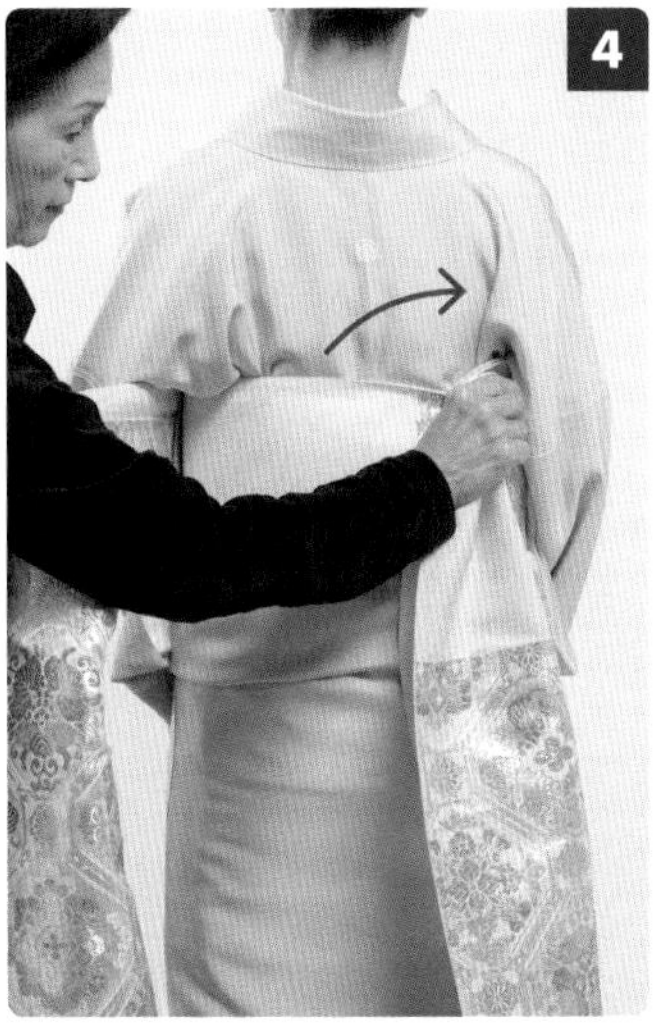

てを引き抜く

てを脇まで引き抜きます。

てとタレを交差させる

タレが上になるよう交差させます。てとタレを片手で持ち、親指でてとタレの交差したところを押さえます。

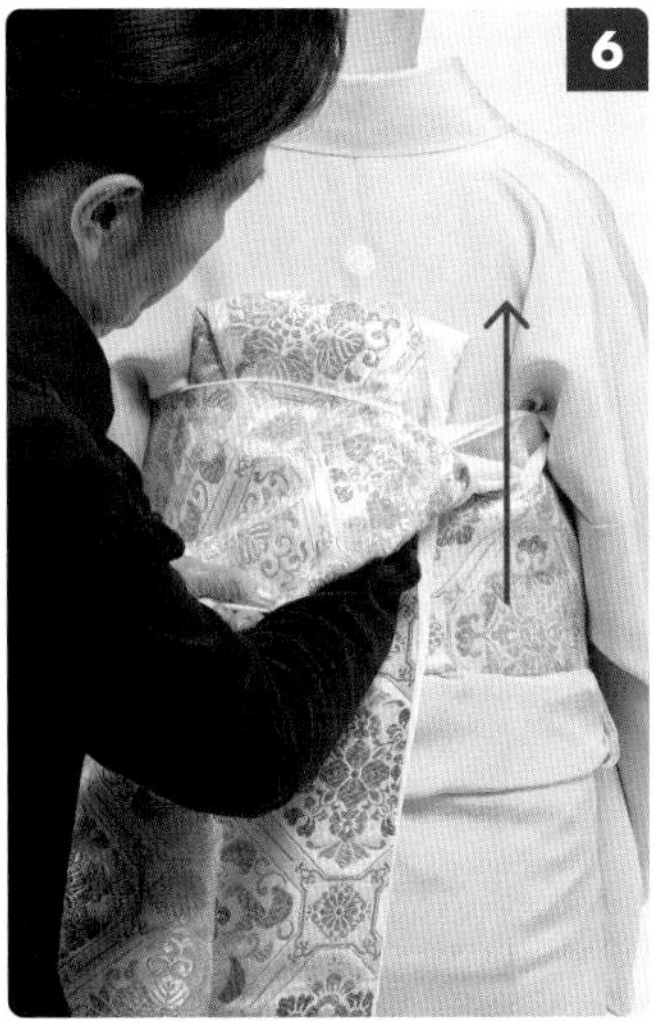

タレをくぐらせる

てとタレの重なりを押さえたまま、もう片方の手でタレをての下から上にくぐらせます。

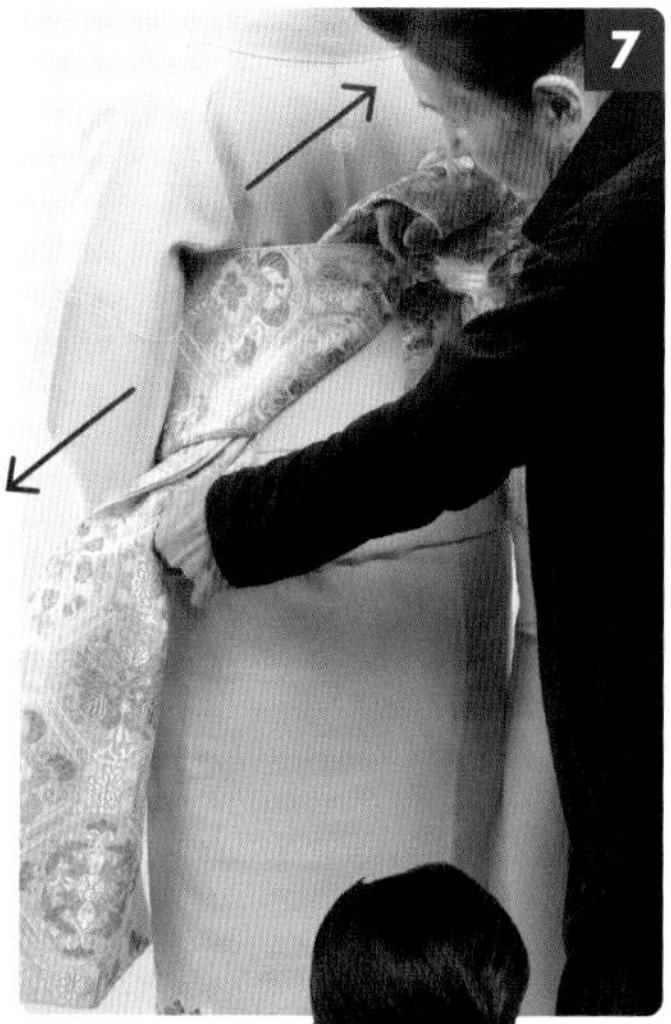

ひと結びする

てとタレをひと結びし、タレを下に下ろします。

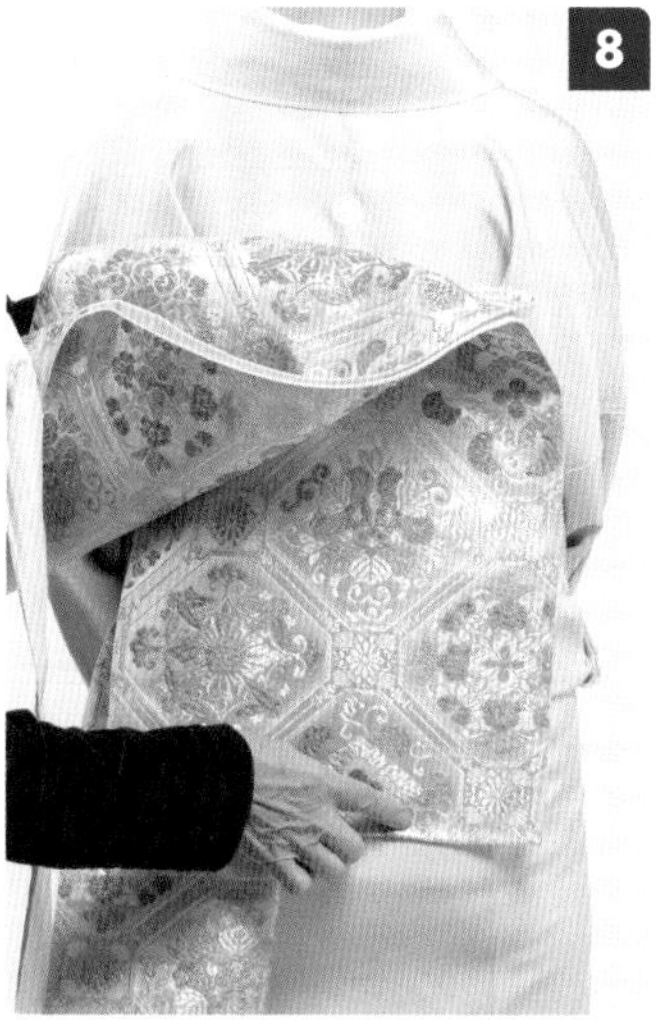

垂れの長さを決める

タレ元を広げ、後ろのおはしょりの下線から人差し指1本分を目安に、垂れの長さを決めます。

お太鼓の山線を決める

年齢や身長に応じて、お太鼓の山線を決めます。

お太鼓の山の左右を
丸く作ると
柔らかな雰囲気に

帯枕を当てる

9 で決めた山線の内側に帯枕を入れます。左右に出た帯枕の紐を斜め下に下げる要領でしっかりと帯枕を背中につけ、お太鼓の山線の両端を丸く形作ります。

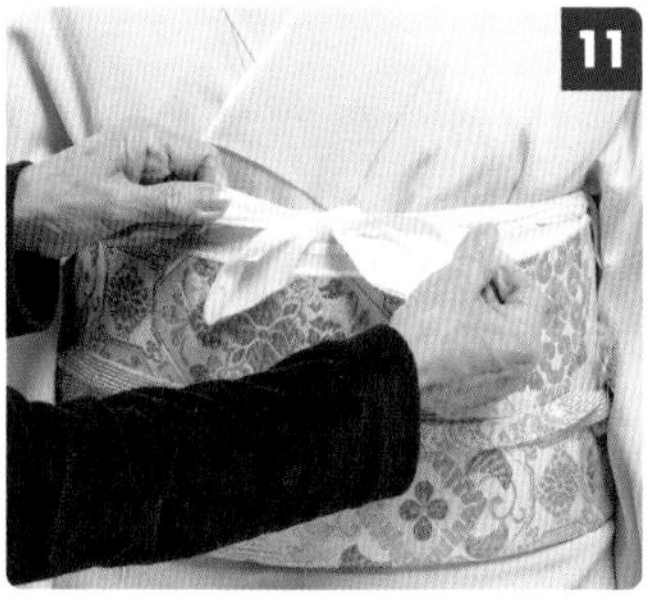

帯枕の紐を仮結びする

帯枕の紐を前に回したら、仮に前で結んでおきます。

12

帯揚げをかける

帯枕に帯揚げを左右同じ長さになるようにかけます。

13

帯揚げを仮結びする

帯揚げを前に回したら、仮に結んでおきます。着付けの邪魔にならないように、結び目は帯の中に入れておきます。

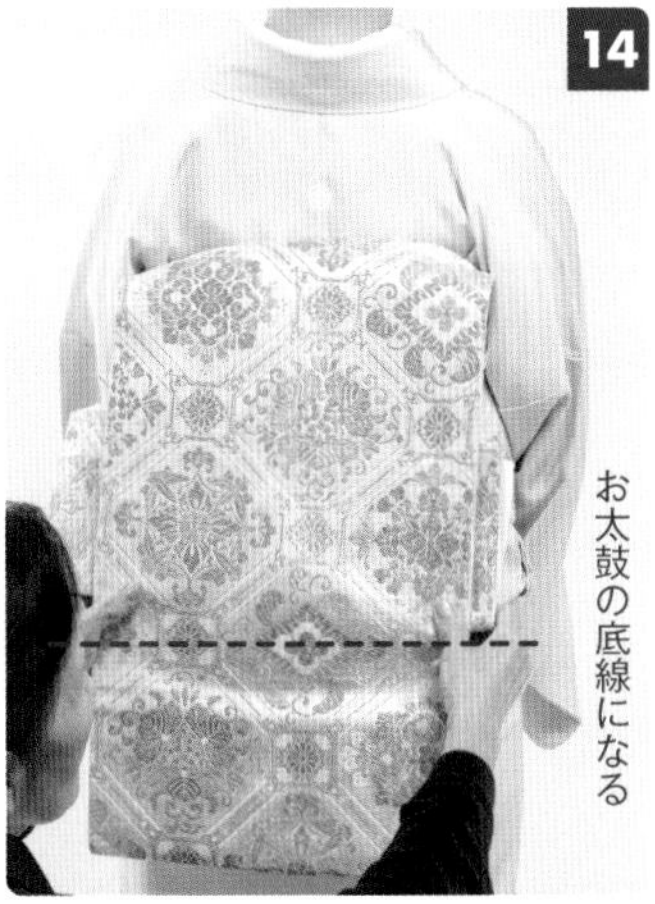
お太鼓の底線になる

14

お太鼓の底線にてを入れる

おはしょりの下線に合わせてお太鼓の底線を決めます。お太鼓の底線に沿っててをお太鼓の内側に当てます。て先は2～3㎝を目安にお太鼓から出します。

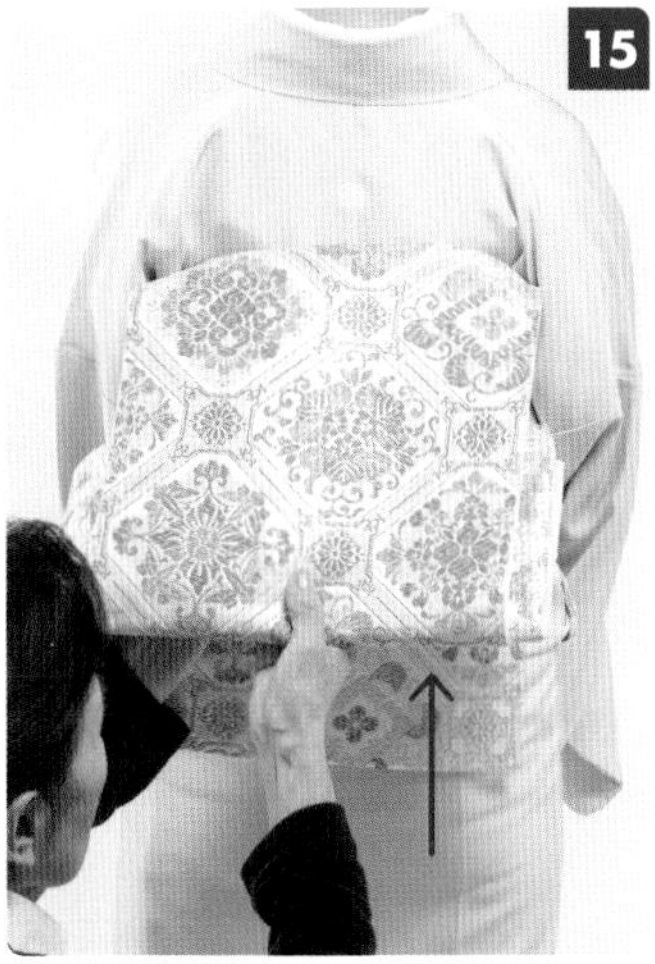

15

タレを折り上げる

てとお太鼓の底線を一緒に持ち、残りのタレを内側に折り上げます。

お太鼓の底線とての下線を
しっかりと合わせる

16

お太鼓を作る

お太鼓の底線とての下線をしっかりと合わせてお太鼓を作ります。ここが合っていないとお太鼓の底にたるみができて、横から見たときにキレイな7の字に形が決まりません。

横から見たときに
7の字になるように

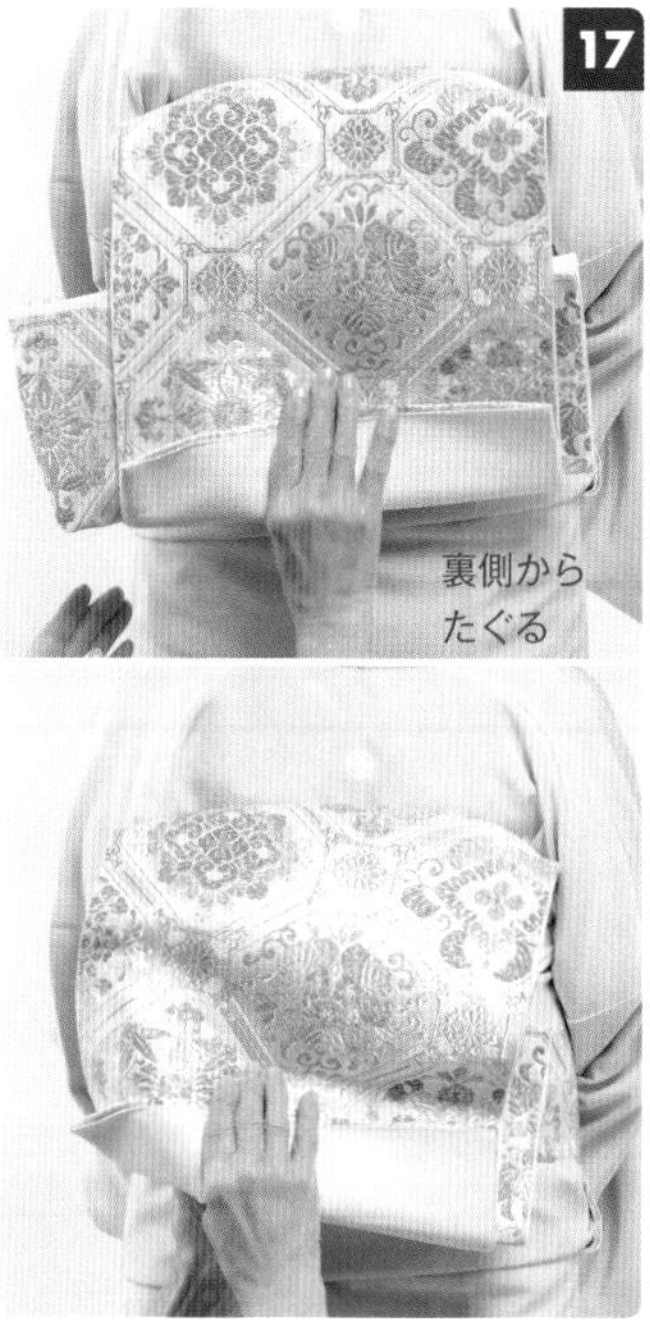

て元のあまりを裏側に入れる

お太鼓の底線と垂れとてを一緒に持ちます。基本はて元のあまりをお太鼓の際からすべてお太鼓の裏側に入れ込んでキレイにしますが、年齢や体型に応じててて元の形を工夫しても。

▶p.70 参照

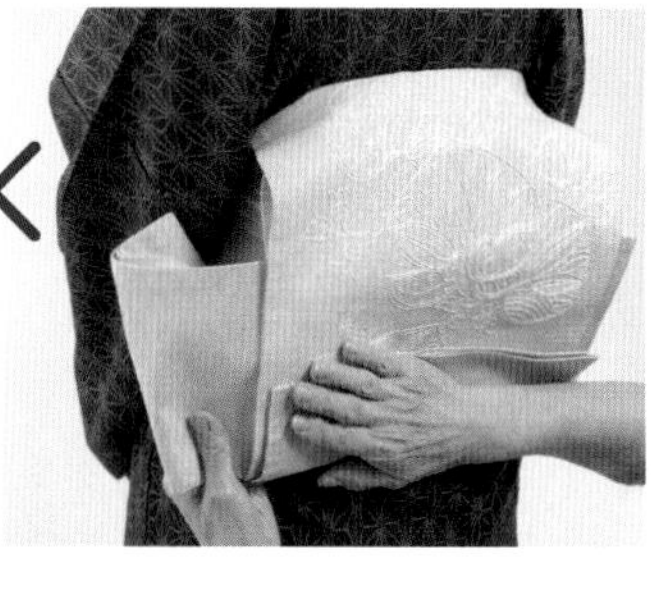

NG ✕

あまったて元は先端を折ってお太鼓の裏側に入れるのではなく、お太鼓の裏側からあまったてをたぐるようにして入れ込み長さを整えます。

帯締めを入れる

お太鼓の内側（ての上）を片手で押さえたまま、もう片方の手で帯締めの真ん中を持ってお太鼓の内側に入れ、反対側の手に渡します。

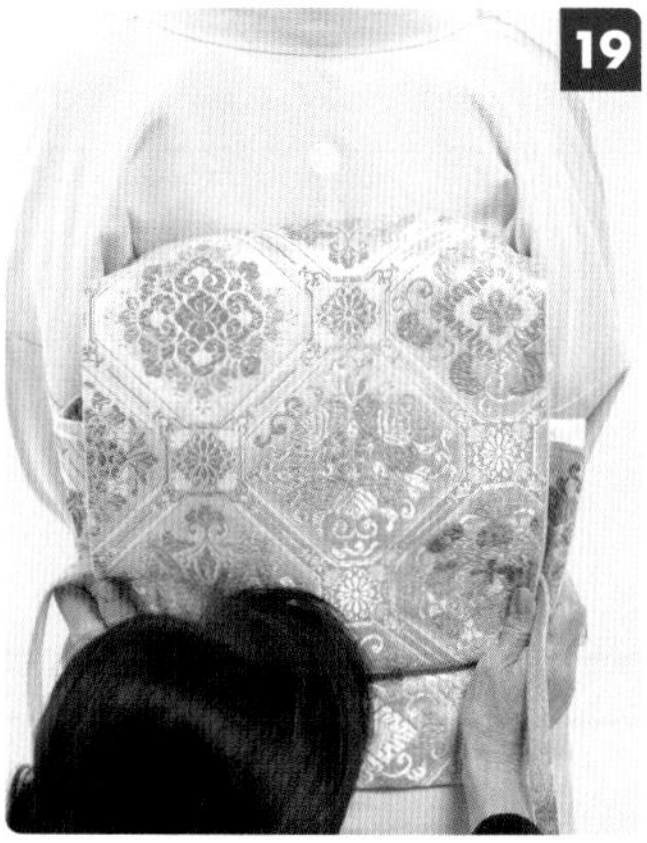

帯締めを通す

ての上に帯締めを当てて前に回します。このときての幅の真ん中よりも上に帯締めがいかないように。着付けの基本は前下がり後ろ上がりですが、帯締めだけは唯一後ろ下がり前上がりのラインを意識します。

帯締めを締める

ゆるみがないようしっかりと帯締めを締めます。

帯枕の紐を締め直す

仮に結んでおいた帯枕の紐を外し、斜め下にしっかりと引いて帯枕を背中に密着させます。

※わかりやすいよう手を上げて撮影しています。

帯枕の紐を結ぶ

体の真ん中で蝶々結びにします。

帯の中に入れる

結び目を帯の内側、みぞおちあたりまでグッと入れ込みます。こうすることで帯枕がしっかりと背中に密着します。

帯揚げを結ぶ

帯揚げを結べば二重太鼓の完成です。

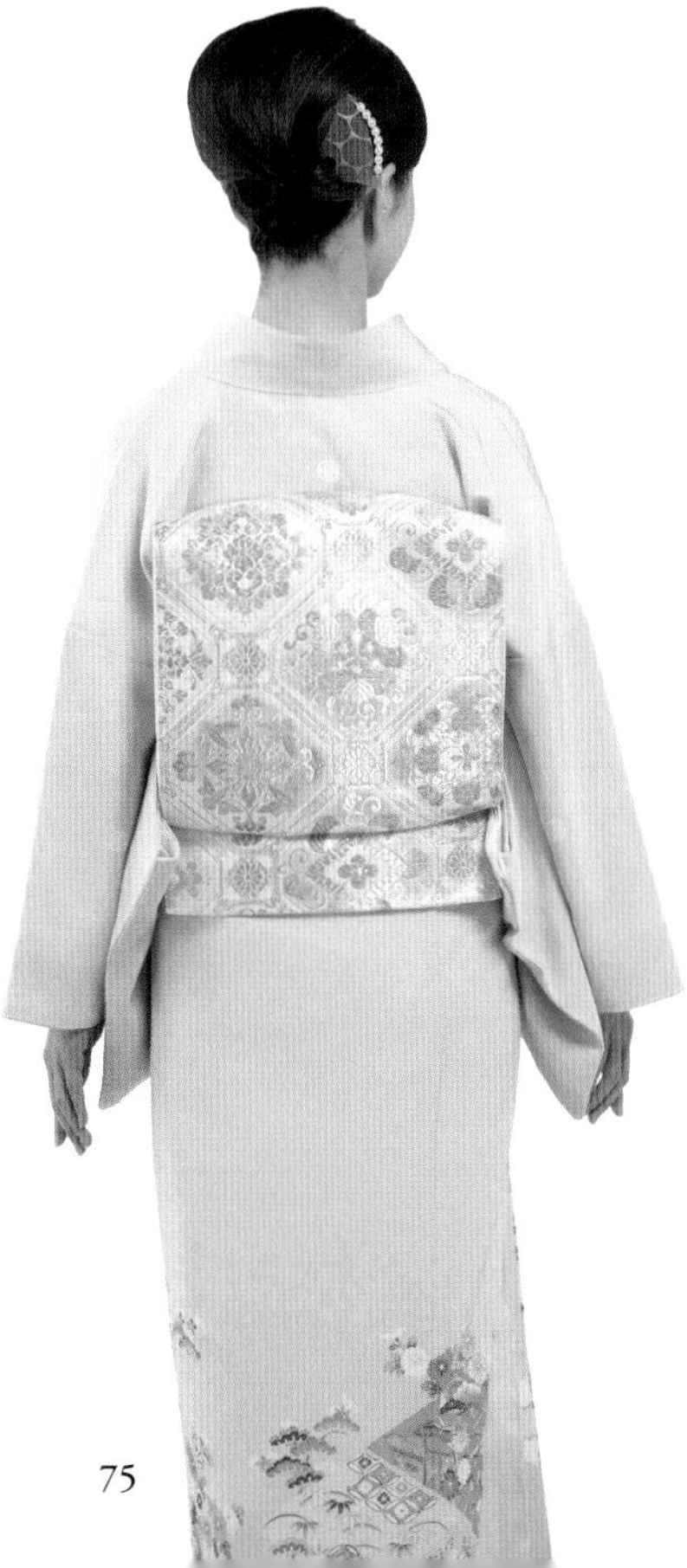

振袖に結ぶ

文庫結び

身長とのバランスを見ながら
羽根の長さを決めます。
振袖の帯結びには
厚みと大きさのある帯枕を使用しますが、
ここでは「帯とう（文庫枕や文庫台などさまざまな呼び名があります）」
と呼ばれる厚みのある
大きな枕に足のついたタイプを使います。

1 厚紙を背中に当てる

大久保式の厚紙で作った帯板を衿にクリップでとめておきます。クリップは使わずに、背中に厚紙を当てたまま帯を巻いても構いません。

▶p.104 参照

2 ひと巻きする

帯のわを上にします。六通柄の帯は柄止まりが脇にくるようにしててての長さを決めて体にひと巻きして締めます。全通柄の場合はて先がふくらはぎの真ん中くらいになる目安ででの長さを決めます。

▶p.68~69 参照

帯板を入れる

2巻き目で前帯の幅を調整したら、帯板を入れます。帯に厚みがある場合はとくに、帯板が厚いと体が太く見えてしまうので、大久保式の帯板を活用するといいでしょう。

てとタレを締める

2巻きしたら、てとタレを締めます。

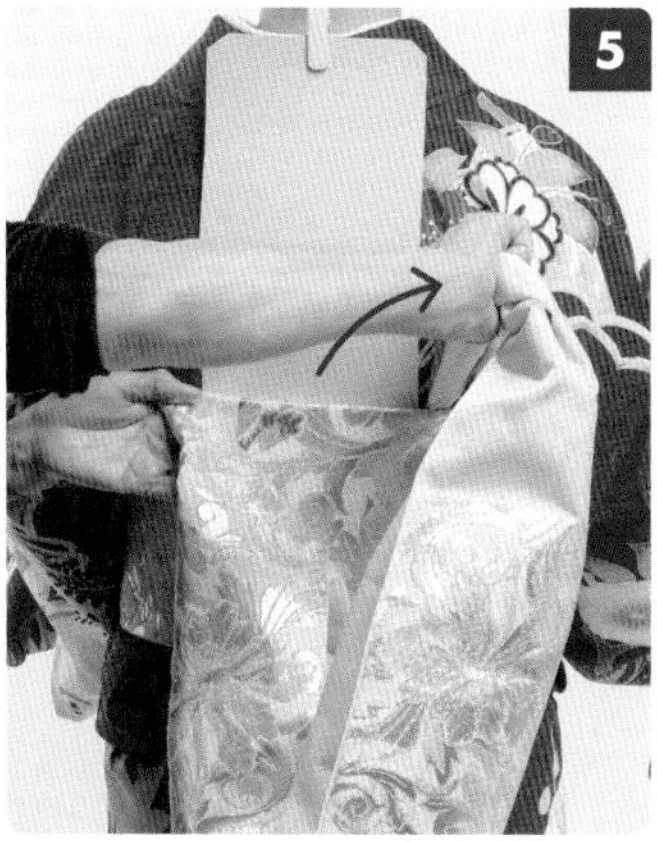

てを引き抜く

タレを押さえたまま、てを脇まで引き抜きます。

Advice

下腹が出ている人は、帯のわを上にして胴に巻きます。通常帯はわを下にして巻きますが、わを上にして巻くことで下腹にかかる帯の厚みが減り、スッキリとした着姿になります。子供の帯結びもわを上にします。

タレを折り上げる

タレを脇から斜めに折り上げます。

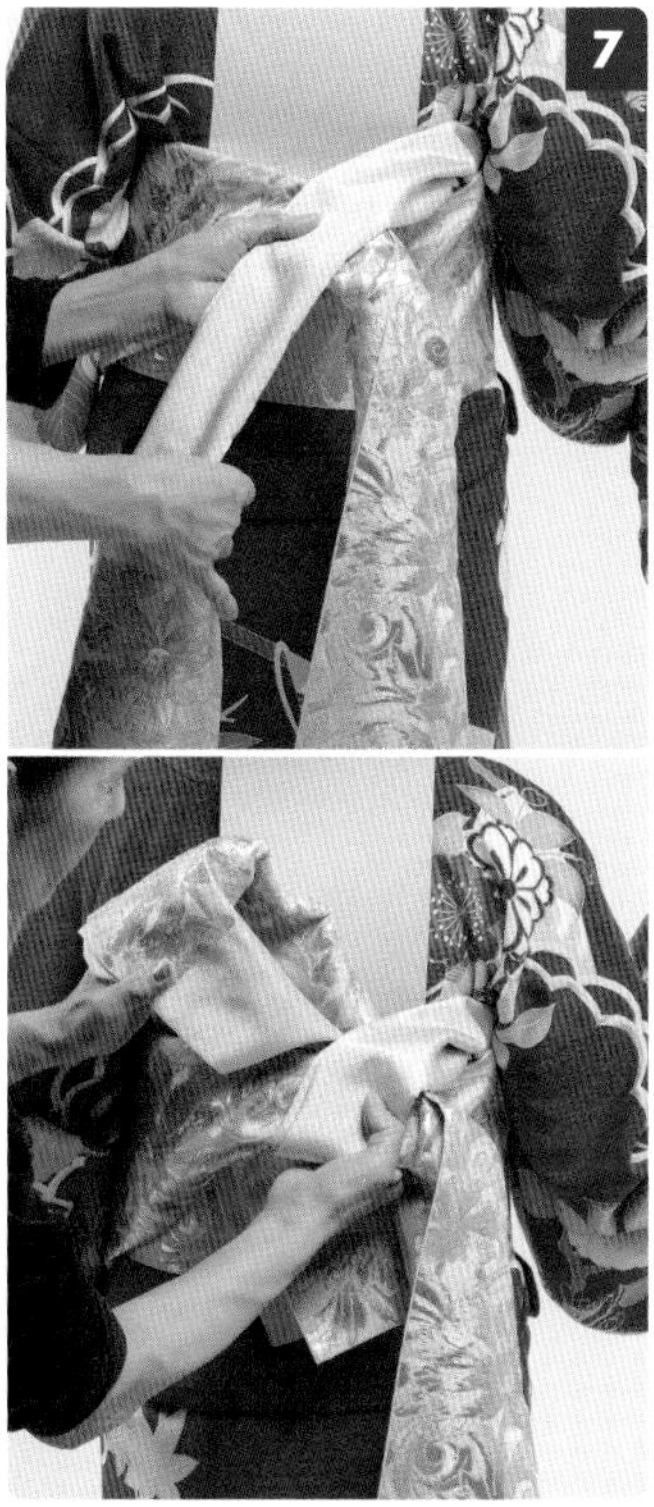

タレの下から
てをくぐらせる

てが上、タレが下になるように交差させます。交差した位置を片手でしっかりと押さえたまま、てをタレの下から上にくぐらせます。

てとタレを結ぶ

てを完全に引き出したら、てとタレを左右に引いてしっかりと結びます。

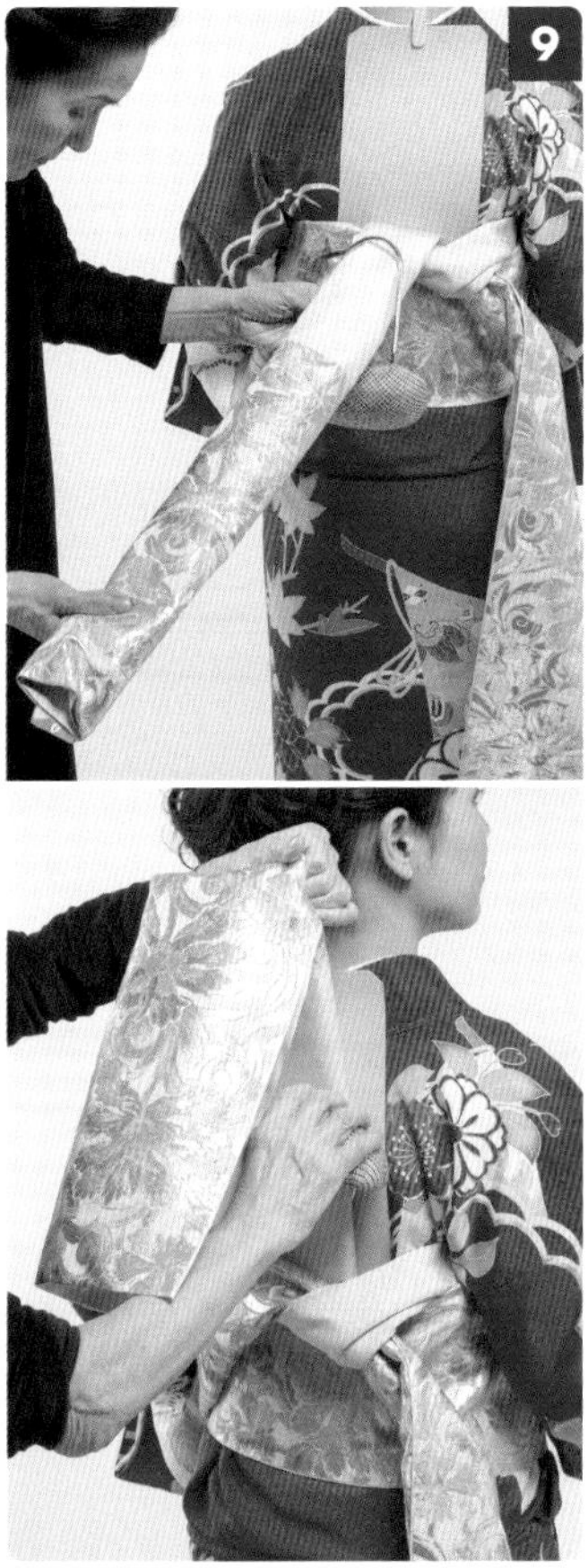

帯とうを差し込む

て幅を1/4に折り、帯とうの足にてを通します。このあと、背中にとめた厚紙と胴に巻いた帯の間に、足を差し込みますが、その前に厚紙のクリップをはずします。

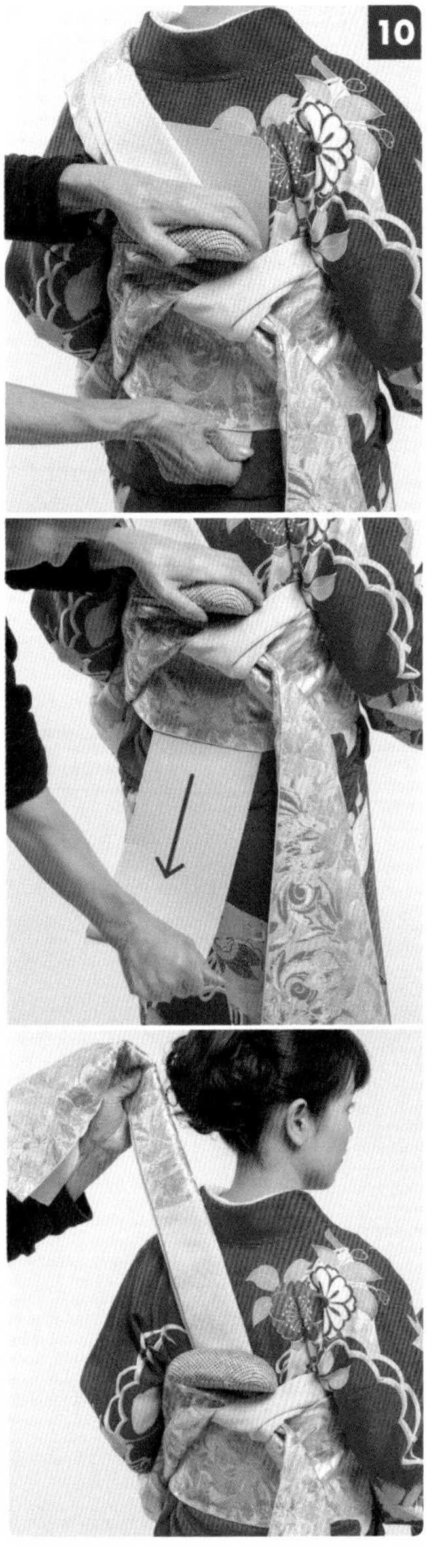

厚紙を抜く

帯とうの足を差し込みながら、同時に厚紙を引き抜きます。厚紙があることで、スムーズに足を差し込むことができます。

文庫結び

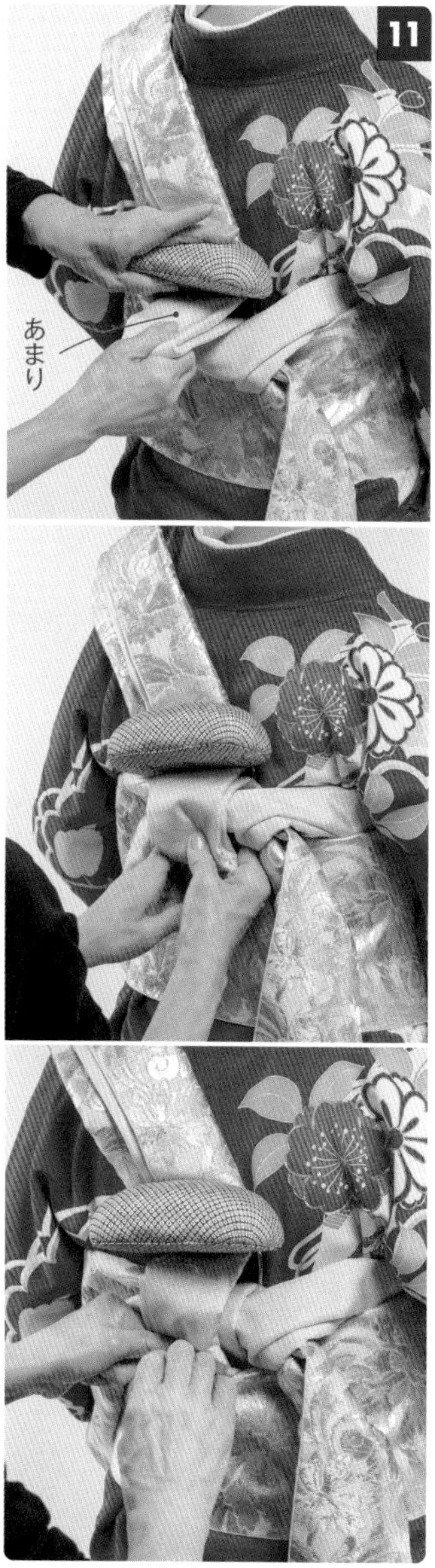

て元のあまりを帯の中にしまう

てを肩にあずけます。柄のないて元のあまりは帯とうの下から抜いて、胴に巻いた帯の中にしまいます。

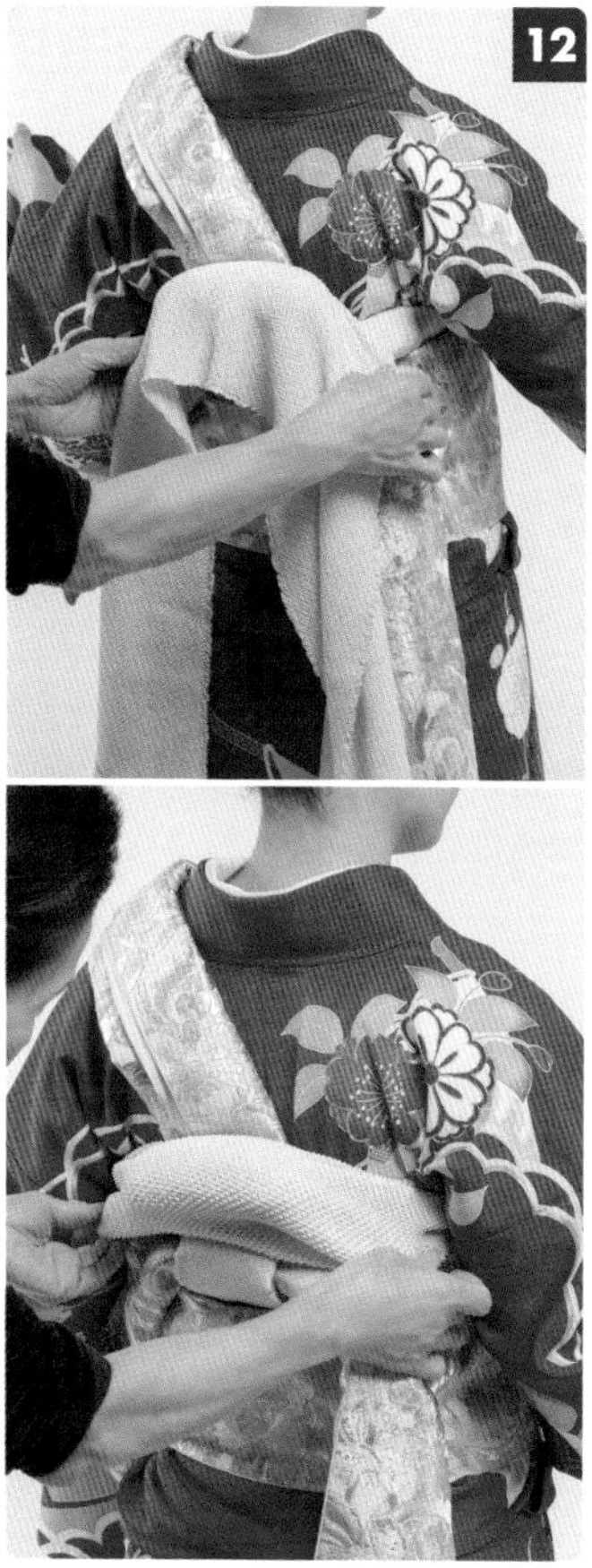

帯揚げをかける

帯揚げを左右同じ長さになるように帯とうにかけます。帯とうを下からくるんで前に回して仮に結んでおきます。

タレを広げる

タレを結び目の際から幅を広げます。

羽根の長さを確認する

結び目を中心に羽根が左右対称になるように、長さを確認します。

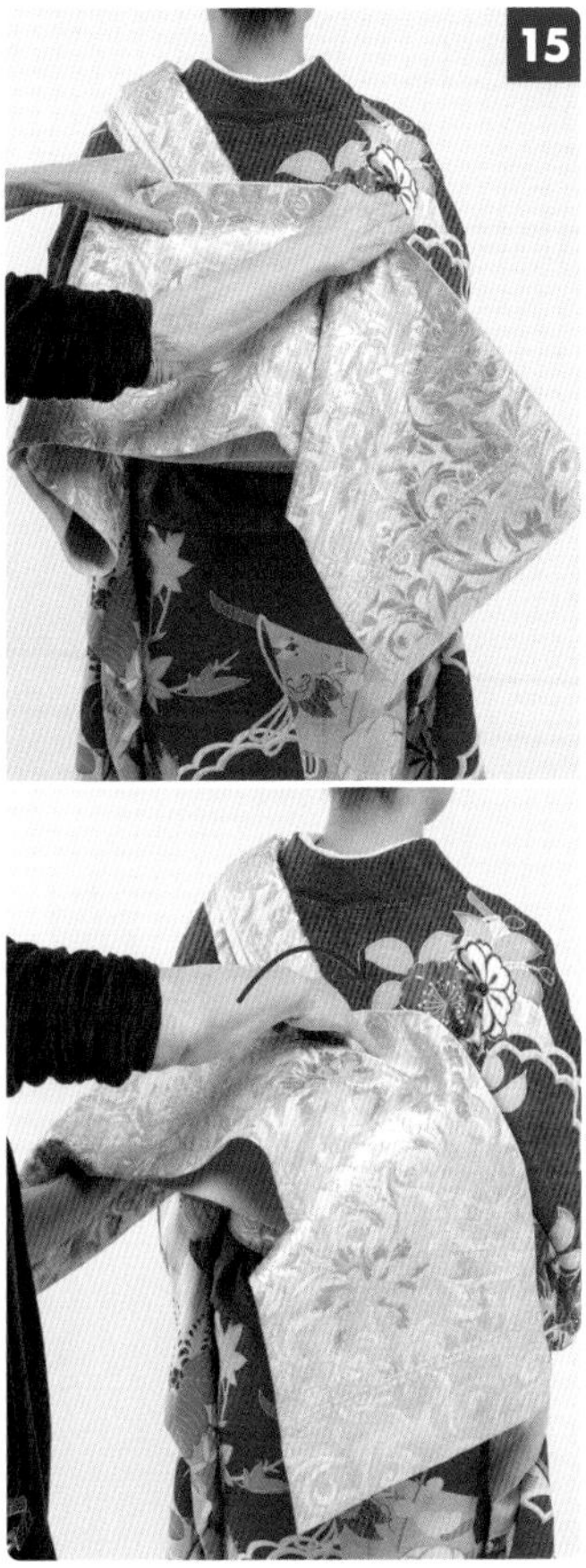

羽根の上辺を作る

たたんだタレの上辺を帯とうと背中の間に差し込み、羽根の上辺を作ります。

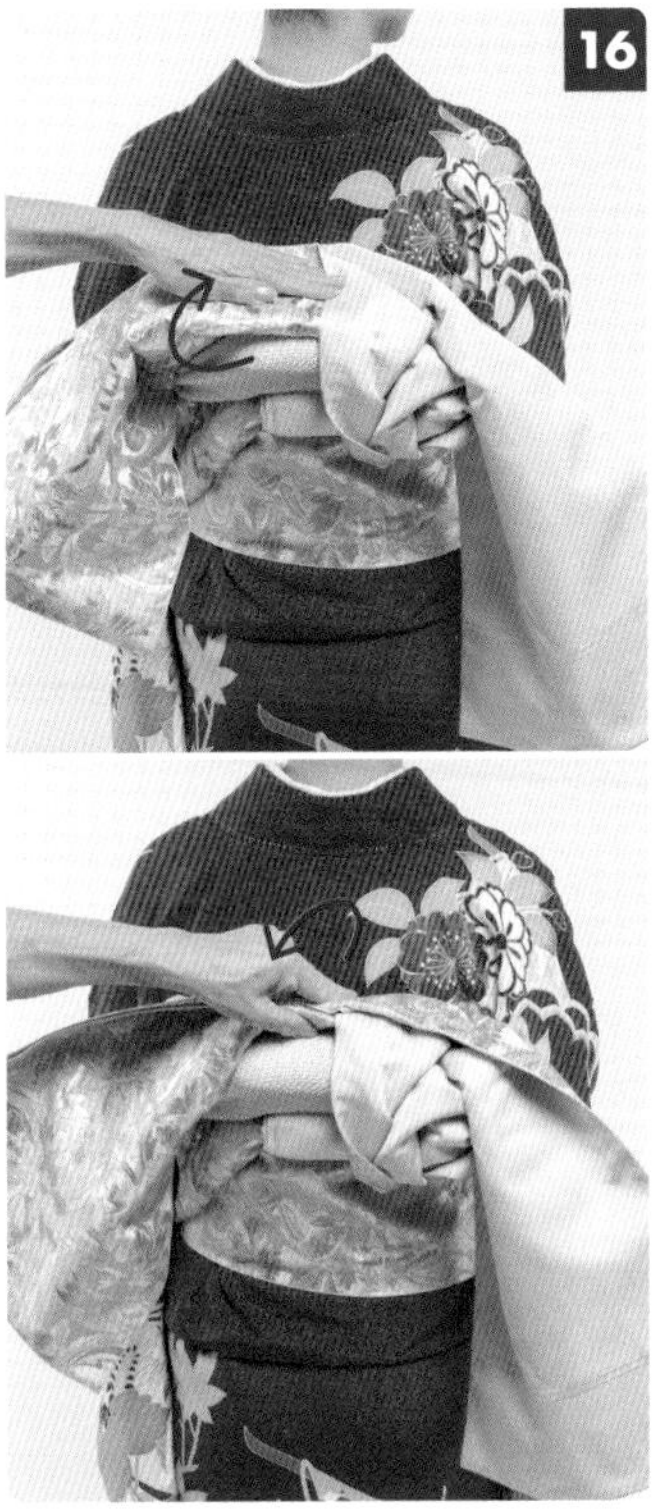

ひだを作る

肩にあずけておいたてを下ろします。タレの下線を上に折り上げ、さらに折り下げてひだを取り、表ひだを作ります。

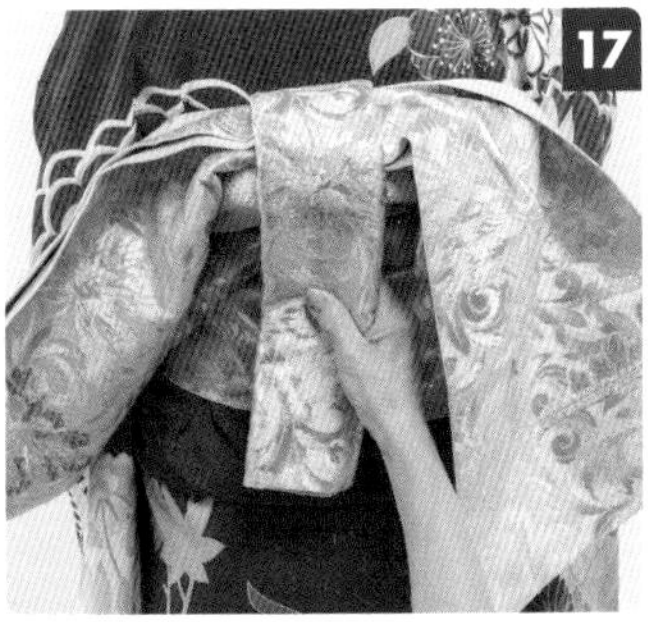

てを下ろす

てを羽根の真ん中、背中心に合わせて、まっすぐ下ろします。

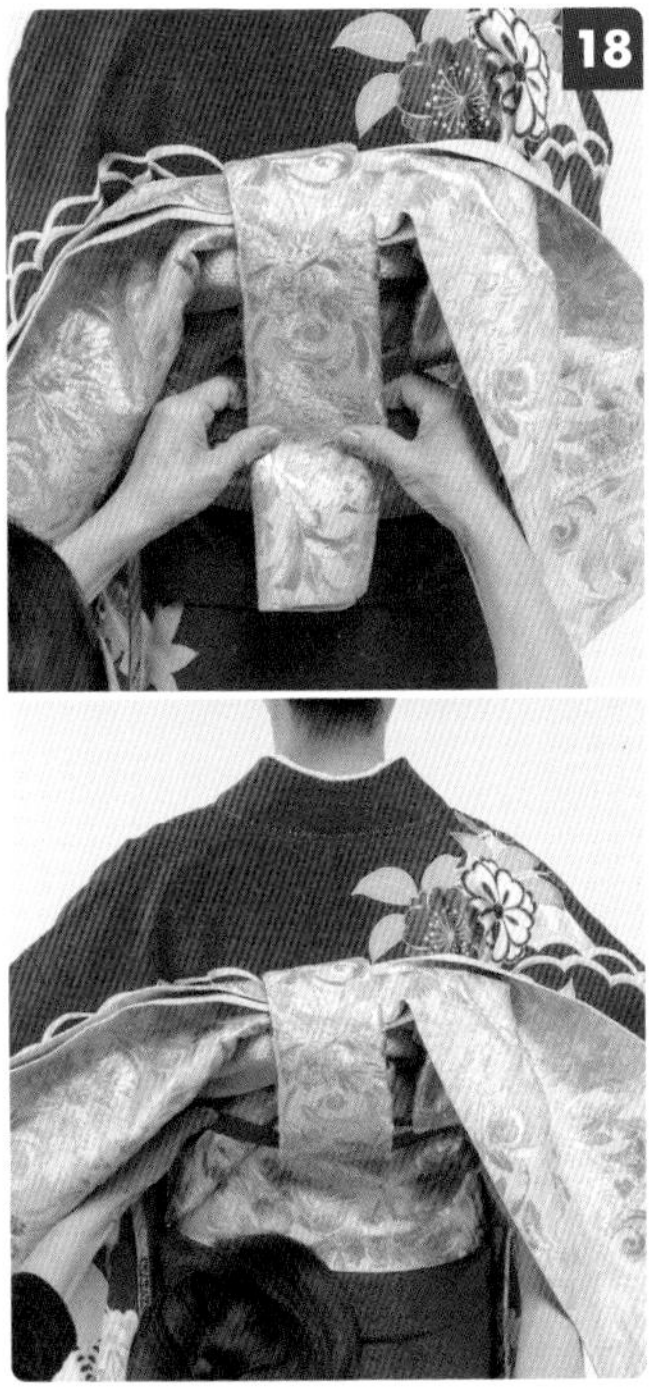

帯締めを当てる

ての内側に帯締めの真ん中を当てます。羽根を包む分を残しててを内側に折り上げ、帯締めを前に回して結びます。仮結びしておいた帯揚げも結びます。

大人の振袖の装い方

未婚女性の第一礼装の振袖ですが、最近では大人のパーティードレスとして着られることも多くなりました。帯締めや帯揚げなどの小物を落ち着いた色に変えると大人の雰囲気になりますが、帯結びを二重太鼓にするだけでもぐっと大人っぽくなります。

お太鼓を大きくたっぷりと作ることで、振袖のボリュームに負けない豪華な後ろ姿になります。

前帯の位置が上すぎると子供っぽい印象に。帯揚げの分量はやや少なめにするとより落ち着いた印象になります。

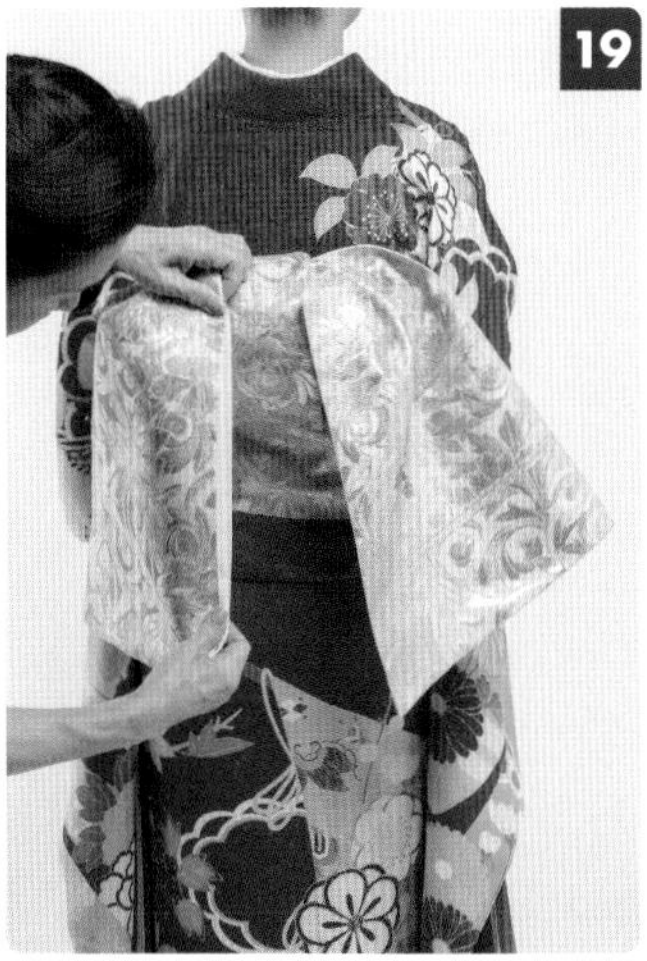

19

羽根を整える

左右の羽根を下ろして、形を整えて完成です。

振袖に結ぶ

立て矢結び

帯結びの羽根には
「未来へ向かって羽ばたいてほしい」という
親の願いが込められています。
たっぷりとした羽根が特徴の立て矢もまた、
そんな願いを込めて今でも
花嫁が引き振袖に結ぶことが多い帯結びです。
文庫結び同様、
帯枕は「帯とう」を使用します。

1

てとタレを結ぶ

柄止まりを脇にしててての長さを決め、背中に厚紙を当てたまま帯をひと巻きします。2巻き目に帯板を入れたらタレを脇から斜めに折り上げて、てが上、タレが下になるようにして交差させます。てをタレの下からくぐらせて上に引き出したら、てとタレをしっかりと結びます。

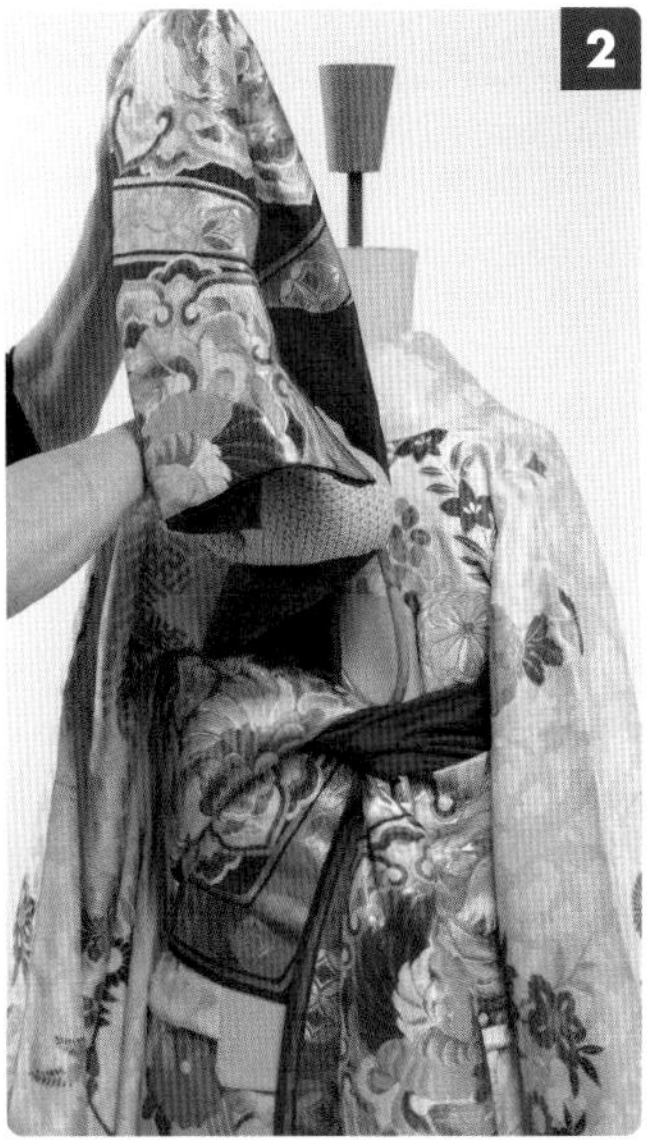

帯とうを入れる

てての幅を1/4に折り、帯とうの足にてを通します。背中と厚紙の間に帯とうの足を差し込みながら同時に厚紙を引き抜きます。

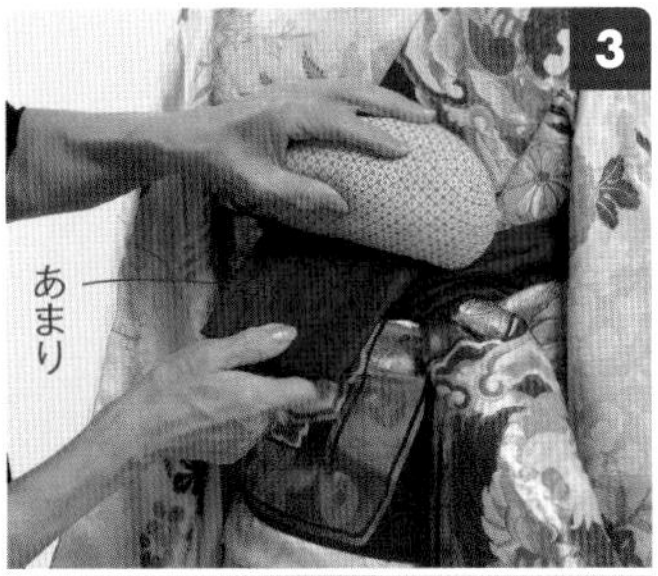

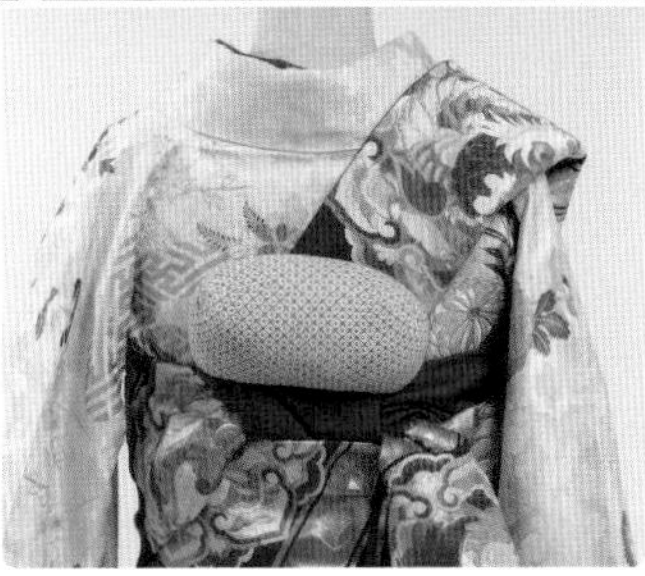

て元のあまりをしまう

てを肩にあずけます。柄のないて元のあまりを帯とうの下から抜いて、胴に巻いた帯の中にしまいます。

帯揚げをかける

帯とうをくるむように帯揚げをかけて前に回し、仮に結んでおきます。

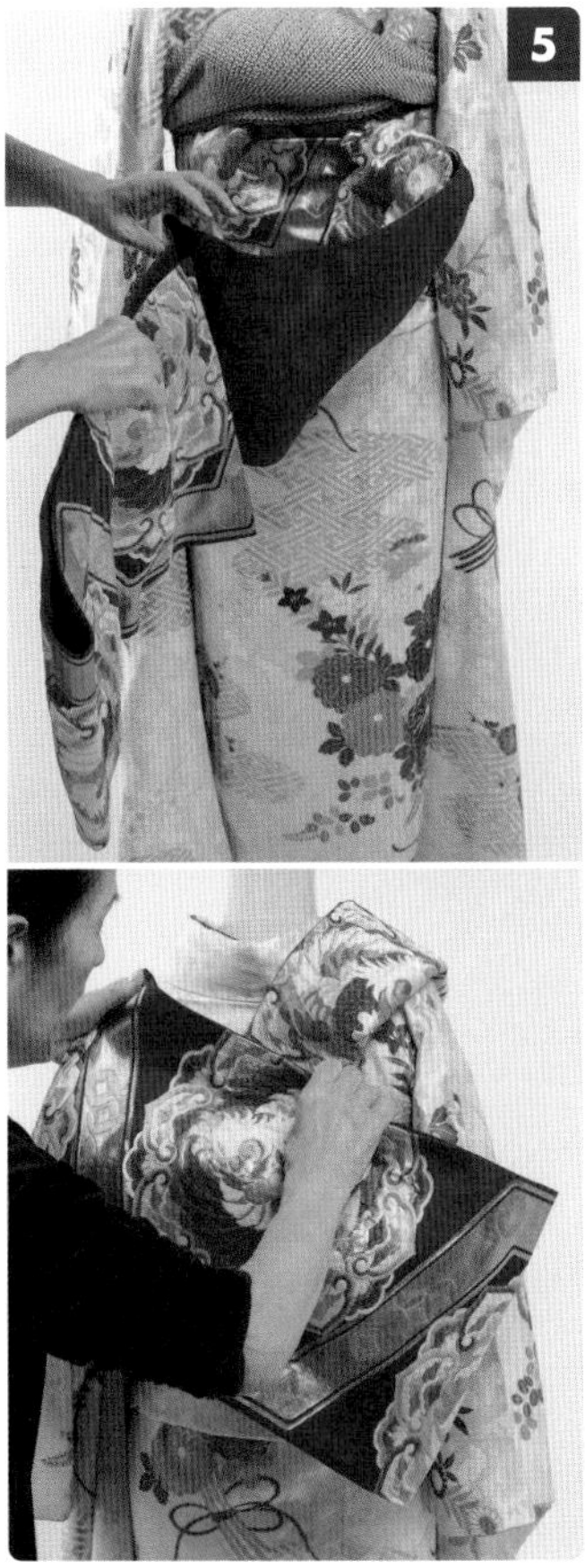

タレをたたむ

結び目の際からタレの幅を広げます。結び目を真ん中にして左右均等に羽根が出るように、タレを斜めに折りたたみます。

羽根を作る

たたんだタレに、表ひだを作ります。

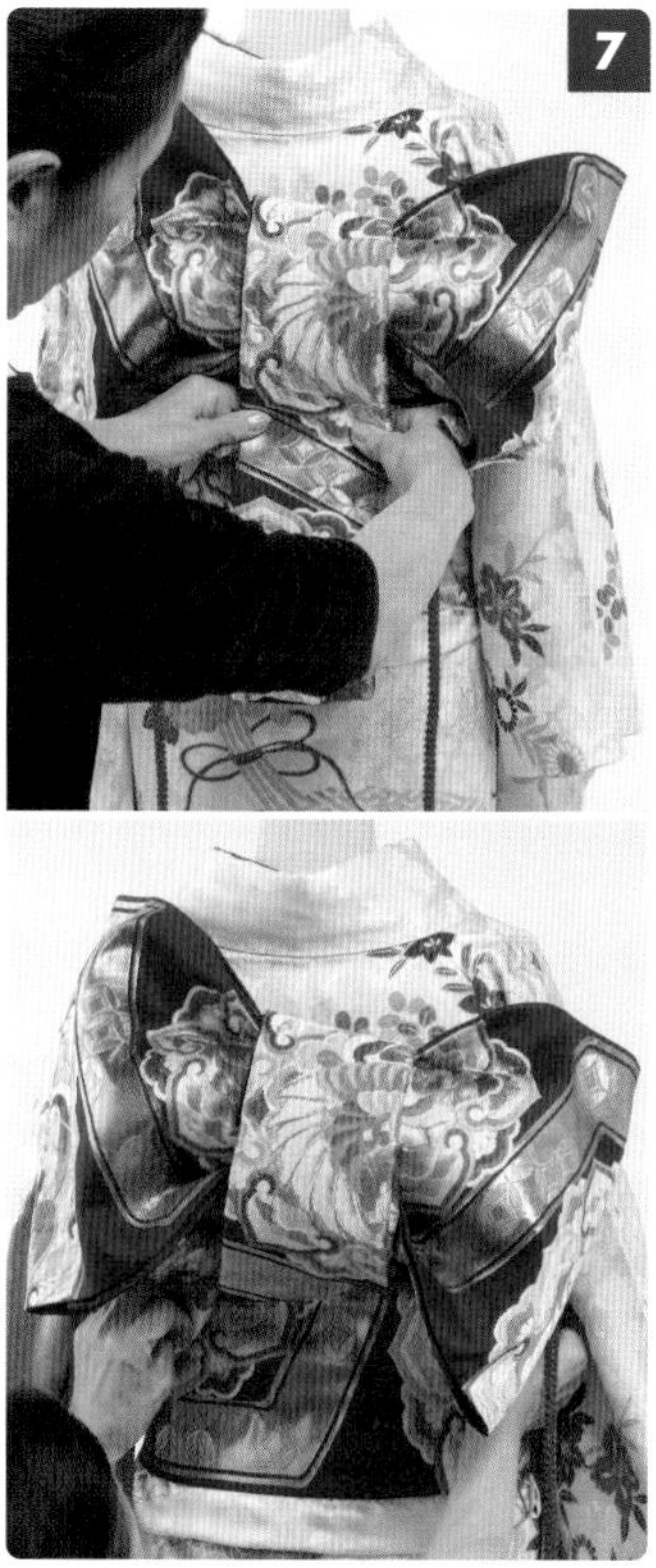

帯締めを当てる

肩にあずけておいたてを下ろし、羽根の真ん中、背中心に沿って下ろします。帯締めの真ん中をての内側に当てて、羽根を包む分を残しててを内側に折り上げ、帯締めを前に回して結びます。

帯揚げを結ぶ

仮に結んでおいた帯揚げを結べば完成です。

振袖に結ぶ

ふくら雀

寒さに羽をふくらませるふくら雀を由来とする帯結び。福良雀とも書くことから、縁起のいい帯結びともされています。万が一背もたれによりかかってしまっても崩れにくいのも特徴のひとつ。柄止まりは背中のどの位置でも大丈夫です。基本の着付け小物のほか、羽根を固定するのにゴムを1本と紐を1本用意します。

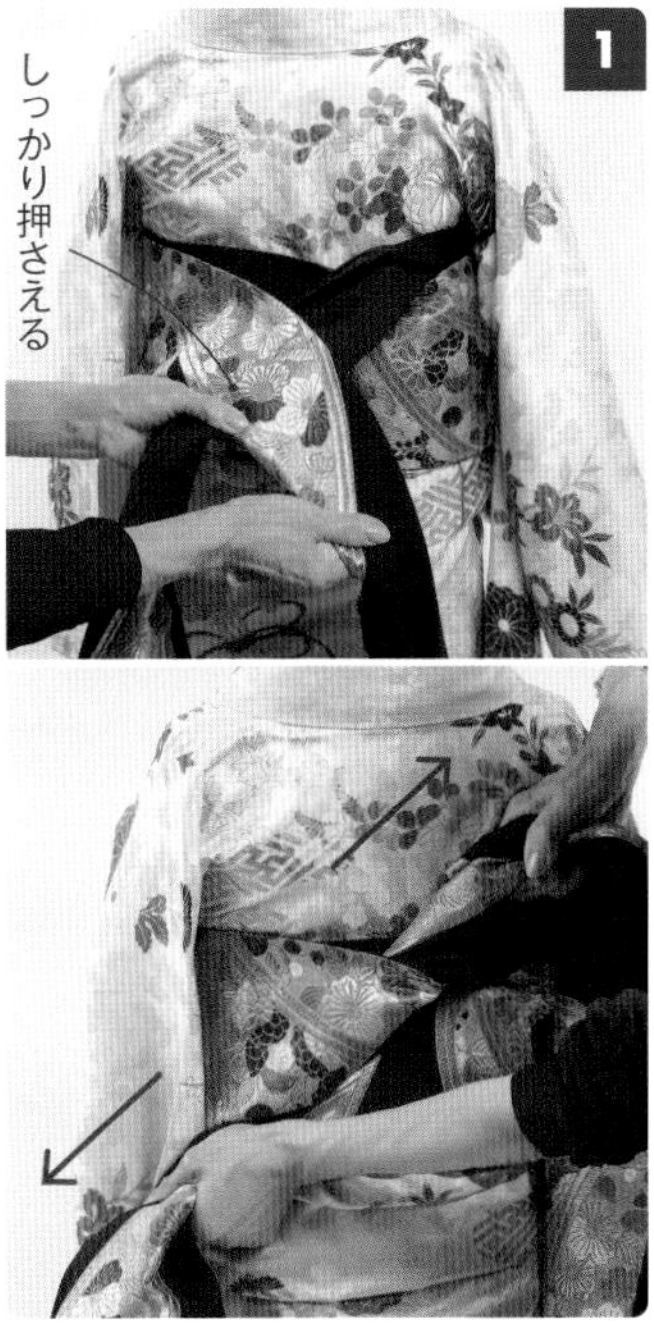

てとタレを結ぶ

手幅3つ半分ての長さを取ったら2巻きします。タレが上、てが下になるように交差させて、タレを下から上にくぐらせてしっかり結びます。

羽根の長さを確認する

タレの元から幅を広げます。左肩から羽根がのぞく長さを確認します。

タレで羽根を作る

2 のタレに二つ山ひだを取って羽根を作り、左肩に当てます。

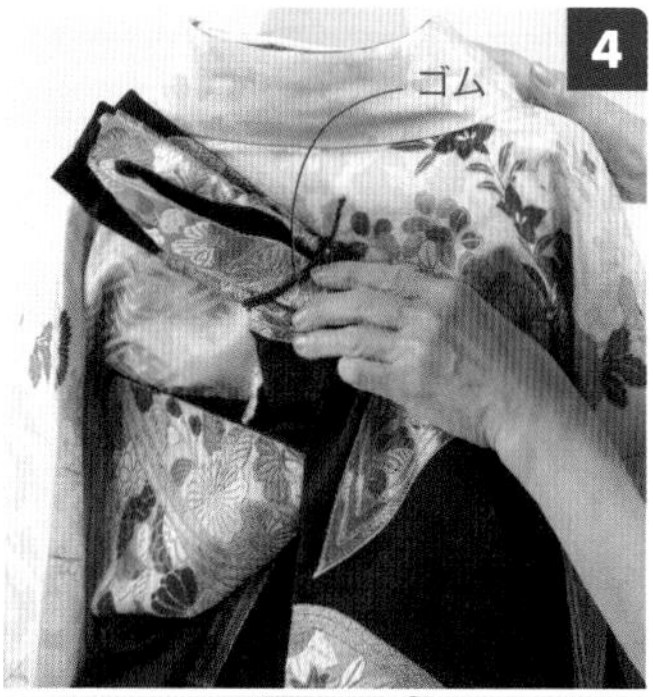

羽根を仮どめする

3 の羽根の元をゴムで結びます。さらに紐を巻いて固定しておきます。

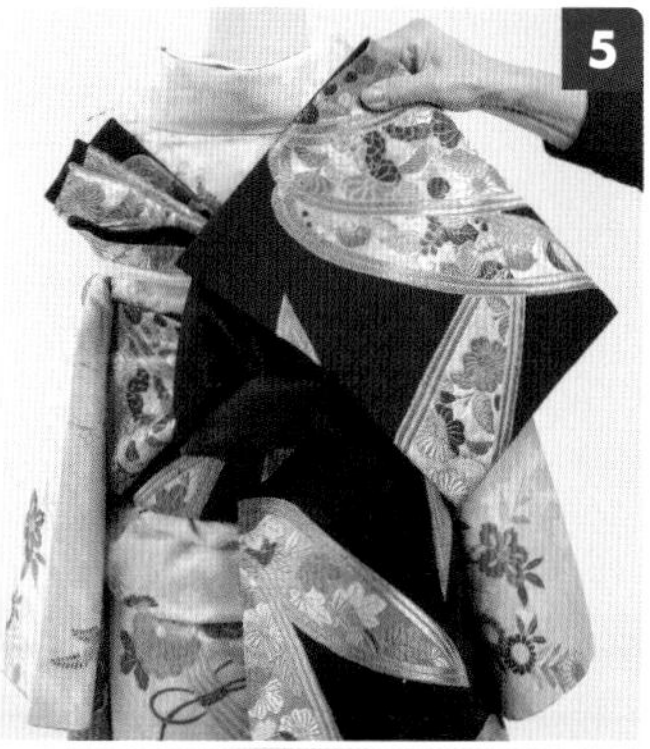

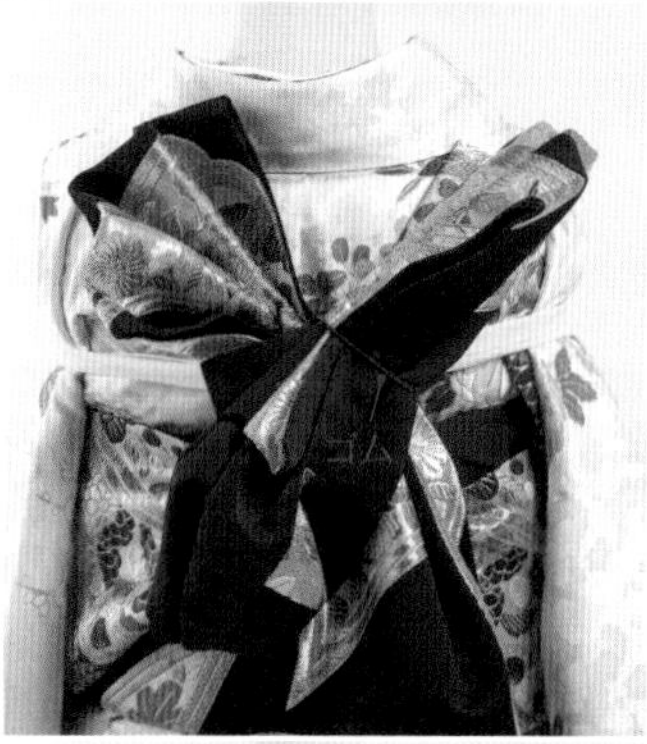

てで羽根を作る

てを結び目の際から幅を広げて右肩に上げます。折り返して左肩の羽根と同じ大きさになるように長さを取って、二つ山ひだを作り、**4** のゴムを8の字にして羽根を押さえ、体に巻いた紐にはさみます。

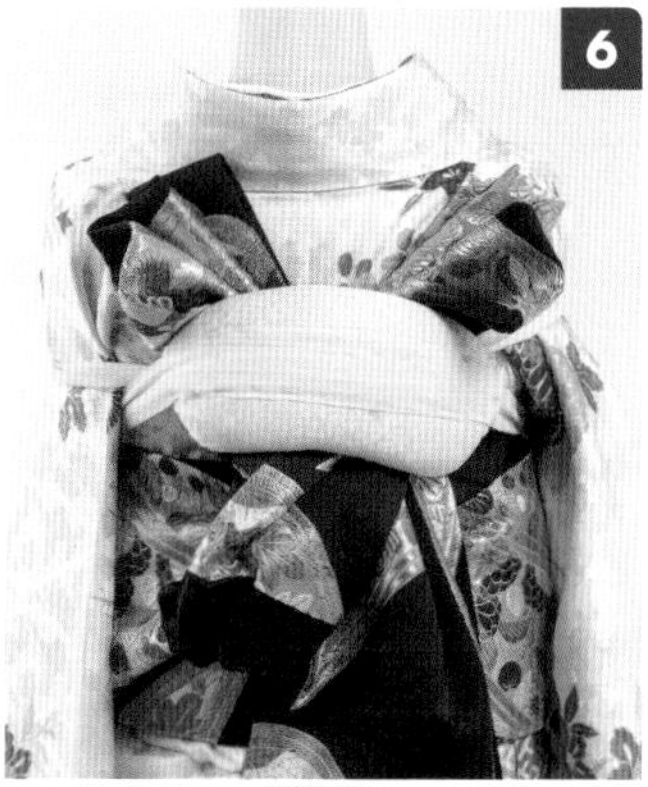

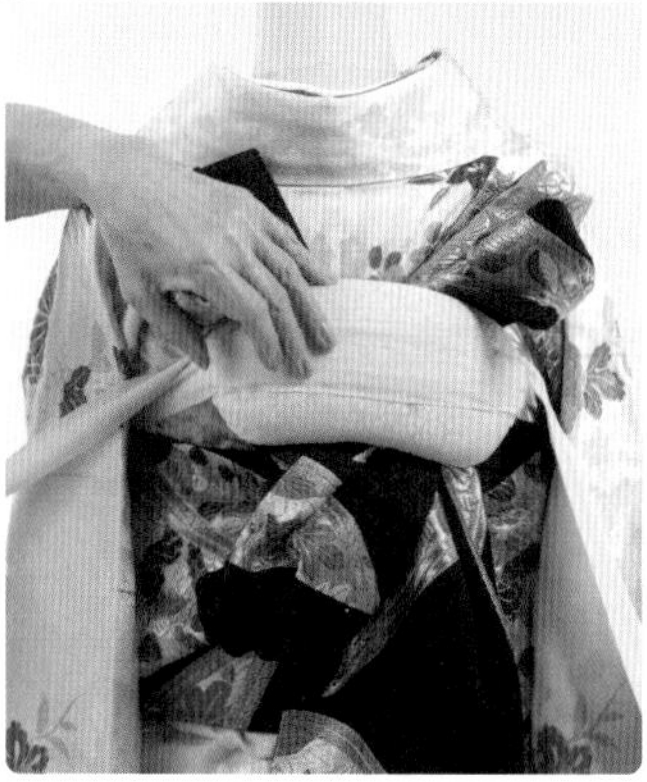

帯枕をのせる

羽根を押さえるように帯枕をのせて、紐を前に回して結びます。体に巻いた紐を外します。

帯揚げをかける

帯枕を包むように帯揚げをかけたら、前に回して仮に結んでおきます。

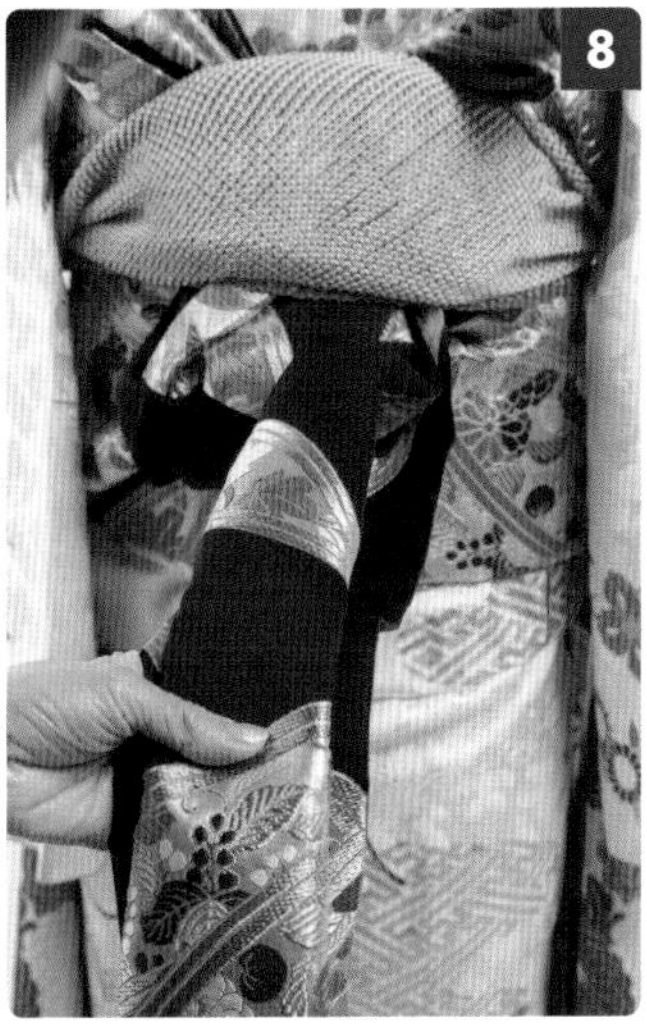

タレに箱ひだを取る

タレの元から約20㎝の位置に、箱ひだを取ります。

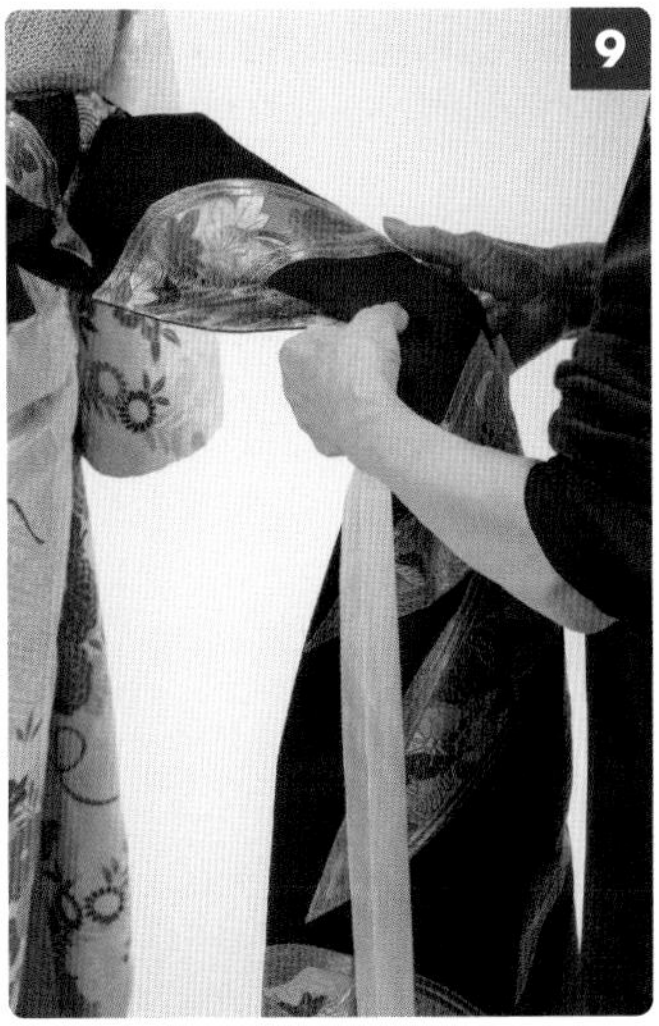

お太鼓の山線を作る

帯枕を包む分を考えて、**6**で外した紐を箱ひだの内側に当てます。

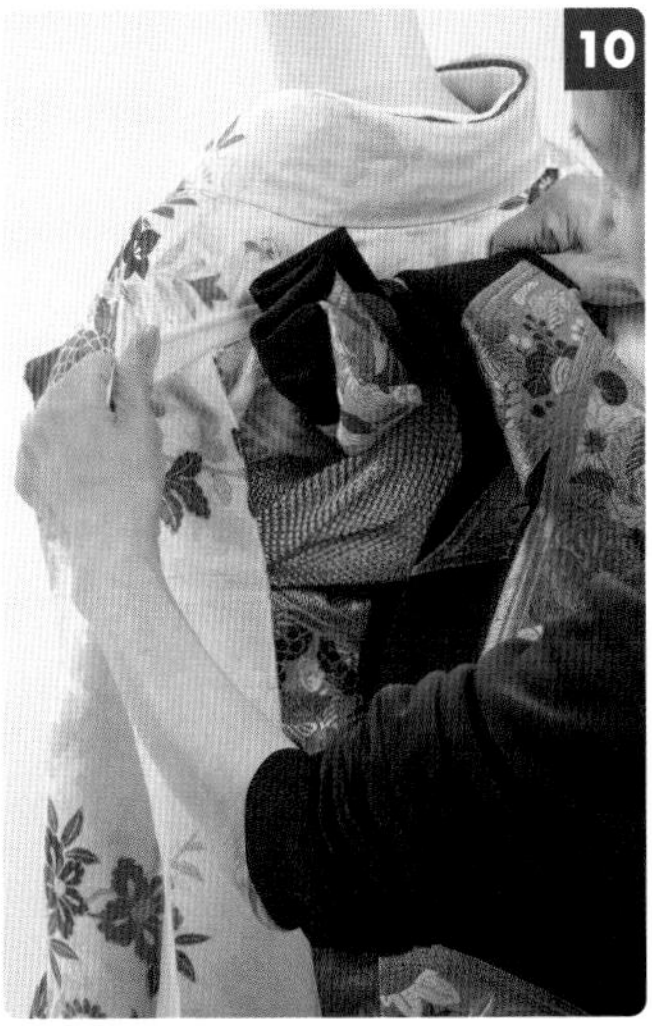

羽根の後ろに紐を通す

紐を持ち上げて、タレをしっかりと帯枕の上に上げたら、紐を左右の羽根の後ろに通します。

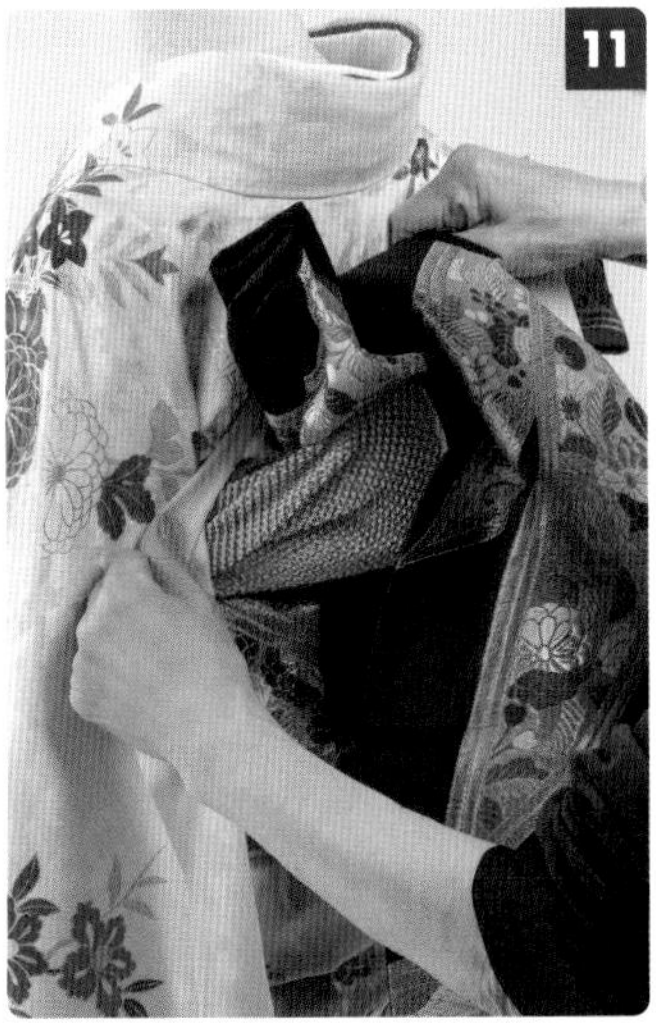

紐を下ろす

左右の紐を下ろし、お太鼓の山をしっかりと背中に密着させます。

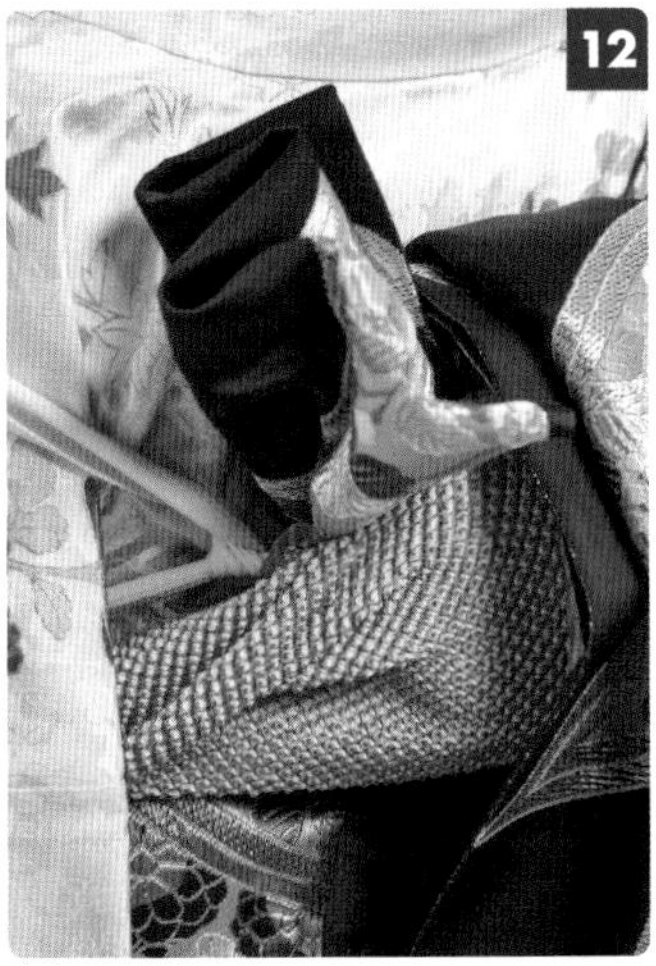

帯枕の紐に紐を巻き付ける

左右の紐をそれぞれ、帯枕の紐に上から下にくぐらせてゆるみがないようにひと巻きします。残りの紐は前に回して結び、帯の中にしまいます。

お太鼓の底線を決める

胴に巻いた帯の帯幅の下から1/3を、お太鼓の底線に決めます。お太鼓の内側から、お太鼓の底線に帯締めを当てます。

お太鼓を作る

タレを内側に折り上げて、お太鼓を作ります。

垂れを作る

人差し指1本分よりもやや長めに垂れを取り、帯締めを前に回して結びます。仮結びしておいた帯揚げも結びます。

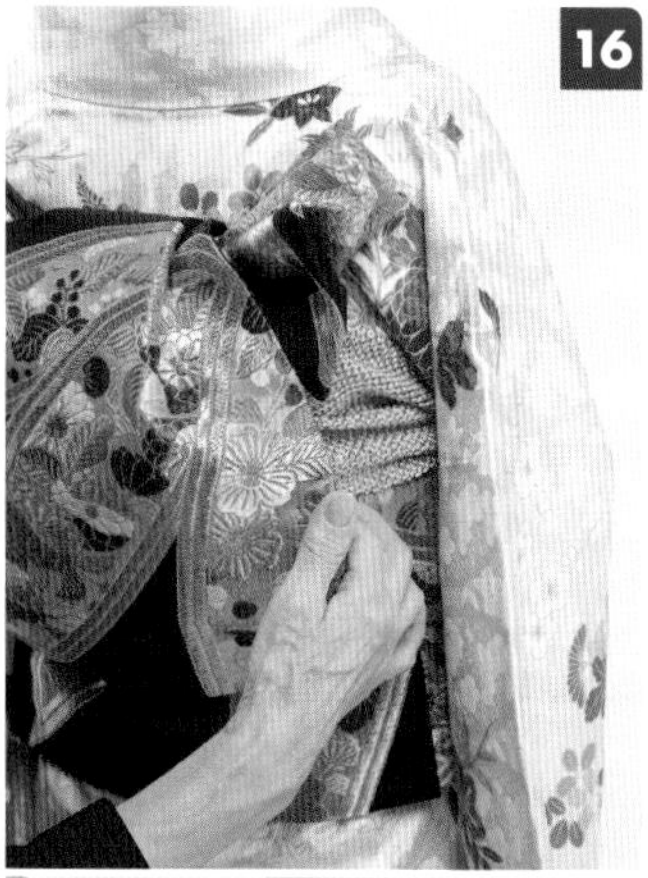

形を整える

左右の羽根を広げて整えます。箱ひだは左右に約1cm出るように整え、お太鼓は山から1/3くらいふっくらとするように形を整えて完成です。

振袖の帯揚げの結び方

帯揚げをたっぷりと見せる振袖。結び方によってさまざまな表情を楽しめます。

入組《いりく》衿飾り

左右均等の長さに取り、下前側は帯の中に入れて、上前側は上前の衿にかけます。胸の薄い人向きです。

一文字結び

下前側を短く取って帯の中に入れ、上前側をまっすぐに帯上に通して端は脇で帯の中に入れます。

山飾りアレンジ

山飾りをしてからひだを取ります。上前側と下前側の重なりは必ず上前が上になるように重ねます。

入組山飾り

左右均等の長さに取り、下前側から先に帯の中に入れて、山の形になるように整えます。

帯のひだの作り方

て先やタレ先、帯山などにひだを作ることで華やかな表情がつきます。

◉て先・タレ先で作るひだ

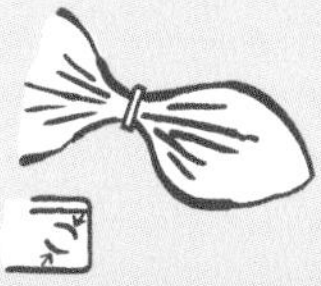

笹ひだ

帯の角を使い、斜めにひだを作ります。葉っぱのような形が可愛らしいひだです。

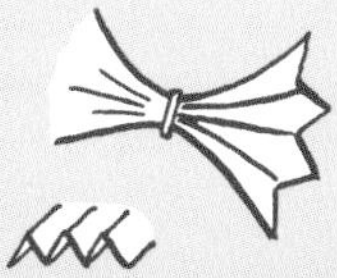

三つ山ひだ

横から見ると三つの山ができるひだ。二つ山ひだや四つ山ひだなどアレンジできます。

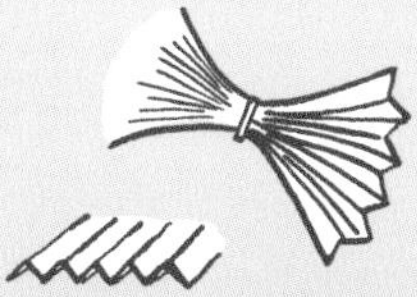

扇ひだ

端から均等に屏風だたみにします。末広ひだとも呼ばれます。折る回数は自由です。

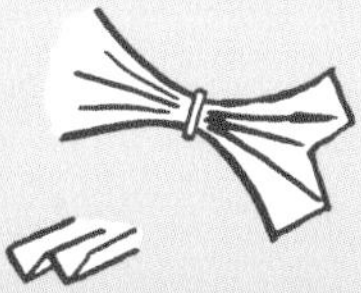

表ひだ（ひとつ山ひだ）

真ん中にだけ山を作り、両端を折り上げた、ひとつ山ひだを言います。

◉帯山になるひだ

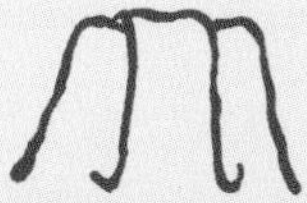

箱ひだ

左右ともに、帯幅の約1/3を折り、さらに折り返してはこのような形に整えます。

追いひだ

左右どちらかに向かって、少しずつずらしながらひだを取っていきます。

名古屋帯で結ぶ

一重太鼓

お太鼓柄の帯は前帯の柄出しを決めてからての長さを決めます。全通柄の場合はて先がふくらはぎの真ん中にくるようにての長さを決めます。六通柄はどちらの方法でも決められます。

▼p.68〜69参照

1

ひと巻きする

ての長さを決めたら、ての元を背中心に置いて体にひと巻きします。

2

ひと巻き目で締める

ひと巻きしたらてとタレを強く締めます。

帯板を入れる

2巻き目で前帯の上辺に合わせて、帯板を入れます。

2巻き目を締める

タレを後ろに回したら、てとタレを軽く締めます。

てを引き抜く

2巻きして締めたら、てを脇まで引き抜きます。

てとタレを交差させる

てが下、タレを上にして交差させ、交差したところを親指でしっかりと押さえます。

てとタレを結ぶ

タレをての下からくぐらせて上に引き出し、しっかりとひと結びします。

タレを広げる

結び目の際から、タレの幅をしっかりと広げます。

帯枕を入れる

胴に巻いた帯の上辺から20㎝強下に、帯枕を当てます。

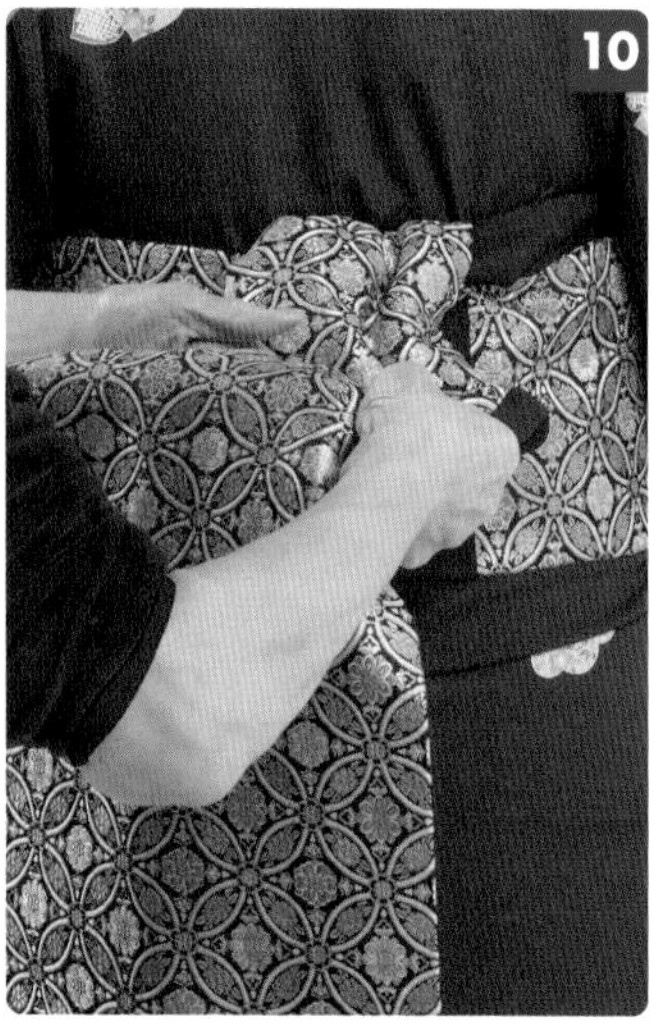

布目を通す

帯枕を当てたところから結び目の際までの帯幅をしっかりと広げ、布目を通します。

お太鼓の山を作る

帯枕を胴に巻いた帯の上に上げて、お太鼓の山を作ります。帯枕の紐を斜め下に下げて、お太鼓の両端に丸みをもたせます。

帯枕の紐を斜め下に引く

着る人の前に回り、帯枕の紐を斜め下に引いて帯枕をしっかりと背中につけます。

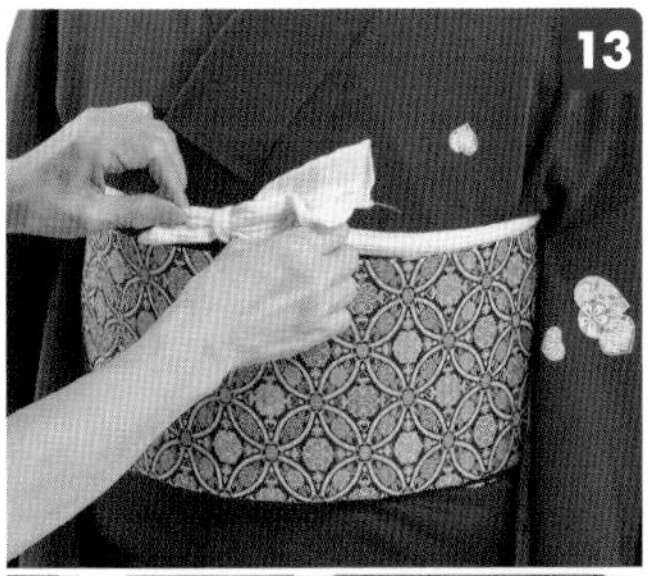

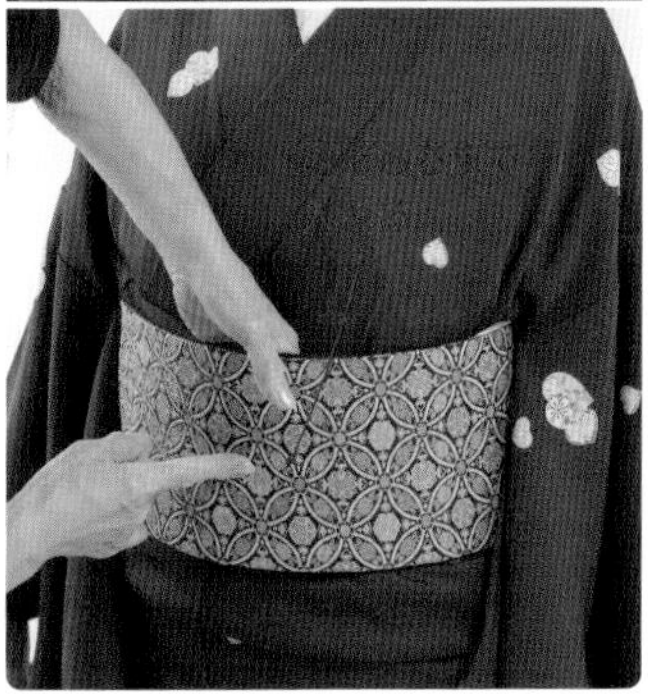

紐をしまう

体の真ん中で蝶々結びにし、結び目をみぞおちまで帯の中深く入れます。

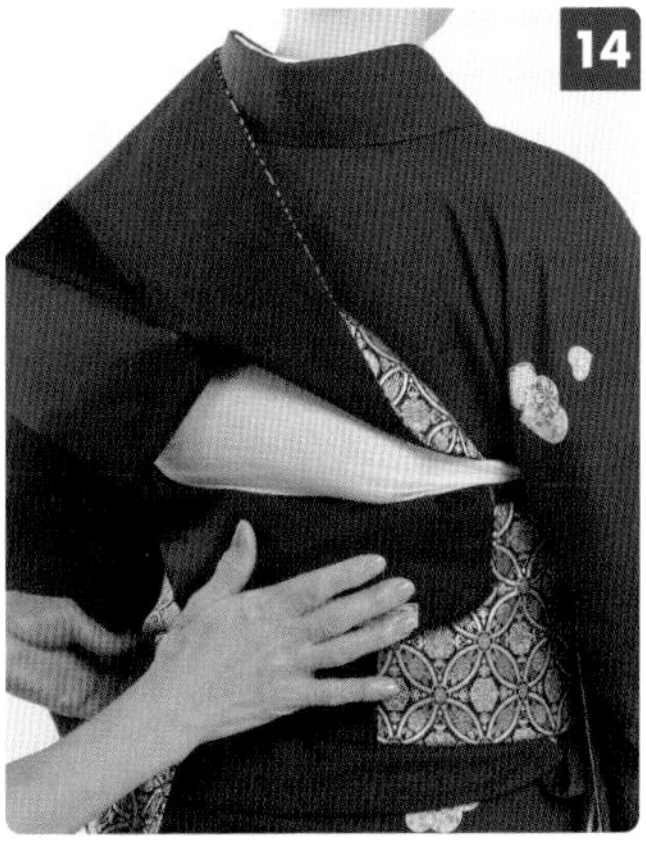

お太鼓の内側を整える

お太鼓の内側をキレイに整えます。

帯揚げをかける

帯揚げを左右同じ長さになるように帯枕にかけて、下からくるむようにして前に回して仮結びしておきます。

お太鼓の底線を決める

おはしょりの下線にお太鼓の底線を決めます。てをお太鼓の底線に沿って当てます。小柄な人の場合は、胴に巻いた帯の下線からおはしょりの下線の間でちょうどいいところで、お太鼓の底線を決めます。

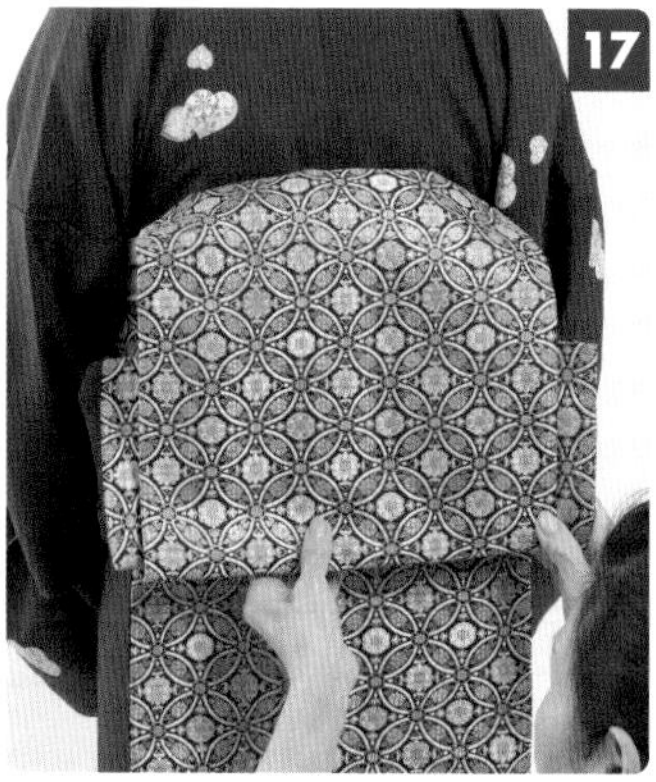

タレを折り上げる

お太鼓の底線から残りのタレを内側に折り上げます。

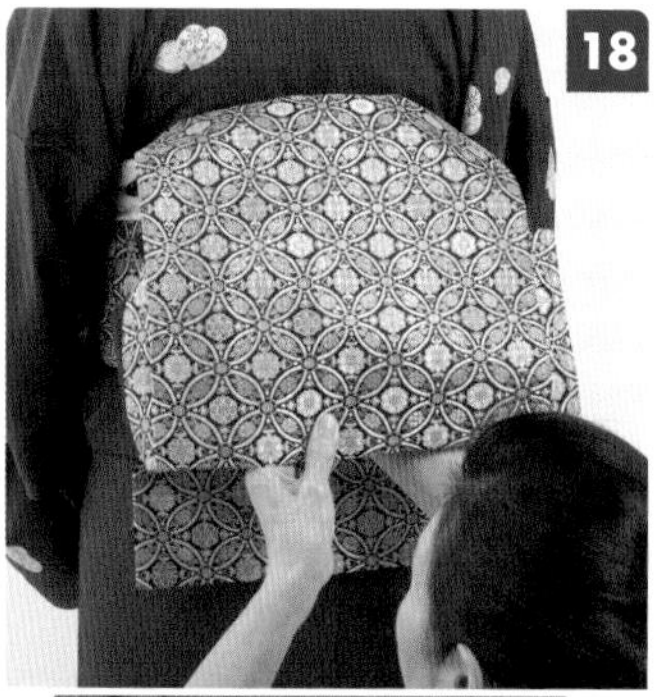

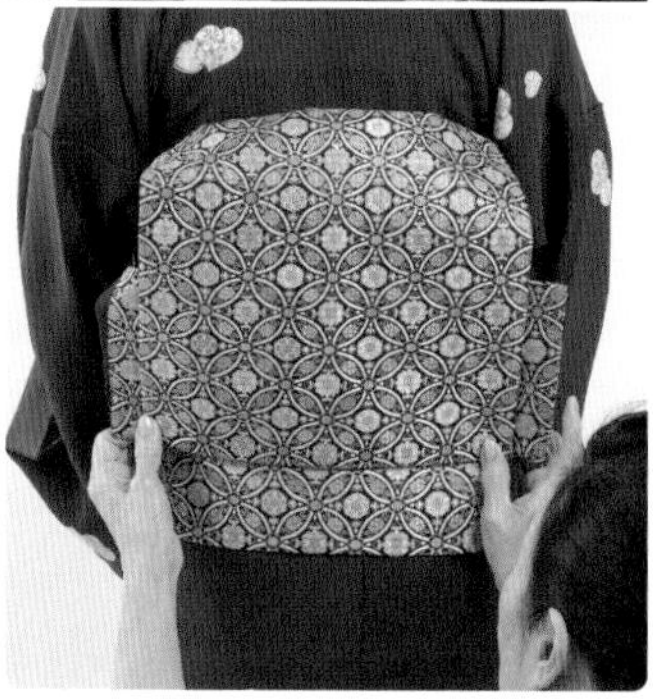

垂れを作る

人差し指1本分を目安に、垂れを作ります。

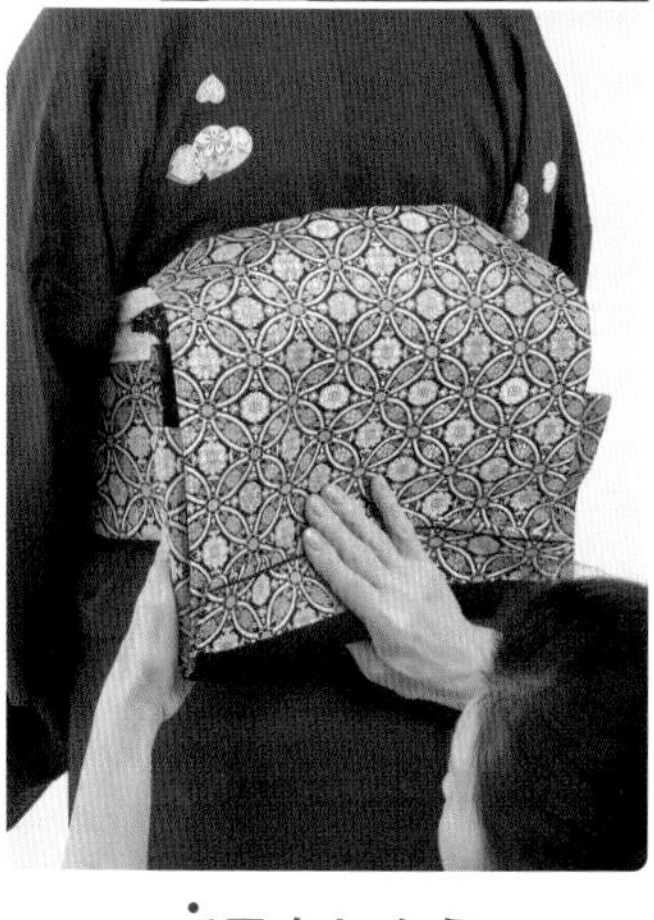

て元をしまう

て先をお太鼓から2～3cm出したら、残りのて元はお太鼓の裏側から入れ込みます。

帯締めを入れる

片手でての上を押さえたまま、もう片方の手で帯締めの真ん中を持ってお太鼓の内側に入れます。ての上の手に渡して、ての上に通し、前に回して結びます。帯締めだけは後ろ下がり前上がりのラインにします。

帯揚げを結ぶ

仮に結んでおいた帯揚げを結んだら、一重太鼓の完成です。

名古屋帯で結ぶ

銀座結び

お太鼓の山線が低い分、お太鼓は小さめに作ります。カジュアルな帯結びなので、お太鼓の山線は背中にぴったりと、まっすぐ作ってメリハリよく結びます。

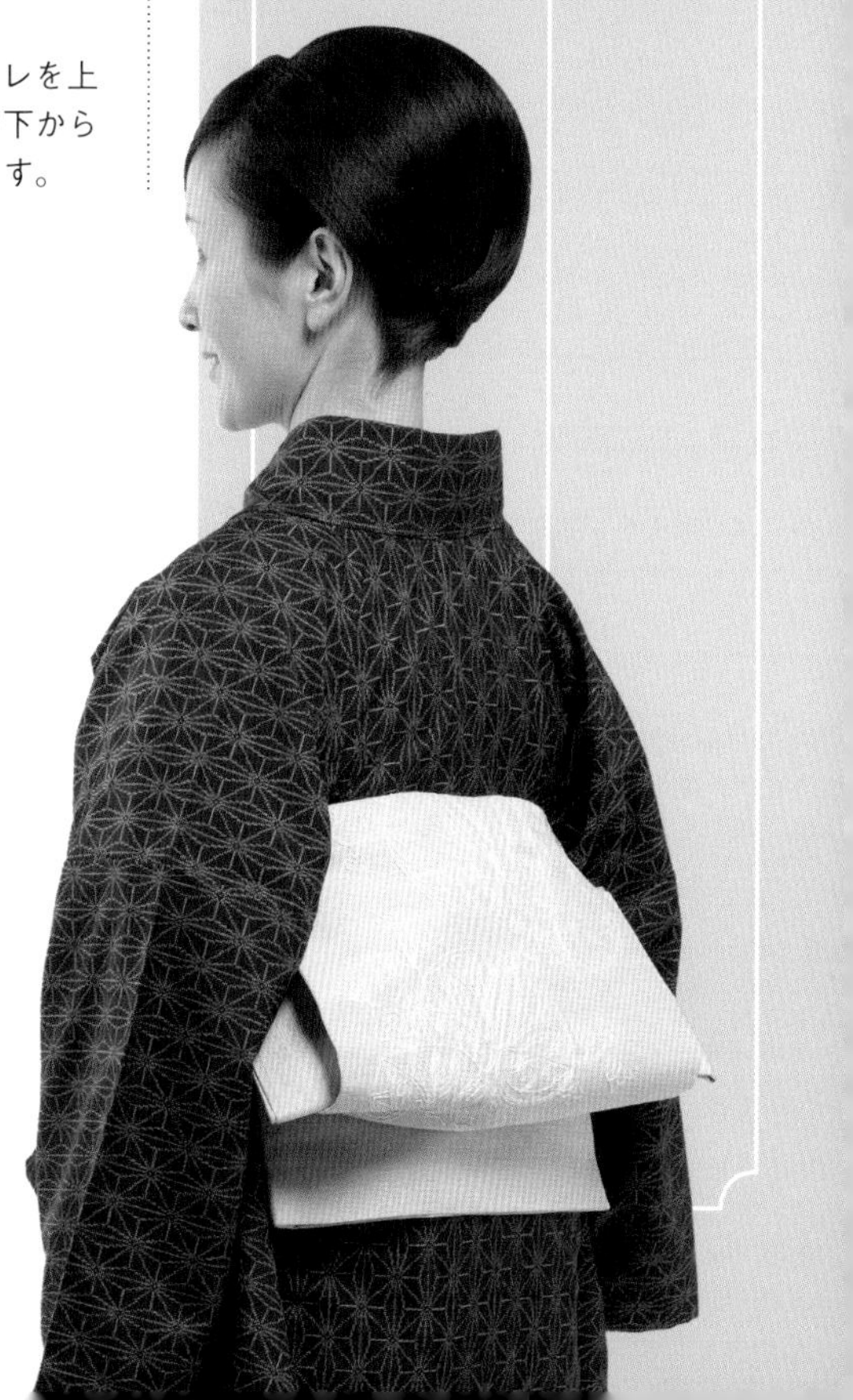

てとタレを結ぶ

帯を2巻きしたらてが下、タレを上にして交差させ、タレをての下から上にくぐらせてひと結びします。

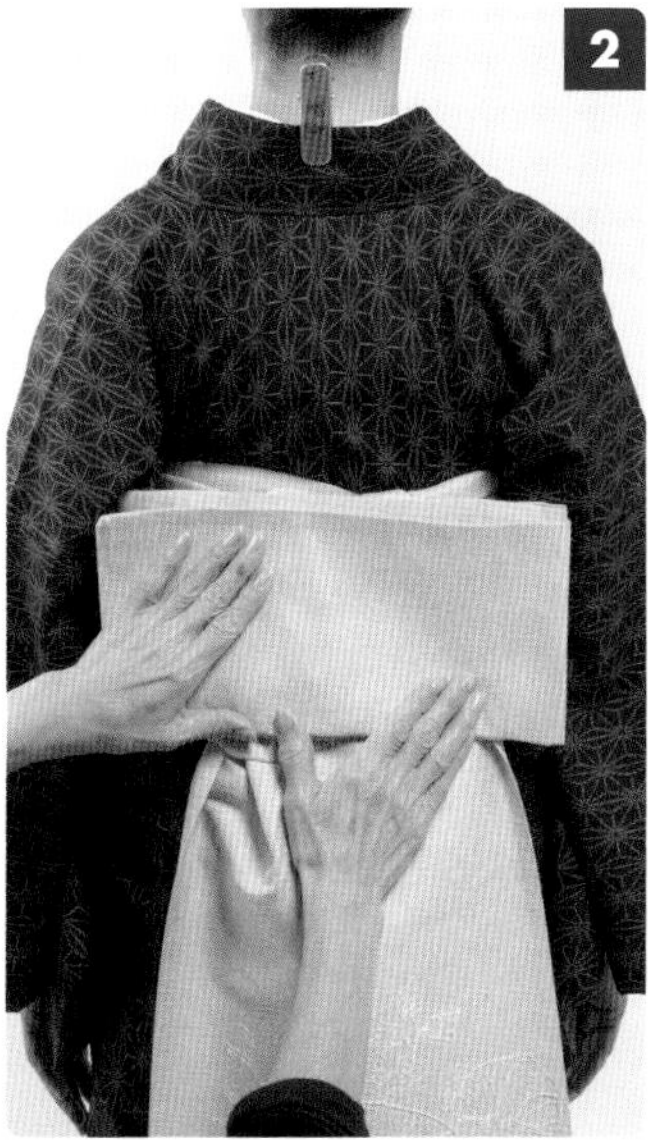

てをタレの上にのせる

タレを結び目の際から幅を広げます。てを、広げたタレの上にのせます。

てが長い場合は折りたたみます

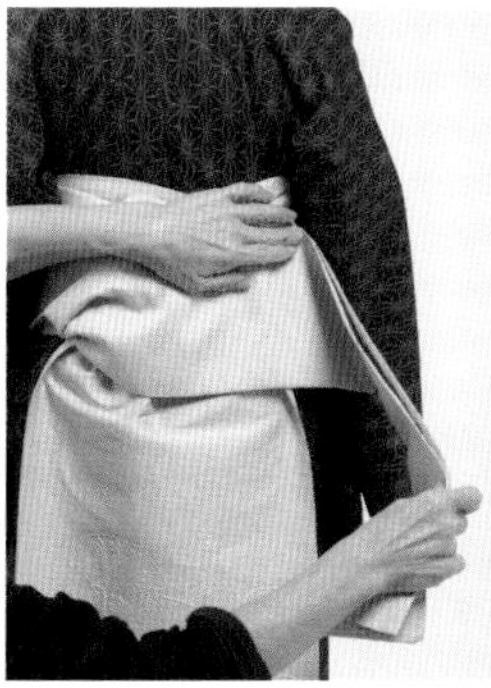

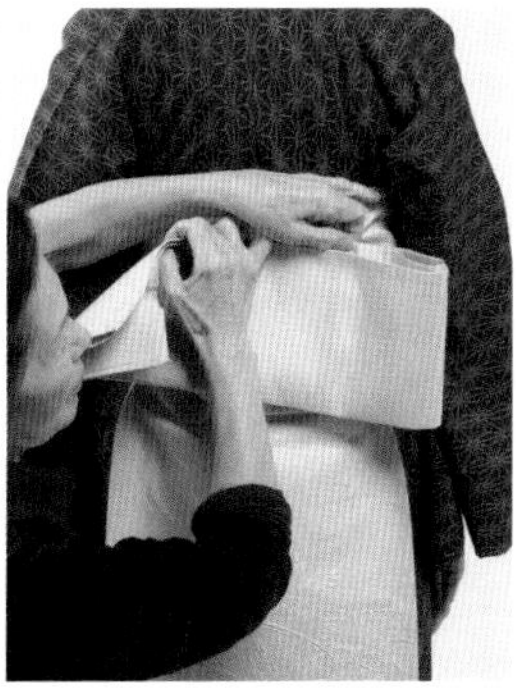

てが長すぎる場合は、折りたたんでちょうどいい長さに調節します。

帯締めを当てる

ての幅の真ん中に帯締めを当てて前に回し、仮に結びます。

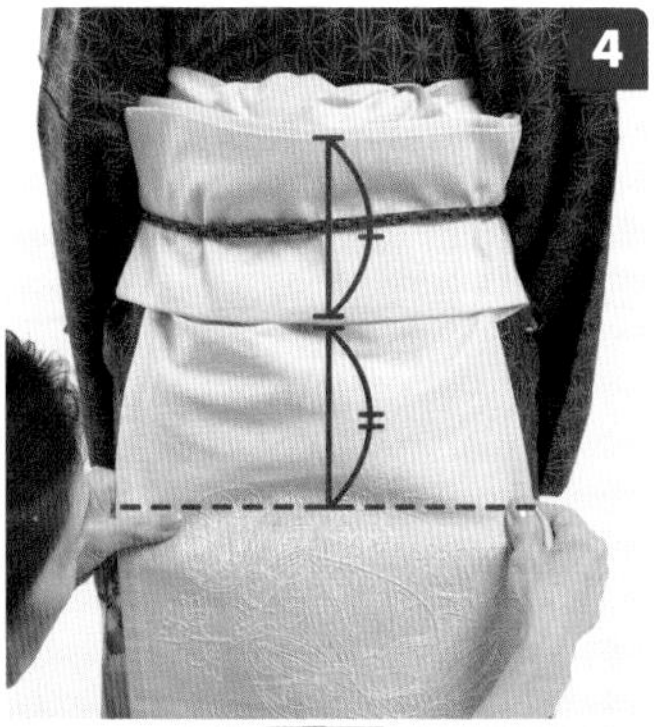

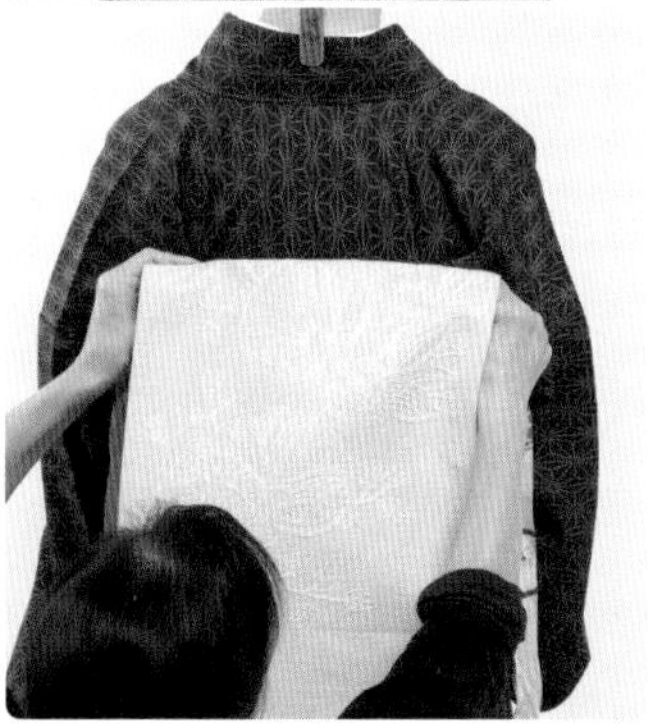

お太鼓の山線を決める

胴に巻いた帯の帯幅と同寸下をお太鼓の山線に決めます。タレの内側にp.104を参考に作った帯枕を当てます。胴に巻いた帯の上に上げて、お太鼓の山を作ります。

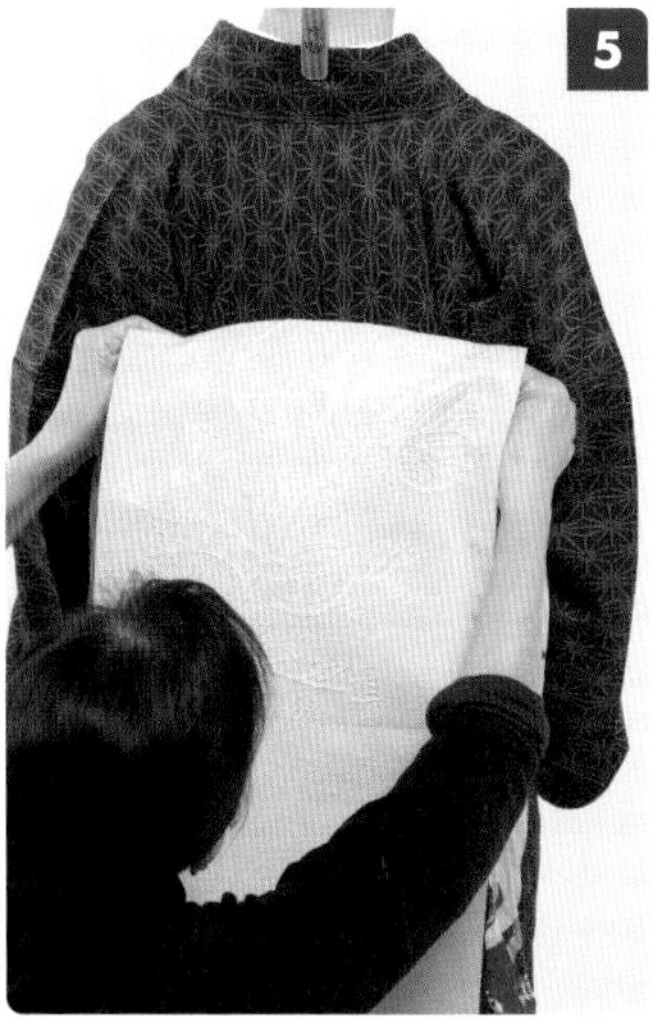

お太鼓の両端を下げる

帯枕の紐とお太鼓の両端を一緒に下げて、山線に丸みをもたせます。紐を前に回して結びます。

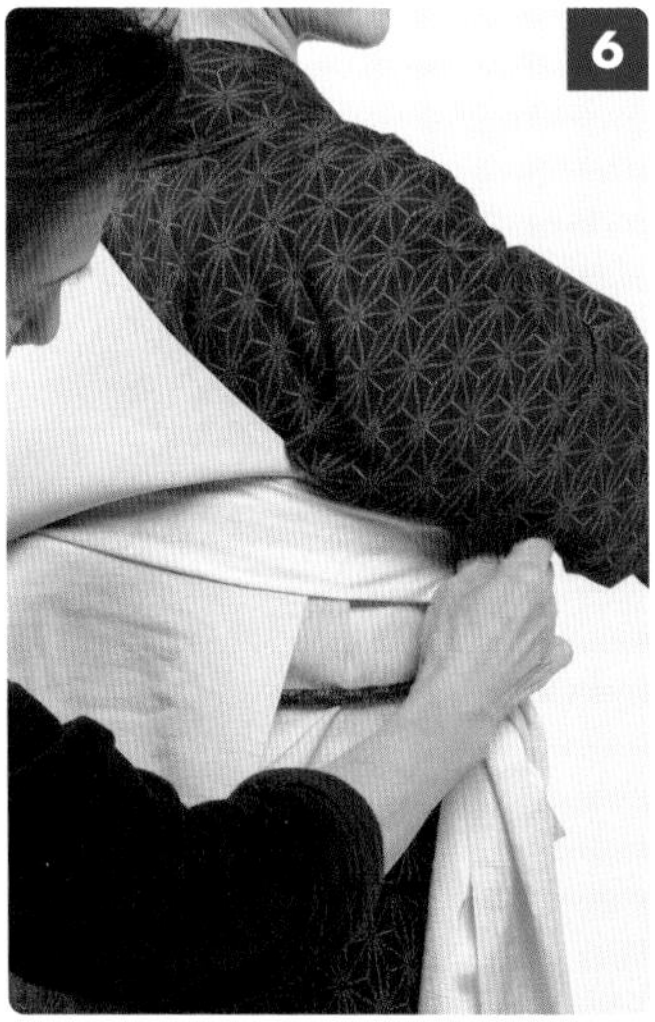

帯揚げをかける

帯枕に帯揚げをかけて前に回し、仮に結んでおきます。

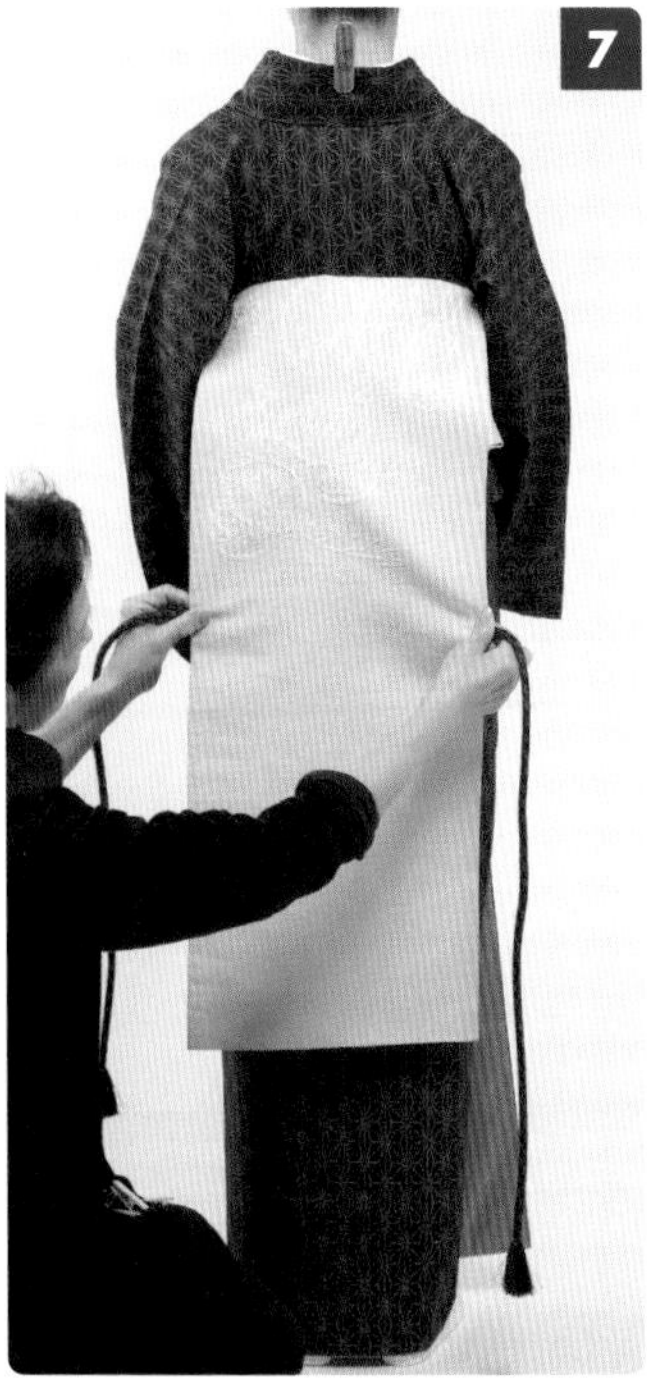

お太鼓の底線を決める

おしりのトップにお太鼓の底線を決めます。タレの内側に帯締めを当てます。

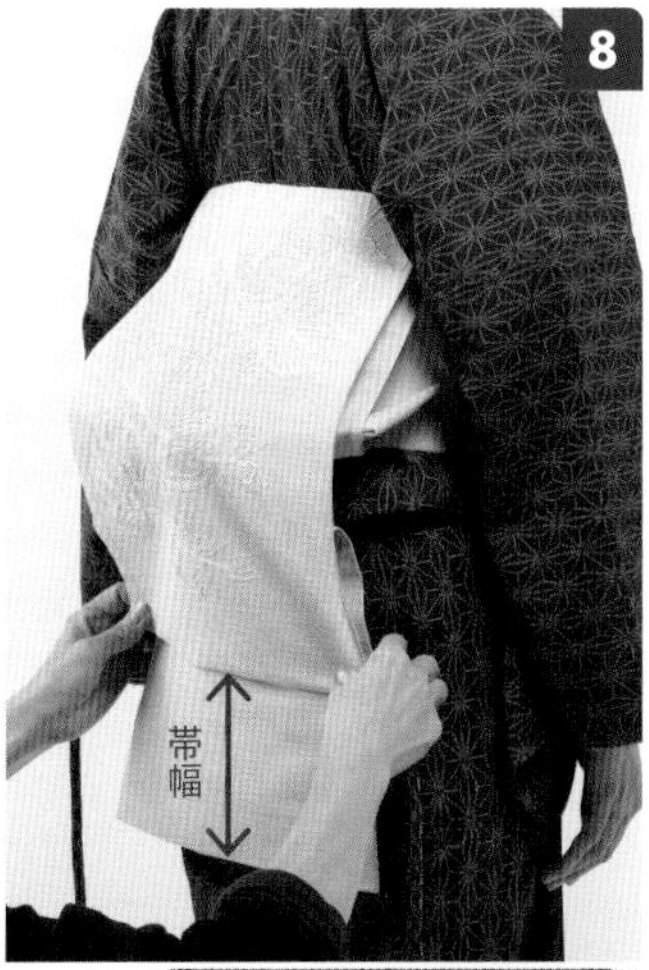

お太鼓を作る

残りのタレを内側に折り上げます。帯幅と同じくらいの長さに垂れを残したら、胴に巻いた帯幅の真ん中を目指して、垂れごとお太鼓を持ち上げます。

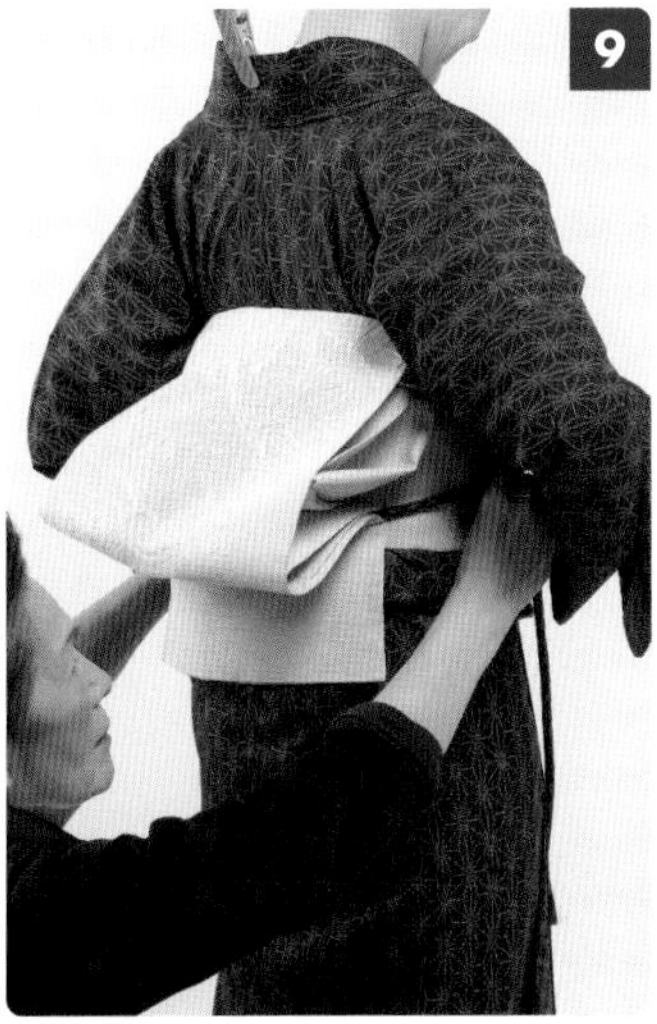

帯締めを前に回す

帯締めを後ろ下がり前上がりになるように前に回して結びます。

帯揚げを結ぶ

仮結びしておいた帯揚げを結びます。

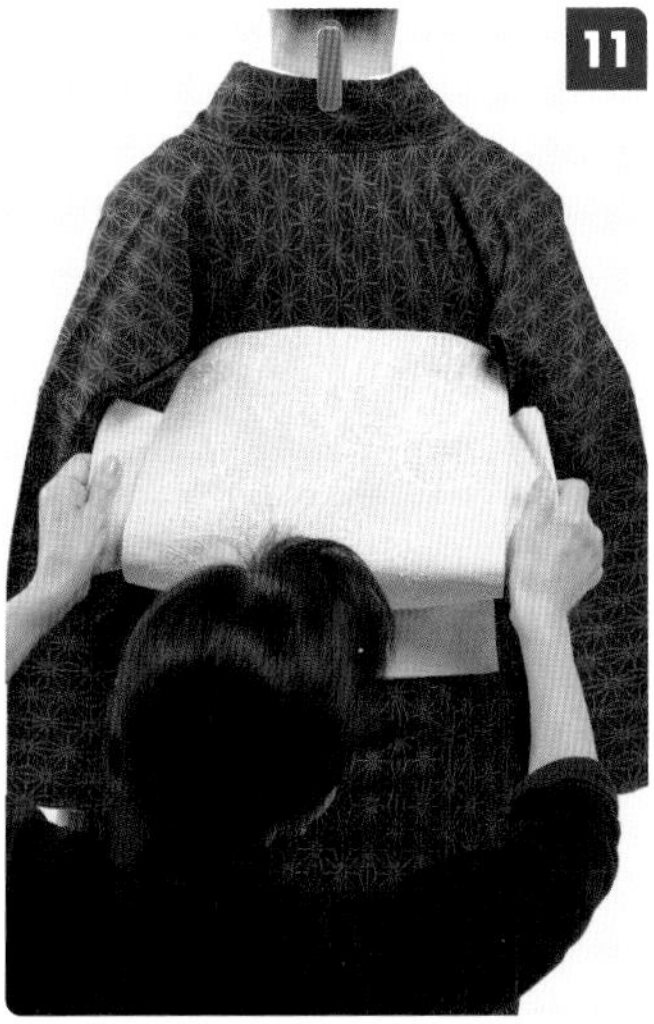

形を整える

お太鼓のふくらみと、てを整えたら完成です。

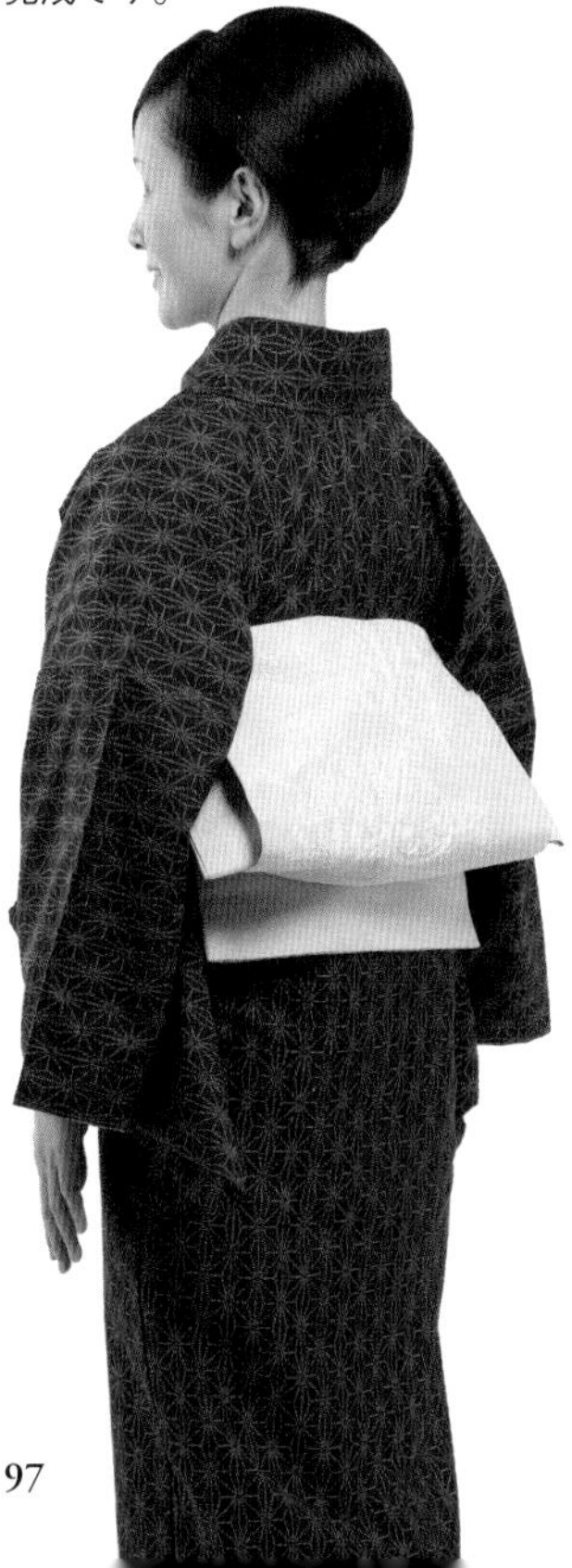

帯締めの結び方

ゆるみなくしっかりと結ぶコツは、常に結び目を押さえておくこと。
ここでは着せる側からの目線で解説します。

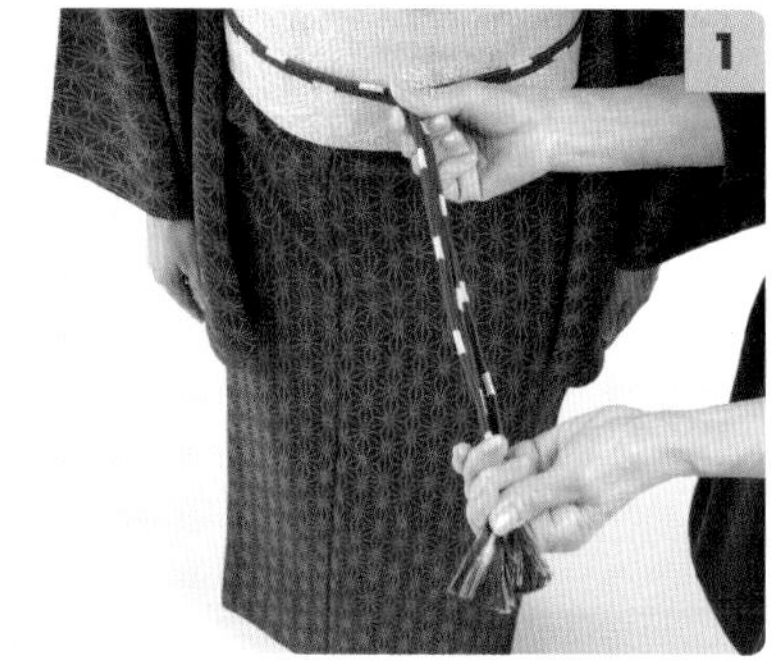

体の真ん中で帯締めが左右同じ長さになるように整えます。

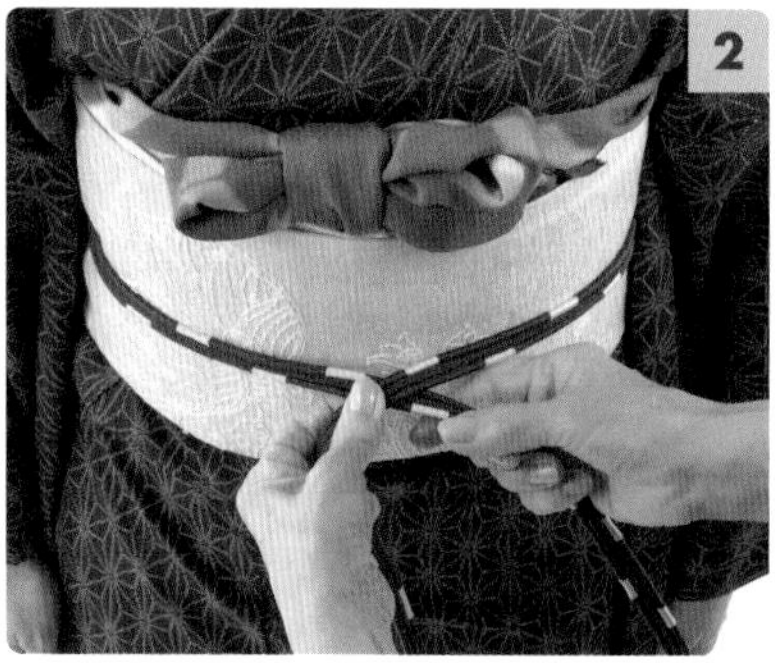

衿の重なりと同じように、右側（着る人の左側）が上になるように交差させます。

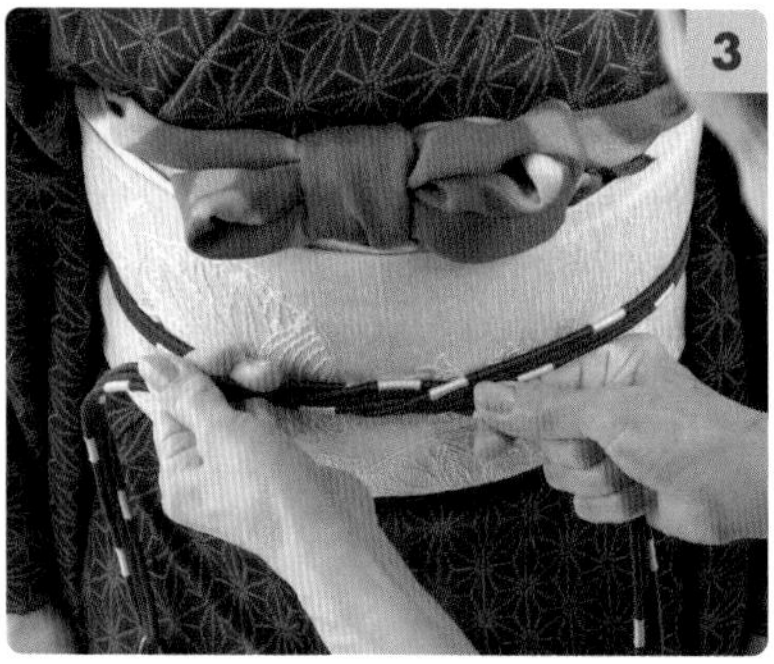

上に重ねた帯締めを下から上にくぐらせて、ひと結びします。

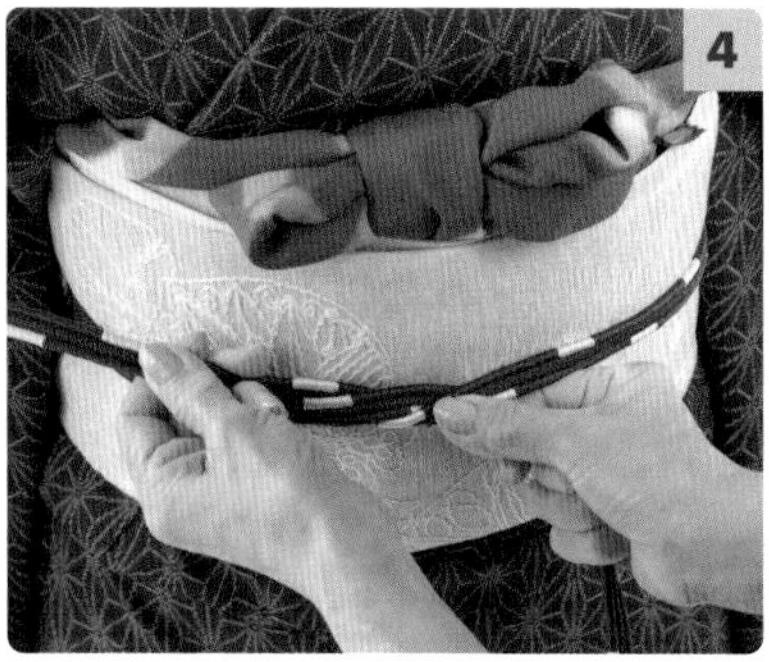

左手はそのまま、右手は帯締めを持ちながら結び目を親指で押さえます。

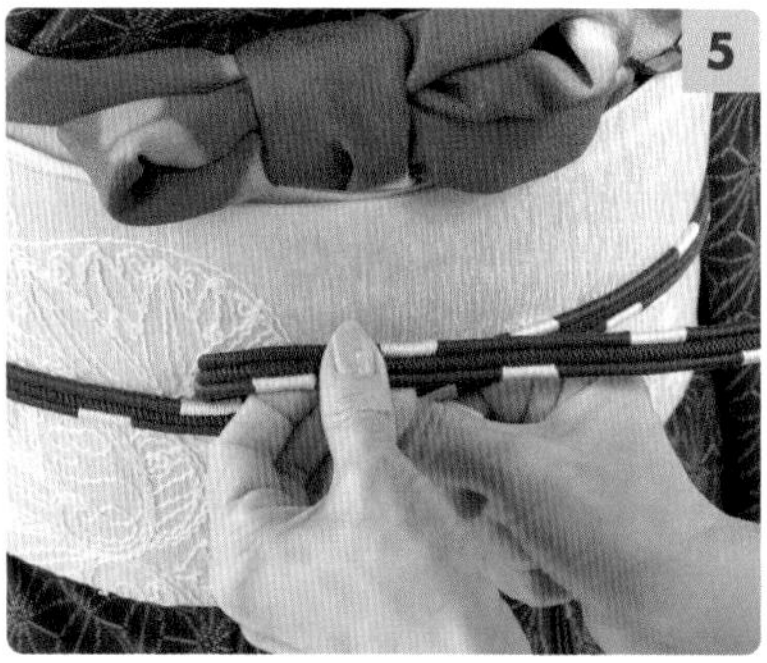

結び目を押さえたまま、左手の帯締めを結び目から少し離れたところで逆側に折り返します。

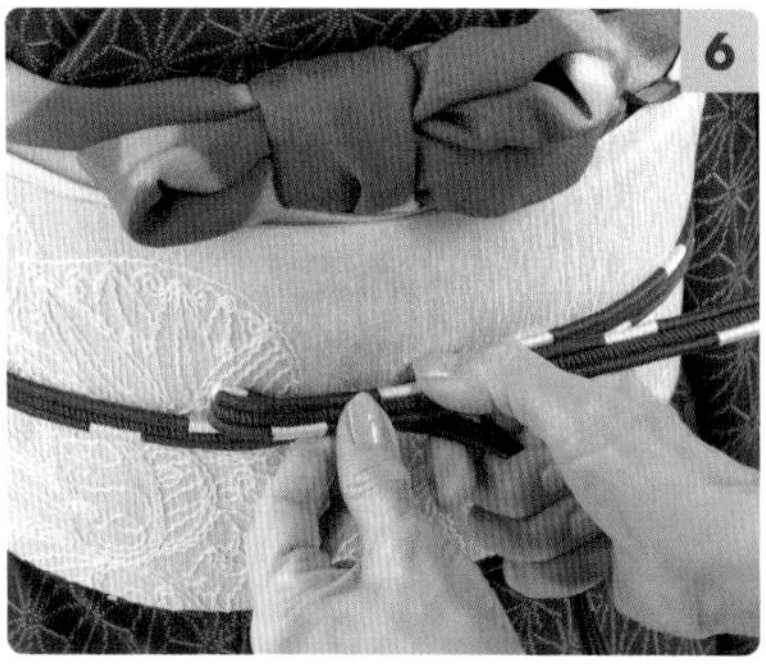

右手の親指で、折り返した帯締めと結び目を押さえます。

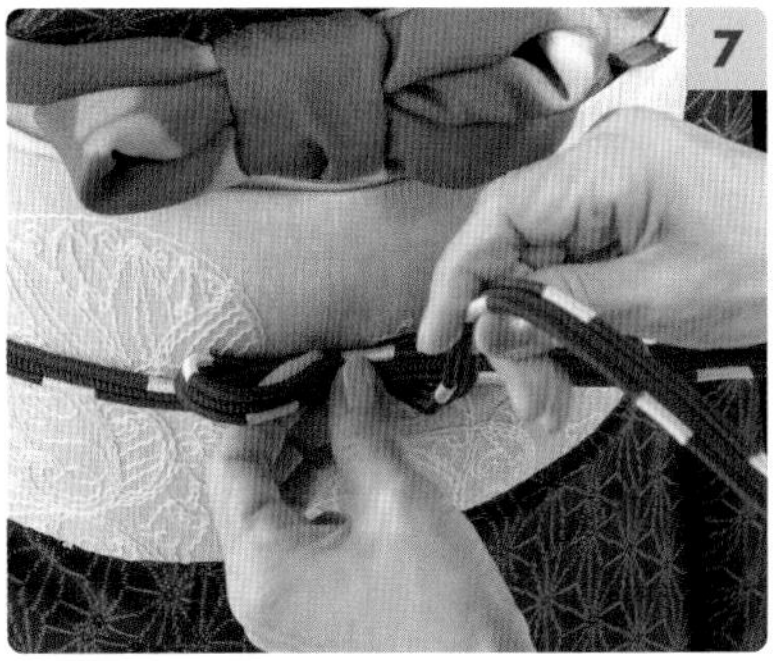

6で押さえたところを左手に替えて、右手で下に垂らした帯締めを結び目の際から上に上げます。

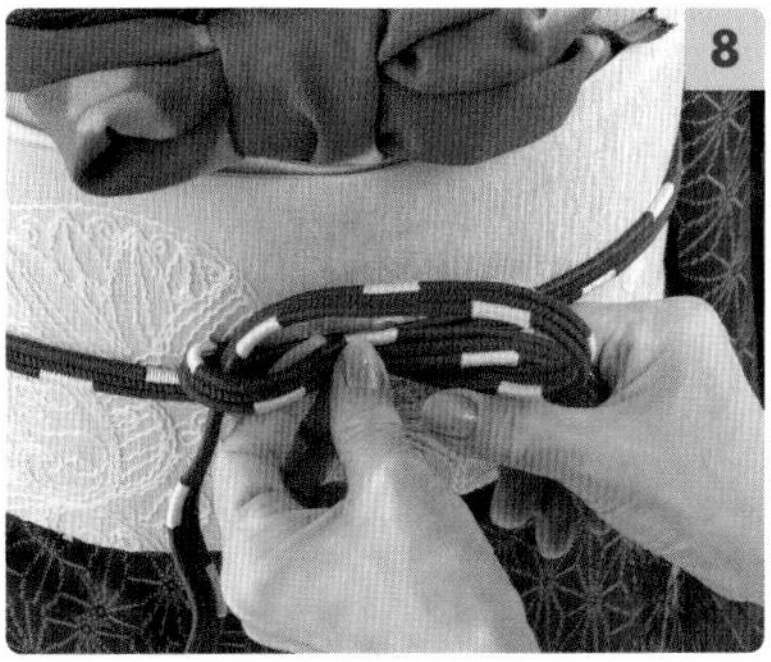

5でできた輪に**7**の帯締めを、上から下に通します。

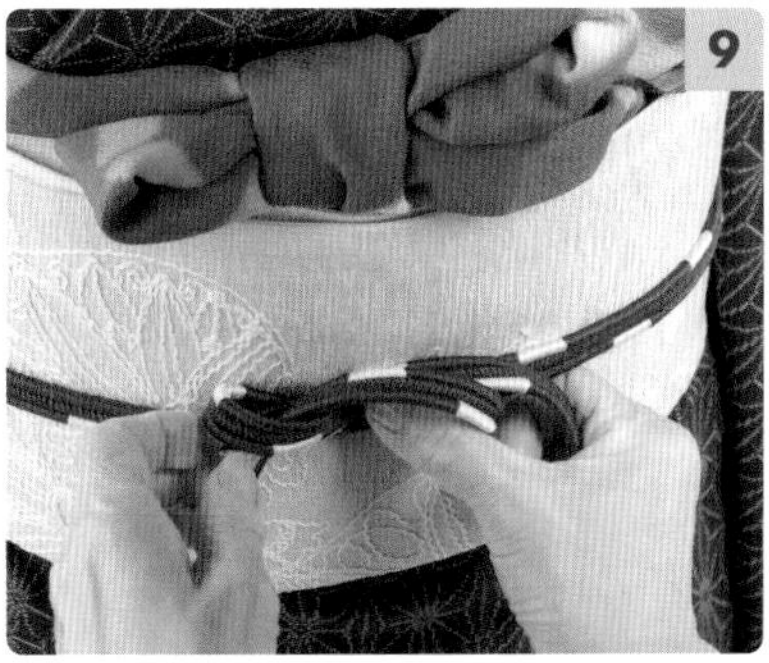

結び目を押さえる手を右手に替えます。左手で輪にくぐらせた帯締めを下に抜きます。

ふたたび結び目を持つ手を左手に替えます。右手で逆側の帯締めを横に引きます。

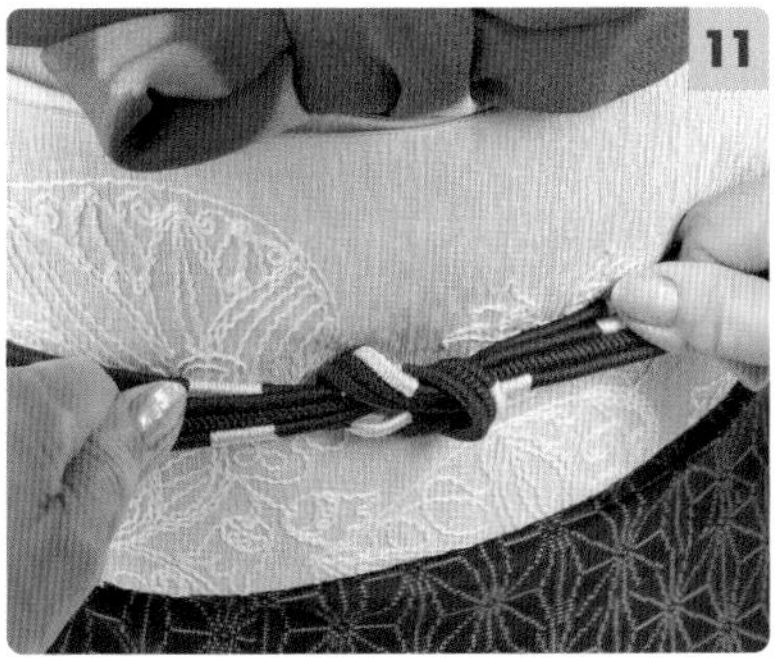

左右に帯締めを引いてしっかりと結びます。

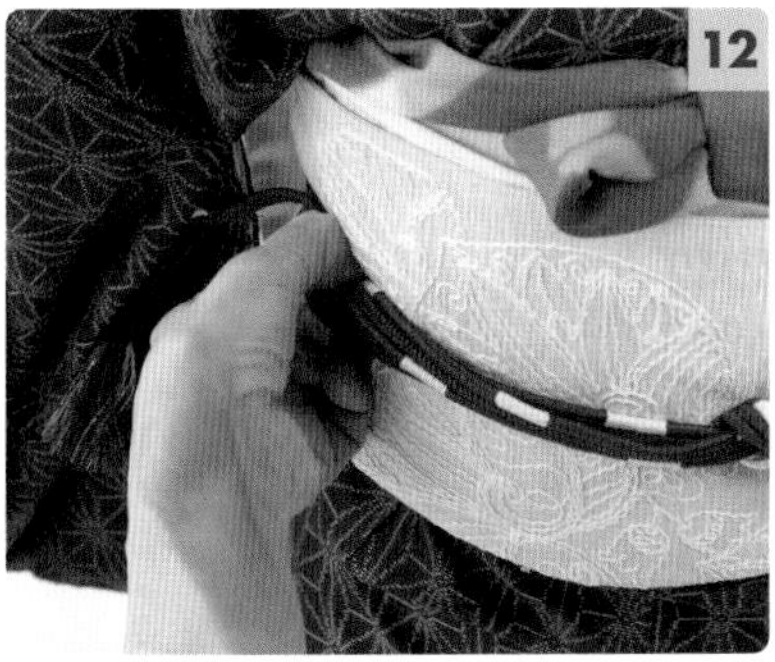

帯締めの先を脇に持っていき、先を残して上から下にはさみ込みます。

帯揚げの結び方

キレイに見せるコツは、脇から幅をていねいに整えること。年齢や雰囲気に合わせて帯から見える帯揚げの分量を変えます。

脇で帯揚げの幅をていねいに広げてから、幅を1/4に折りたたみます。

片側を整えたら、小指と薬指の間に帯揚げをはさみます。こうすると逆側の作業に両手が使えるようになります。

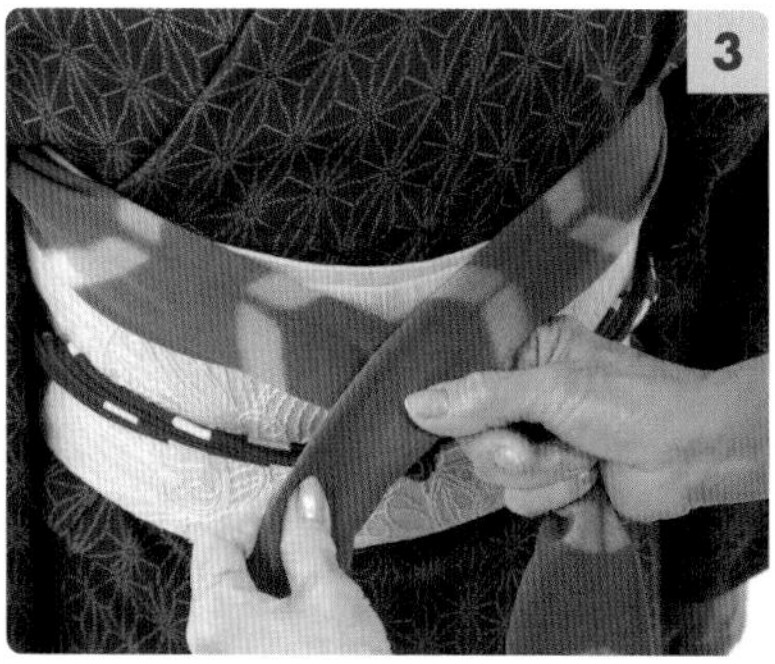

逆側も同じように細く折りたたんだら、衿合わせと同様に右側（着る人の左側）が上になるように交差させます。

上の帯揚げを下から上にくぐらせて、ひと結びします。

帯揚げを時計回りに回転させて垂直にしたら、上になった帯揚げを下ろします。

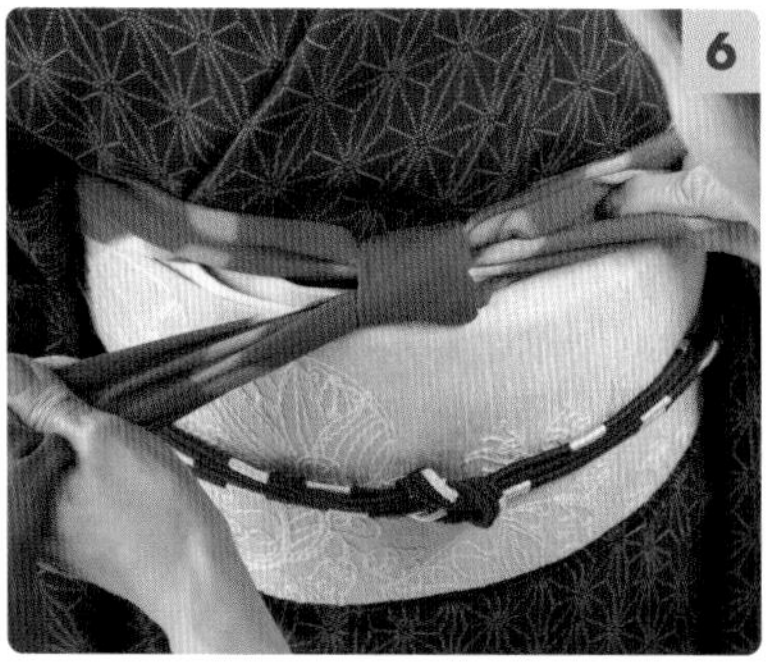

下ろした帯揚げを、下になった帯揚げの下から上にくぐらせてひと結びします。

7

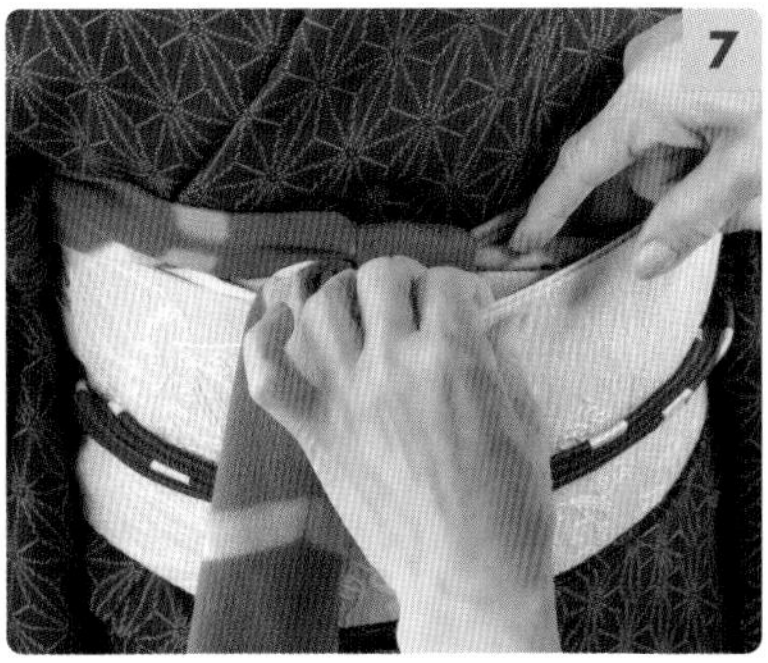

結び目から先の帯揚げは、帯の中に入れてしまいます。

8

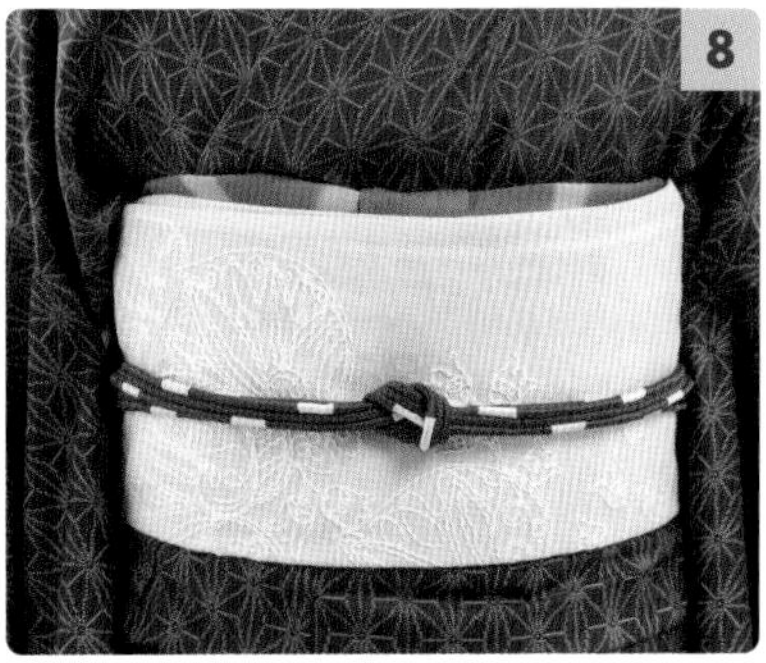

逆側も帯の中にしまったら、結び目を整えます。

Advice

長すぎる帯揚げは蝶々結びに

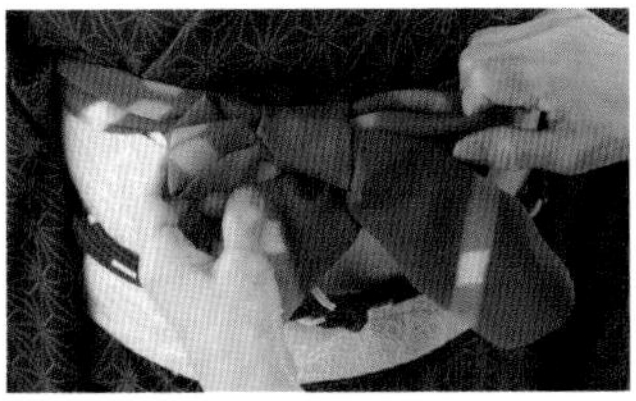

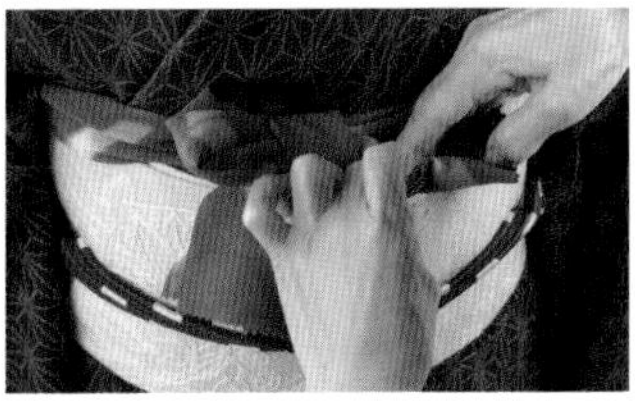

最近の帯揚げは長さがあるタイプもあるため、長すぎる場合は蝶々結びにすると帯の中にしまいやすくなります。

年齢や雰囲気に応じて分量を変えます

一般的に帯揚げの分量は多いほどフォーマルに、少ないほどカジュアルな雰囲気になります。また年齢が上がるほど分量を少なくすると、落ち着いた雰囲気になります。

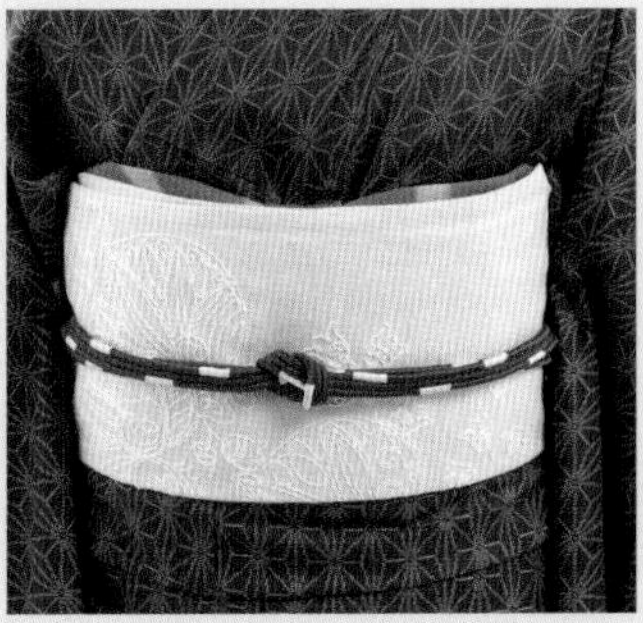

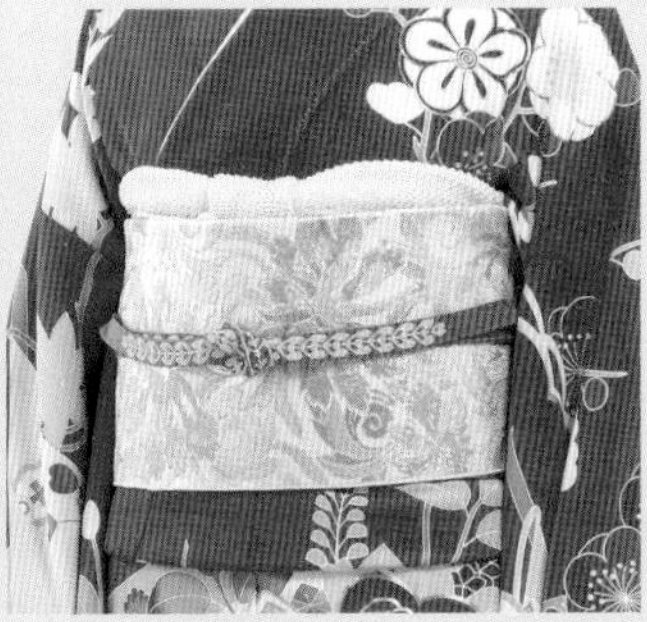

着付けの「困った」を即解決！

帯結び編

Q 帯の長さが足りない

お太鼓の大きさや、お太鼓の柄の位置を優先すると、ての長さが足りなくなってしまう場合があります。

本来ての下線とお太鼓の底線を揃えますが、てが短いとてが通っていない部分のお太鼓の底線がパカパカに浮いてしまいます。

A お太鼓の底線に隠し紐を通します

現代の着付けでは、て先はお太鼓から2～3㎝出すのが基本とされていますが、着物が日常着だった時代の帯は短めに作られたものが多く、当時はお太鼓の途中までしかてが通らなくても普通に結んでいました。このことから、てが短いまま着付けても間違いではありません。着る人にきちんと説明をして、ては短いまま帯を結びましょう。そのときに、帯または着物と同系色の細い紐をお太鼓の底線に通して前で結ぶと、お太鼓の浮きを押さえることができます。

※わかりやすいように白い紐を使用しています。

名古屋仕立ての帯の前帯幅の出し方

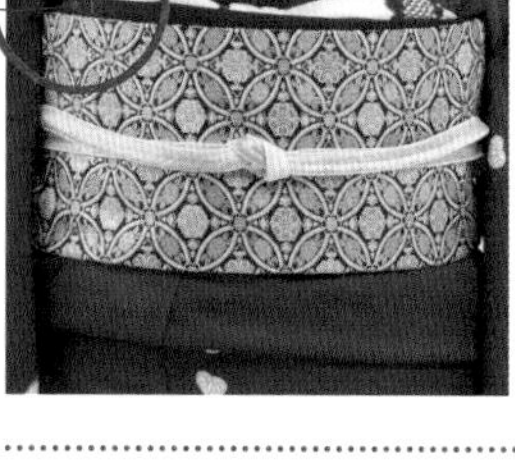

袋帯の場合は2巻き目で体型に合わせて幅出しができますが、名古屋帯は帯幅が決まっているため幅出しができません。そんなときは、ひと巻き目は普通に巻き、2巻き目を下にずらして幅出しをします。

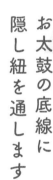

Q 帯枕が合わない

お太鼓の山線の位置は、おしりを目立たなくするため、年齢が上がるほど低く作るのが着付けのセオリーです。けれども持参された帯枕が大きすぎると、お太鼓の山線が必要以上に高くなってしまう場合があります。

◉理想の帯位置

60代以降
帯枕も薄くして低めに結ぶことで、こなれた雰囲気にも見えます。

中年以降
ヒップラインの変化に応じて山線の位置を下げて体型カバーします。

若い方
山線は背紋のすぐ下に決めて、豪華に着付けます。

A 帯枕の向きを天地逆にしてみます

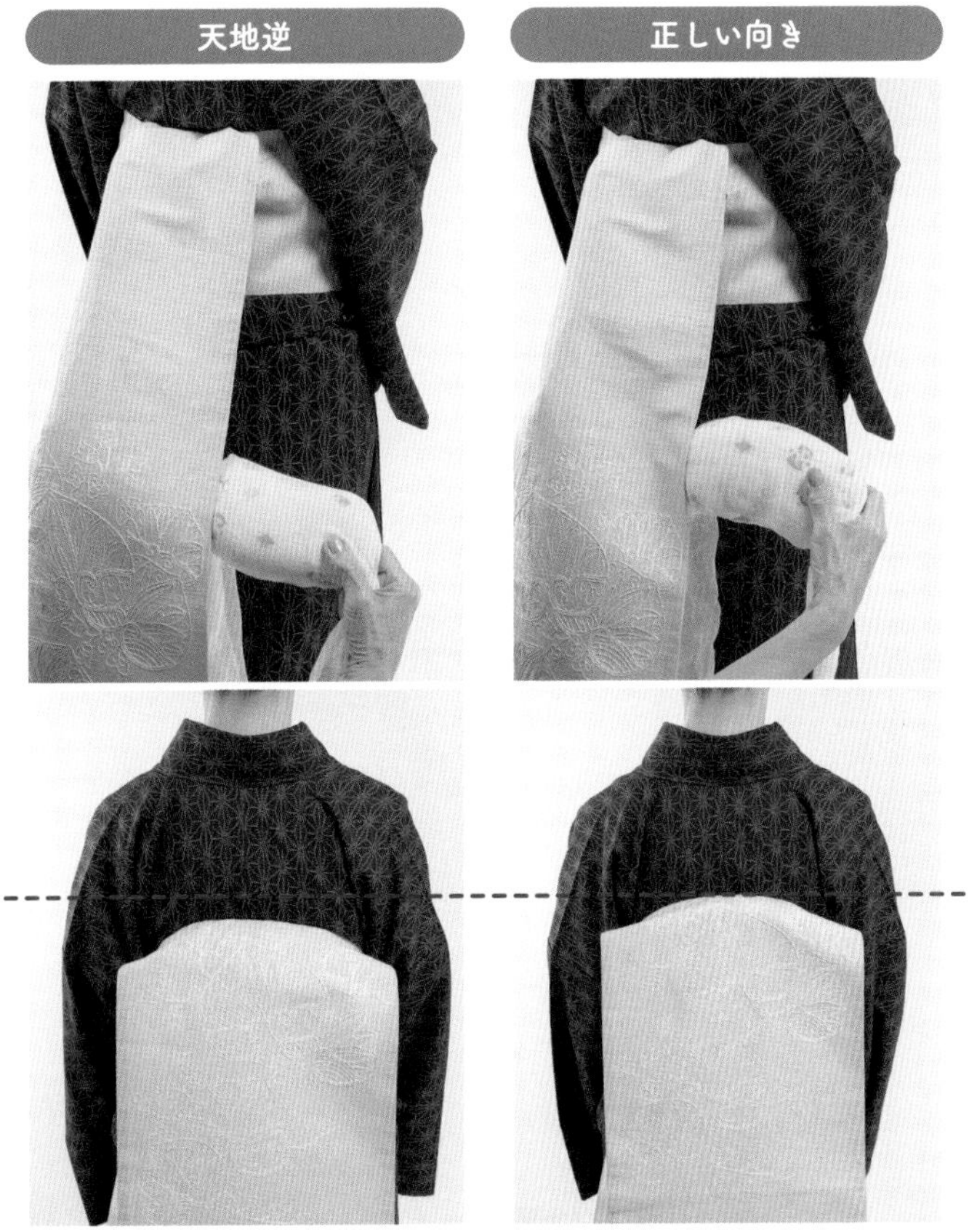

天地を逆に使うだけで、同じ帯枕でもこれだけお太鼓の高さが変わります。それでもまだ大きい場合は、浴用タオルを丸めて必要な大きさにし、ガーゼをかぶせて帯枕の代用にします。逆に帯枕が小さすぎる場合は、帯枕にタオルまたは綿を巻いて厚みを出します。

Q 帯板がない

帯板がないと、帯締めを締めた際にシワが寄るなど、着付けに支障をきたします。また、帯板のサイズや厚さが合わない場合も、着付けしづらかったり体が太く見えてしまったりします。

A 厚紙で代用できます

厚さ約0・8㎜のA3の厚紙があれば帯板を作ることができます。身長に応じてあらかじめ3種類の帯板を用意しておくと、万が一の場合にもすぐに対応することができます。

ベルト付き帯板はベルトをしまいます

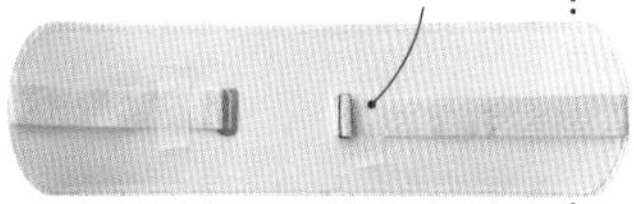

自装では便利なベルト付き帯板ですが、他装では帯が締めづらかったり、胴回りが太く見える原因にもなります。このまま使用する場合は、内側にベルトをしまいテープでとめておくといいでしょう。

大久保式◎即席帯板の作り方

厚さ約0・8㎜のA3厚紙を使いますが、さらに厚みが欲しい場合は2枚重ねます。幅はA3の横幅のまま、型紙のaは銀座結び用の帯枕で、厚紙を手ぬぐいで薄く包み、ガーゼでくるみます。サイズはあくまでも目安です。前帯幅は身長の1／10がベストと覚えておきましょう。

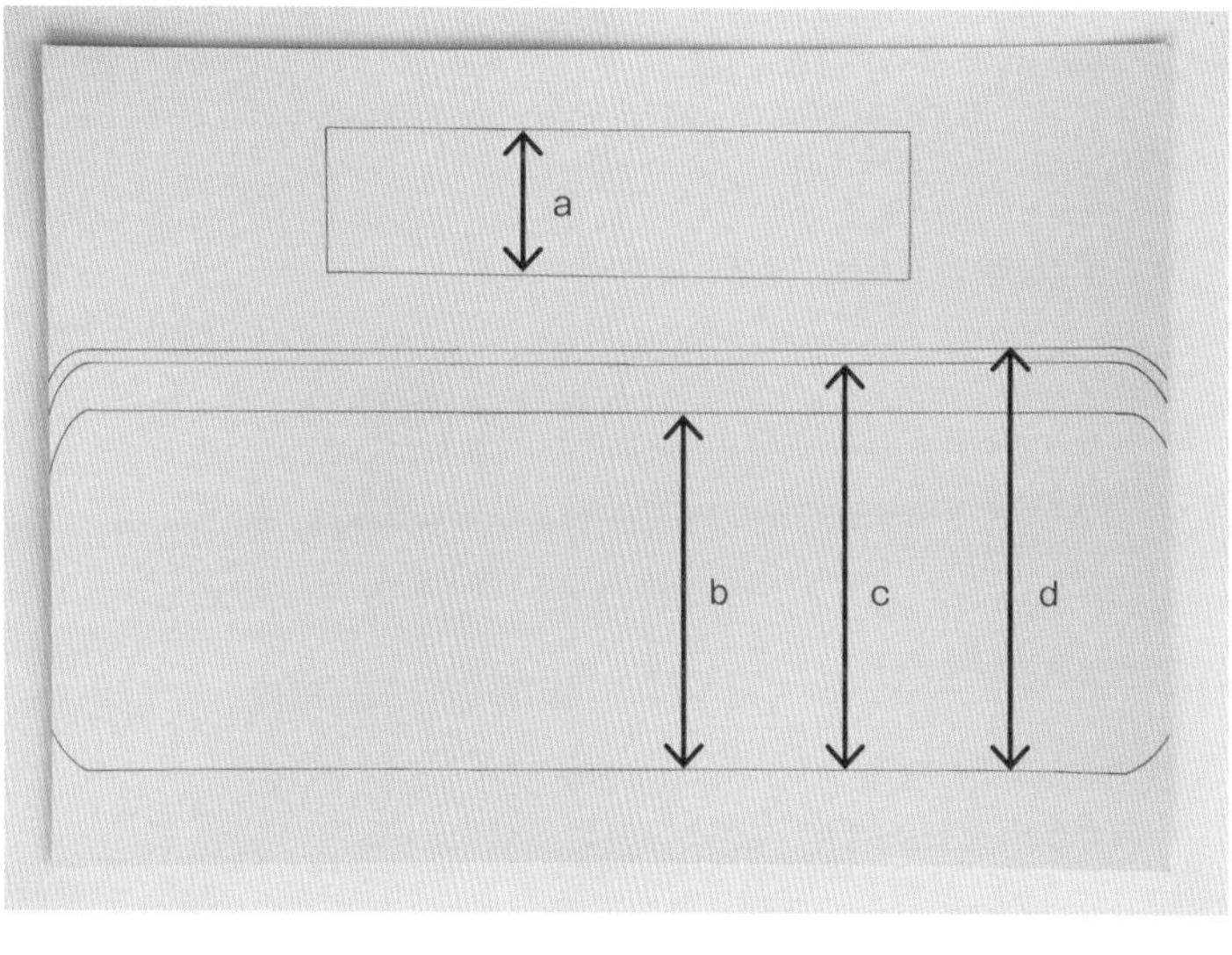

サイズの目安

a：銀座結び用の帯枕（手幅ひとつ分×幅約5㎝）

b：身長150㎝前後の人用の帯板（幅14㎝）

c：身長160㎝前後の人用の帯板（幅16㎝）

d：身長168㎝以上の人用の帯板（幅16.5㎝）

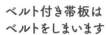

PART

4

袴・子供の着付けと帯結び

着付けの基本はほかの着物と同じですが、
衣紋を抜かないなど着付け方に少しずつ違いがあります。
小さなお子さんの場合はとくに、
ラクチンな着付けを手早くしてあげるよう心がけます。

袴の着付け

ここで解説するのは、長襦袢と着物をあらかじめ短く仕立てた袴用の着付けです。ほかの着物と違い、衣紋は抜かず衿元は深く詰めて着付けます。草履の場合は足袋を、ブーツを履く場合はストッキングやタイツをはきます。

袴の着付け point

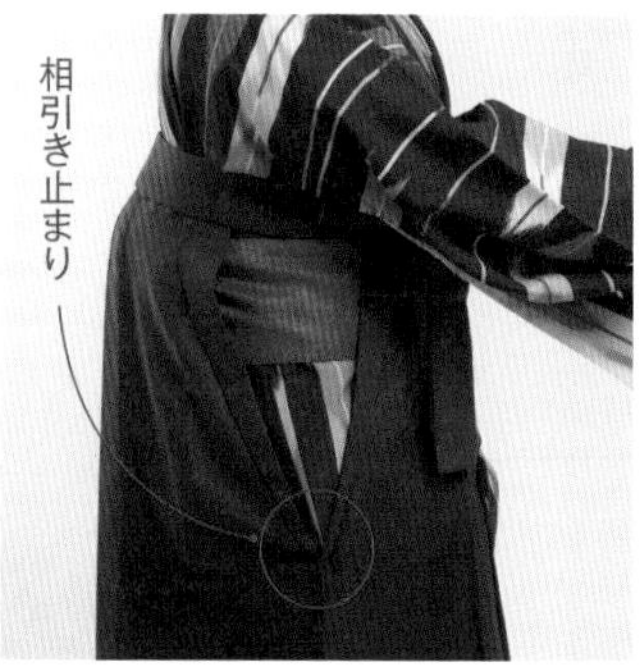

ここがpoint!

脇あきが相引き止まりにかけてキレイな三角形になるのが正しい着付け。ここがたるんでいると、だらしない印象に。

1 長襦袢と着物を着付ける

衣紋は抜かずに衿元を詰めて長襦袢を着せ、その上に着物を羽織らせて胸紐を締めます。

裾が長い着物の場合は

長襦袢、着物ともにおはしょりを長く取って着付けます。袴は横の脇あきから着物と帯が見えます。おはしょりの下線は脇あきよりも下に作り、下線が見えないように長さを決めます。

2 袴を当てて帯を一文字に結ぶ

ブーツであれば短めに、草履の場合はやや長めに、くるぶしの少し上に袴の裾線を決めます。袴の腰板の左右から一文字の羽根が出ないように結びます。帯板はつけません。

3 袴を着付ける

袴を広げて、着る人に両足を入れてもらいます。袴から前帯が少し見えるように袴の位置を決めます。

4

紐を後ろに回したら一文字の上で交差させ、羽根の下に向かって下ろします。

5

紐を前に回したら、右脇で上前側の紐を上、下前側の紐を下に交差させ、下になった紐を上に折り上げて上の紐と1本になるように重ねます。もう一度後ろに紐を回し、一文字の下でゆるみがないようしっかりと蝶々結びにします。

6

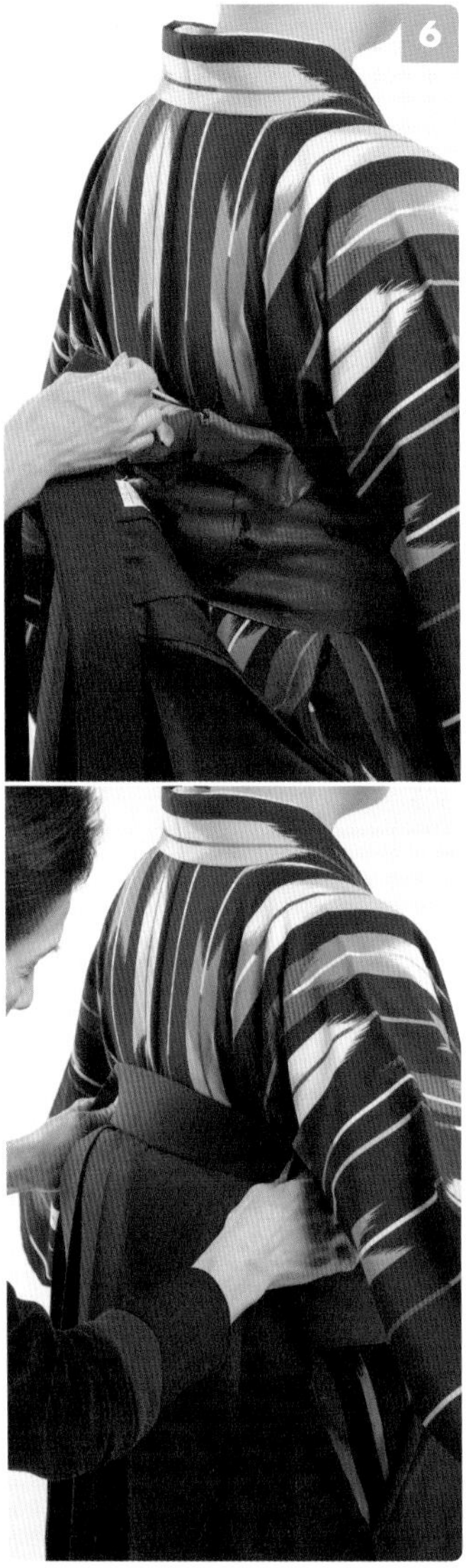

腰板の紐をしっかりと帯の上にのせます。

7

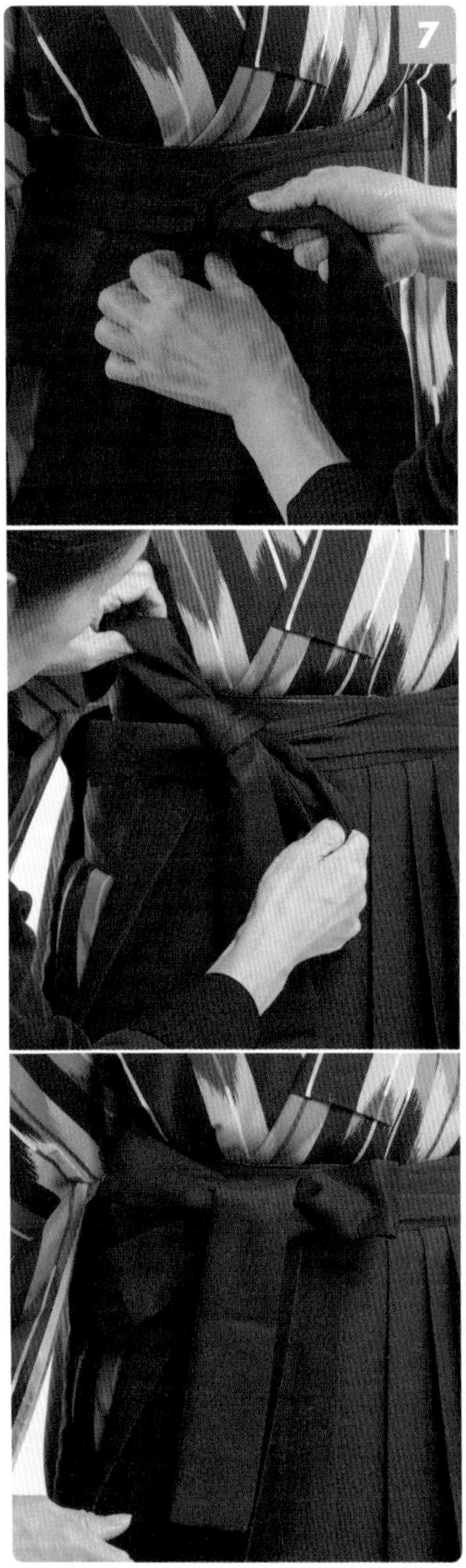

腰板の紐を前に回し、右脇で上前側を上、下前側を下にして交差させ、上になった紐を下から上にくぐらせてひと結びし、蝶々結びにします。好みで片側のリボンを裏返し、下に垂れた長いほうの紐を結び目の下から上にくぐらせて垂らし、結び目を隠して完成です。

幼児の着付け

七五三で着用した被布を脱ぎ、長着と兵児《へこ》帯《おび》だけの簡単スタイルに。紐は軽く締め、足元は草履や下駄が動きにくければ、洋装の革靴やスニーカーでもいいでしょう。

幼児の着付け point

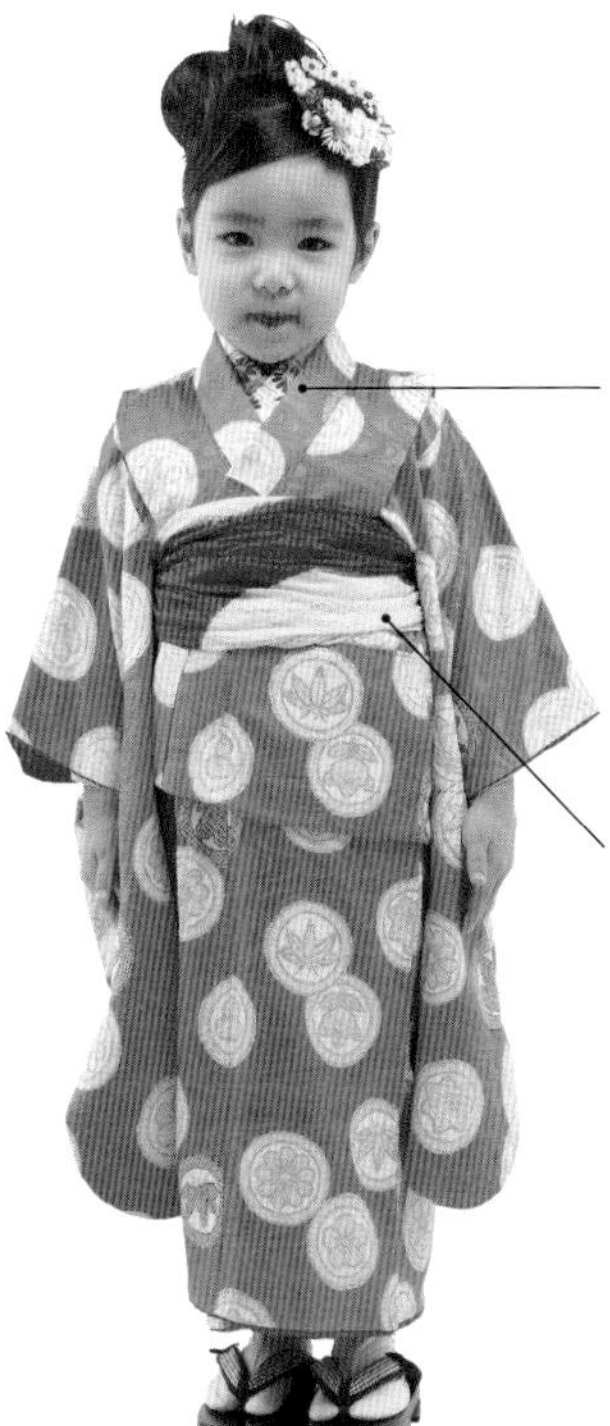
深く衿を合わせる
紐、帯はきつく締めすぎない

衣紋は抜かない
背中に余計なシワがない

1 補整をする

裾よけをつけたら手ぬぐいを腰に当て、裾よけの紐にはさんで補整をします。

2 半襦袢を着せる

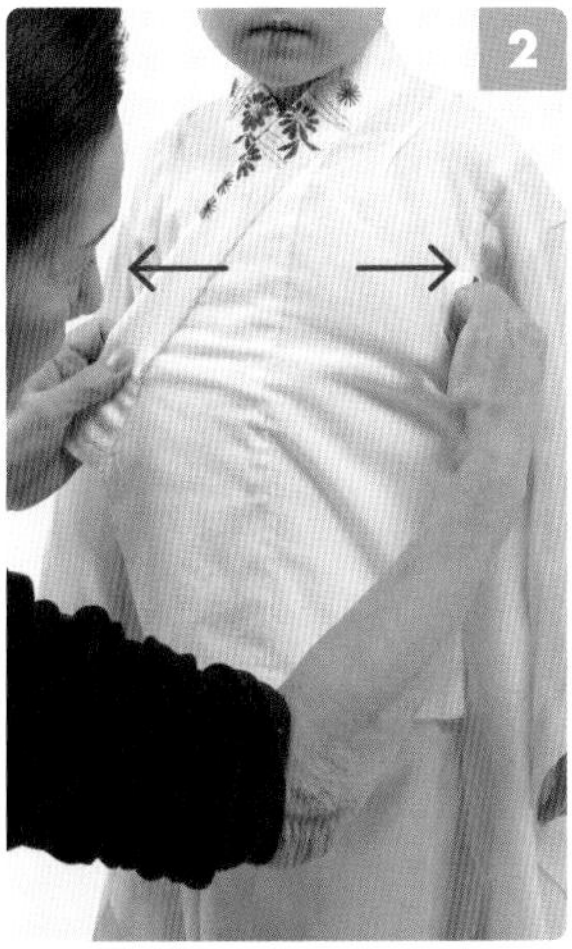

衣紋は抜かず、背中心を合わせます。下前と上前を左右に引いて深く衿を合わせます。

3 胸紐を締める

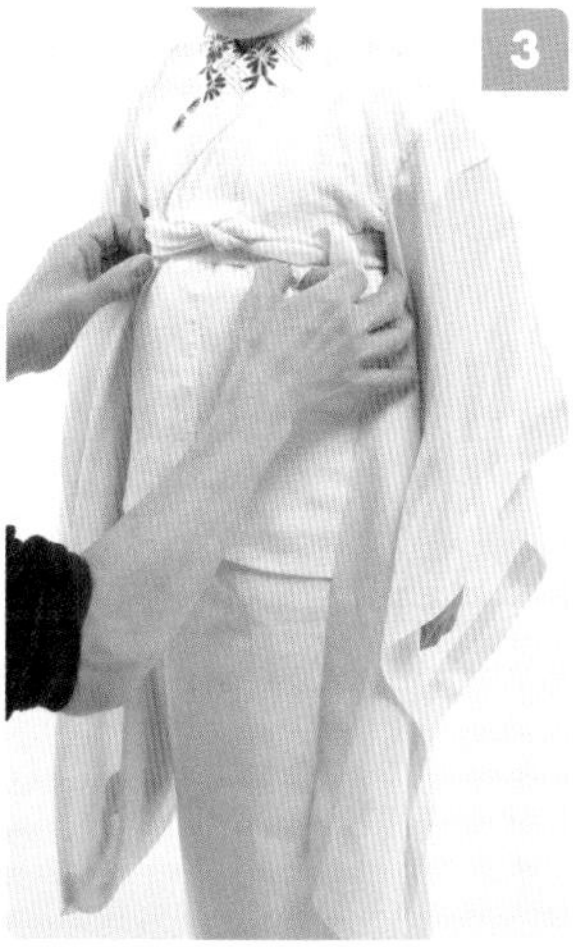

右の胸下に紐を当ててから、前下がり後ろ上がりになるように後ろへ回して交差させ、軽く締めてから前に回してからげ、あまりの紐は体に巻いた紐にはさみます。

4 背中のシワを取る

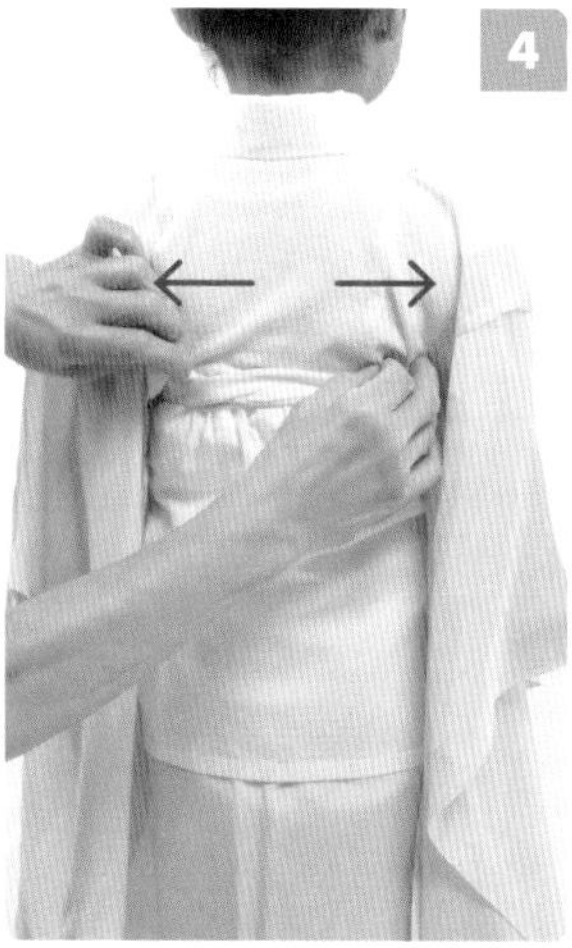

背中のシワを、左右の脇に寄せます。

5 着物を羽織らせて紐を結ぶ

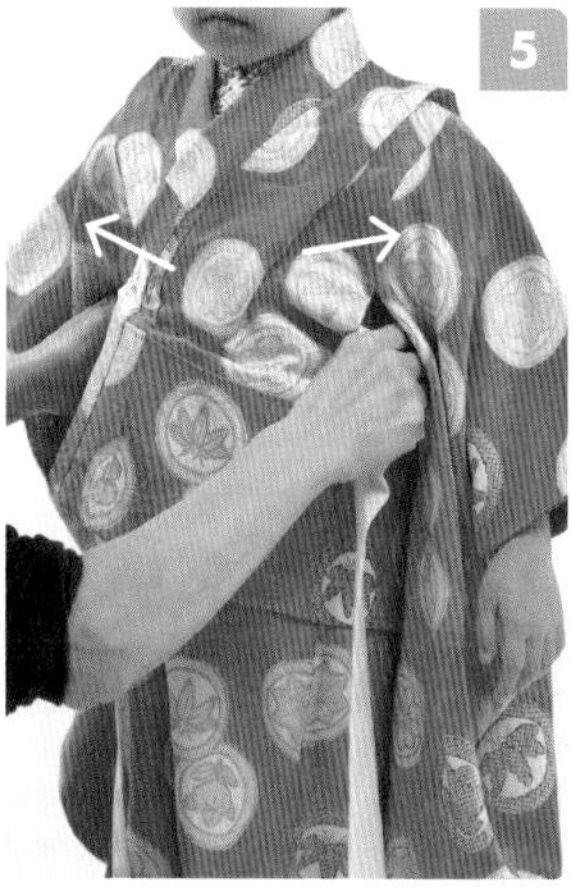

着物を羽織らせて半襦袢と着物の袖を合わせて揃えたら、着物についている紐を前下がり後ろ上がりになるように後ろへ回して交差させ、軽く締めて前に回して蝶々結びにし、あまりは体に巻いた紐にはさみます。

6 背中のシワを取る

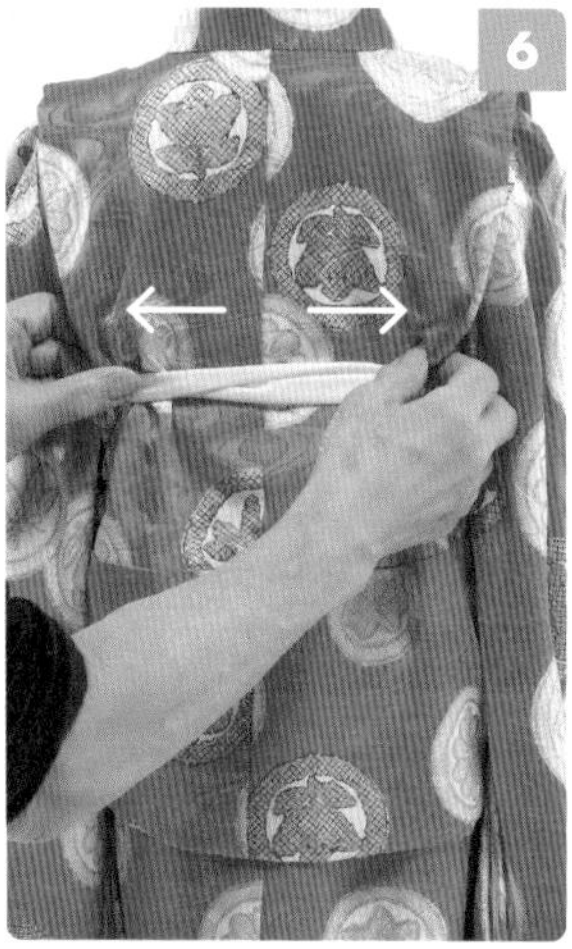

背中のシワを左右に寄せます。

7 兵児帯を結ぶ

兵児帯の真ん中を中心にして、その左右に着る子供の胴回りの長さを取ります。兵児帯の真ん中を背中心に置き、ひと巻き目にしたい側を胴に巻きます。もう一方で2巻き目を巻き、てとタレを結び、蝶々結びにすれば完成です。

女児の着付け

7歳の祝い着は大人と同じように腰紐を締めておはしょりを作りますが、あらかじめ腰上げをしておくとより簡単に着付けることができ、七五三以降なかなか出番のない子供の着物も気軽に着せられます。

帯枕は使わない

帯板は使わない
衿合わせは深く
あらかじめ腰上げをしておけば簡単

女児の着付け point

1 長襦袢を着せて着物に袖を通す

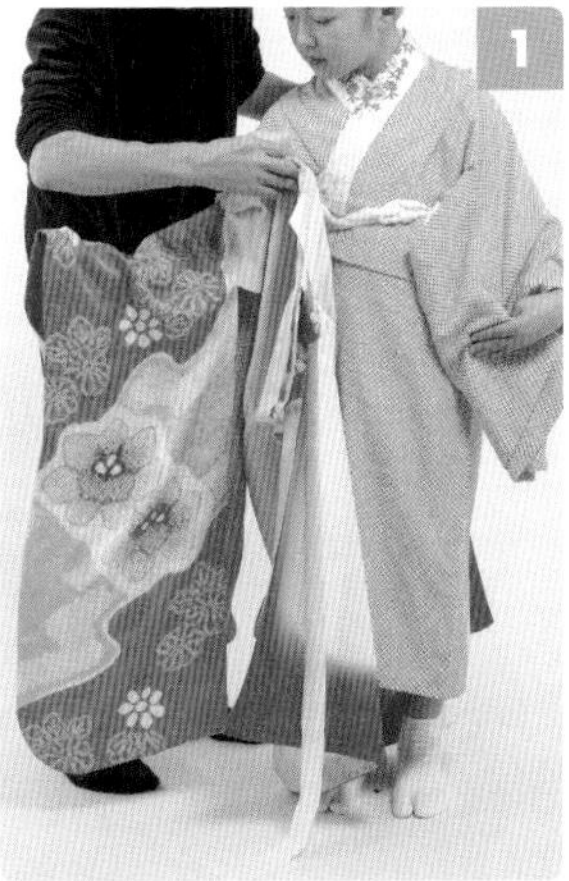

衿を深く合わせて衣紋は抜かずに長襦袢を着付けます。長襦袢の袂を持ってもらい、片側から着物の袖に通します。

2 袖を揃える

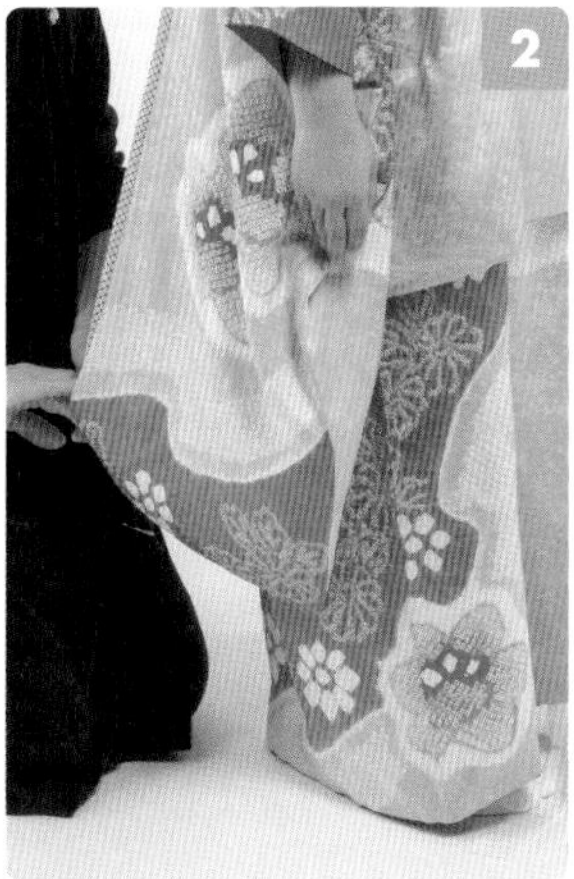

長襦袢と着物の袖を一緒に合わせて揃えます。

◎文庫結びを結ぶ

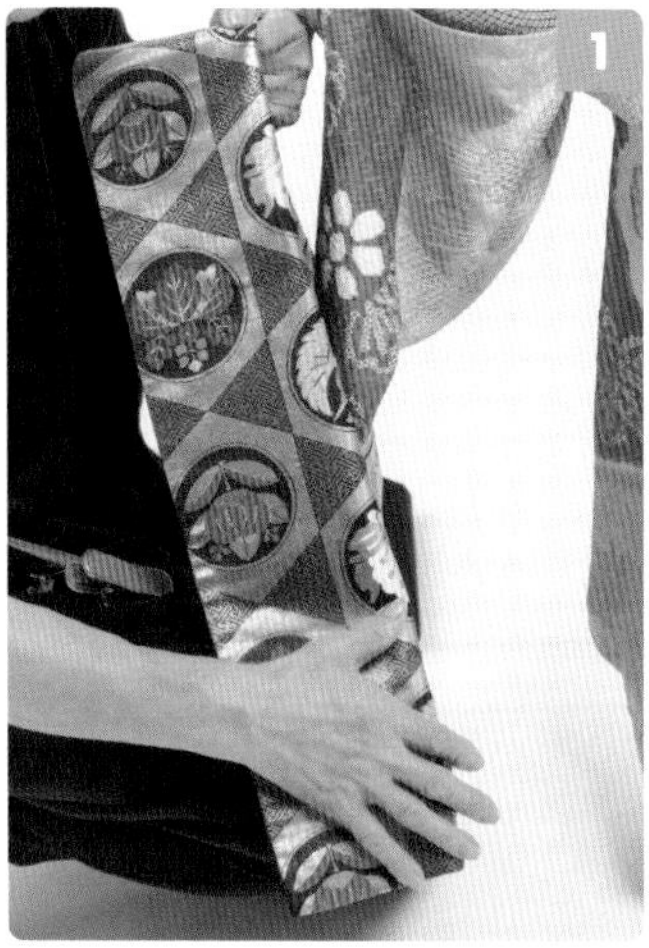

手幅3つ分を目安にての長さを決めます。

わを上にしてての元を背中心に置き、帯を体に2巻きします。タレを脇から斜めに折り上げます。

衿を合わせて紐を結ぶ

着物についている下前側の紐を左の身八つ口から受け取り、上前側の紐と一緒に左右に引いて衿を深く合わせます。紐を後ろへ回して交差させ、前に回して蝶々結びにします。あまった紐は体に巻いた紐にはさみます。

背中のシワを取る

背中のシワを脇に寄せます。

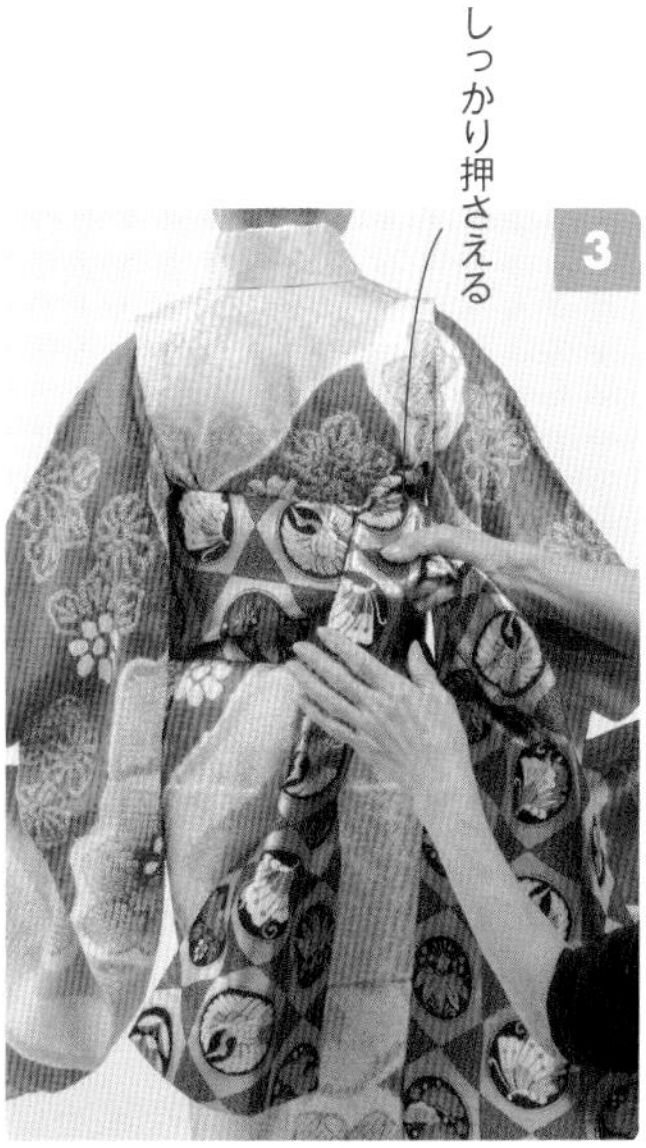

てを1/4幅に折り、タレを押さえたままてを脇まで引き抜きます。てが上、タレが下になるように交差させ、交差したところを親指でしっかりと押さえます。

てをタレの下からくぐらせて上に引き抜き、てとタレを結びます。てを肩にあずけます。

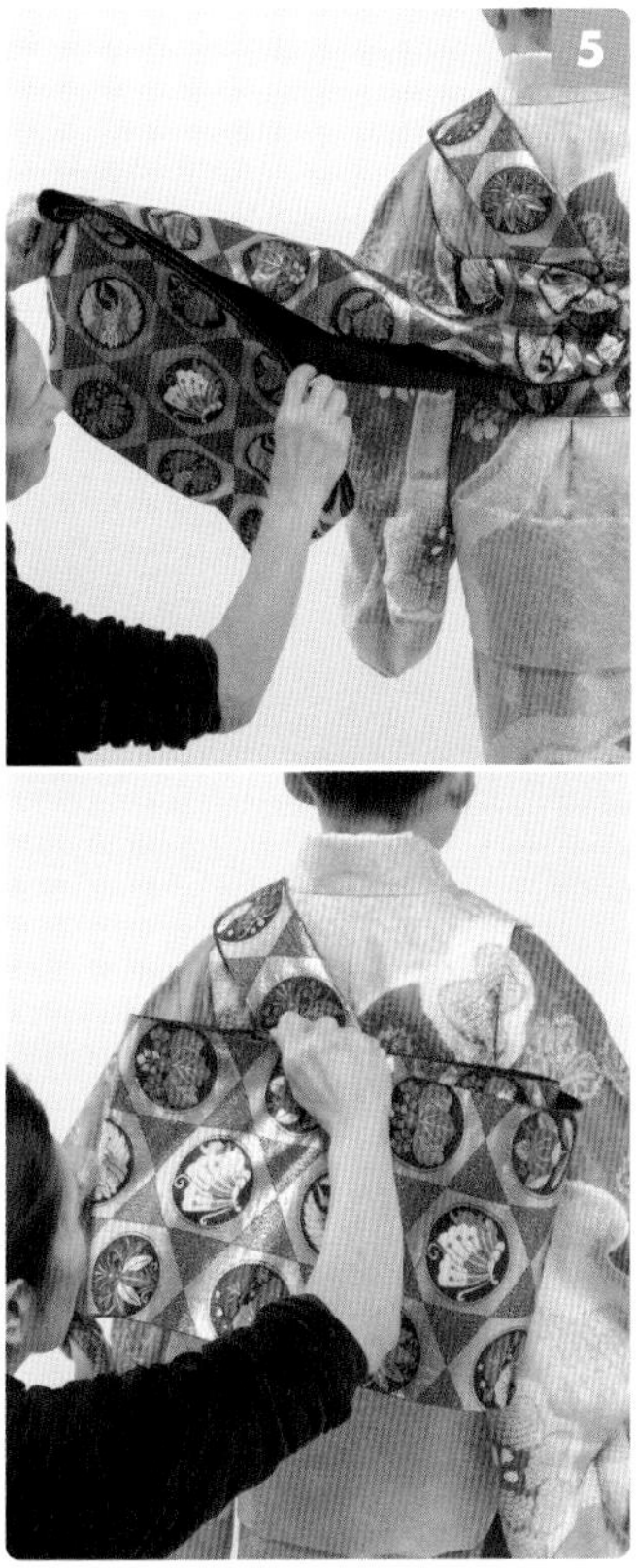

背中の幅に合わせてタレ先から羽根を折りたたみます。結び目がたたんだタレの真ん中にくるように調整します。

たたんだタレに表ひだを作り、羽根にします。

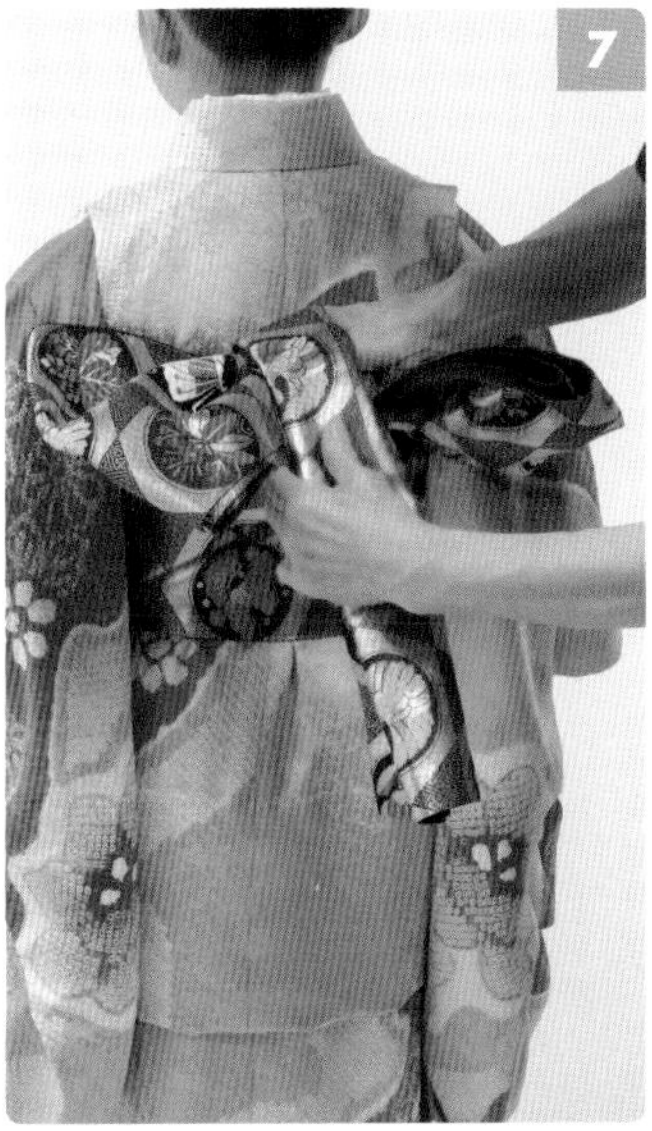

羽根の上に、てをかぶせ下ろします。

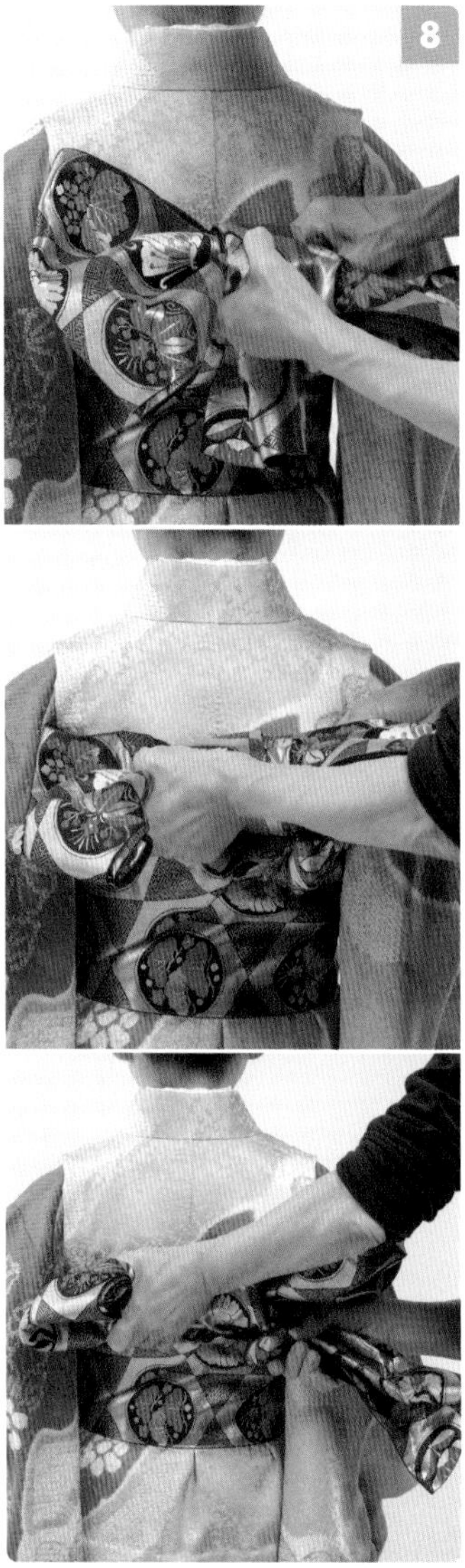

かぶせ下ろしたてを、羽根の下から上に引き抜きます。引き抜いたてを羽根の下に下ろします。

て先から小さく折りたたみ、胴に巻いた帯の中にてをしまいます。

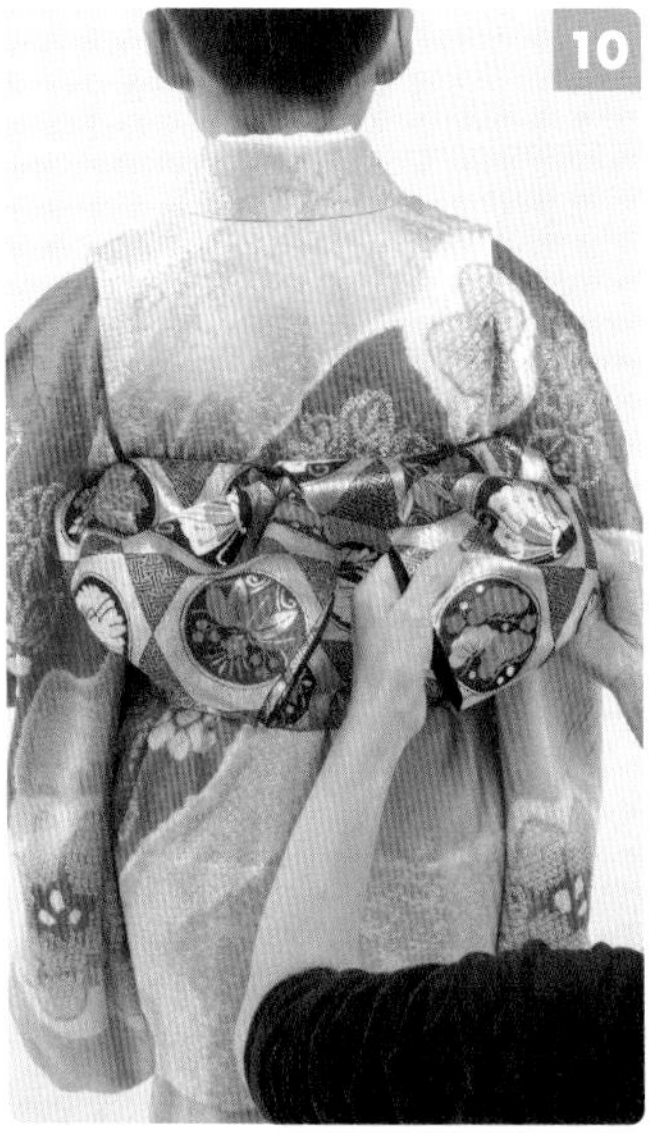

羽根を整えて形作れば完成です。

PART 5

浴衣の着付けと帯結び

着物以上に体のラインが出やすい浴衣は、
着る人の年齢や体型に応じて着付けをします。
とくに大人の方は、文庫結びではヒップラインが目立つことも。
半幅帯の結び方のレパートリーを増やしておくといいでしょう。

浴衣の着付け

着る人ができるだけラクチンに着ていられるよう、大久保式では浴衣の着付けに補整は使いません。また伊達締めは使わず細い紐のみを使うことで、より涼しく着ることができます。

年齢や体型に合わせて着付けを変えます

肌の露出を控えることで涼しげに見える浴衣は、衣紋は抜きすぎず、衿合わせも浅くならないように着付けます。

またヒップラインが気になり始める年齢の方や、ふくよかな方には、なるべくおしりを隠せる帯結びを提案するといいでしょう。

大人

垂れのある帯結びや形の大きな帯結びで、なるべくヒップラインが隠れるように着付けます。裾線も短くなりすぎないように心がけましょう。

若い人

ヒップラインが高い若い人は、文庫結びや一文字結びなど、可愛らしい帯結びが似合います。

1 背中心を合わせて衣紋の抜きを決める

肌着を着てもらい、浴衣を羽織らせます。背中心を合わせて、衣紋の抜き加減を決めます。着物と違って長襦袢を着ないため、この時点で衣紋の抜きを意識して着付けます。

裾線を決める

2

着る人の正面にしゃがみます。衿先から手幅ひとつ分上を両手でそれぞれ持ちます。

3

浴衣を体から離すようにして裾を上げます。

4

くるぶしが隠れるあたりで裾線を決めたら、衿を手前に引いて浴衣をしっかりとおしりにつけます。

5

両方の衿先を片手で持ち、もう片方の手を後ろに回して長さを微調整します。

上前幅を決める

6

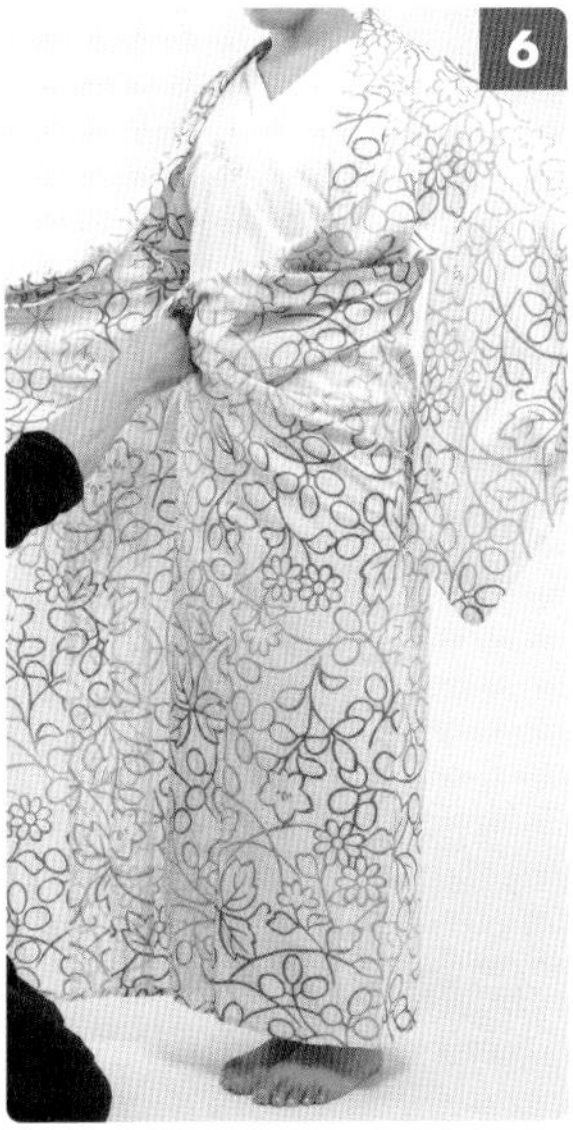

上前の衽線が右足の外側にくるように、上前の幅を決めます。

下前を合わせて褄を上げる

7

上前幅がずれないように静かに開き、下前を水平に合わせてから体の脇で褄を10㎝上げます。

8 上前を合わせて褄を上げる

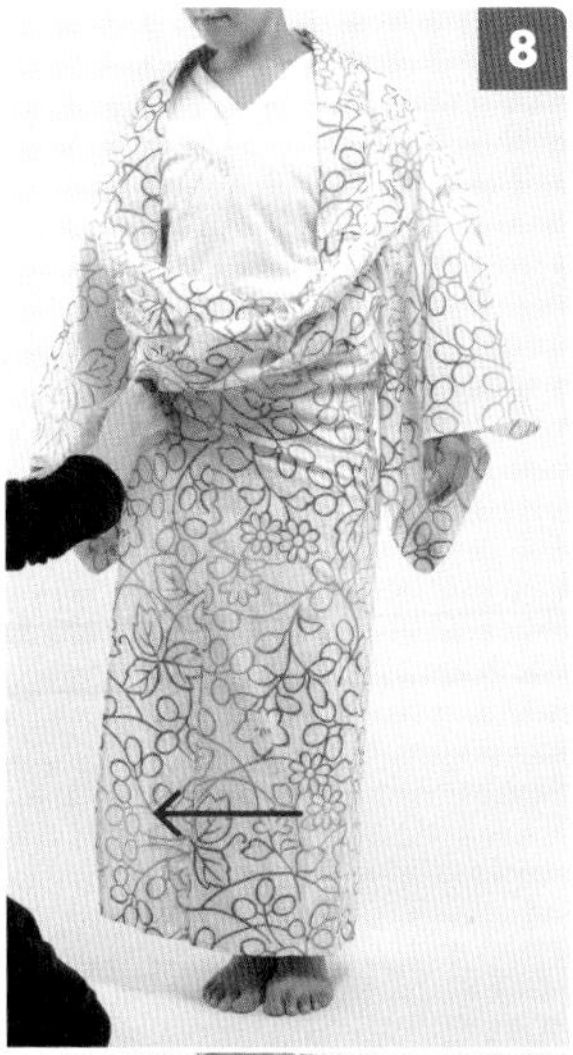

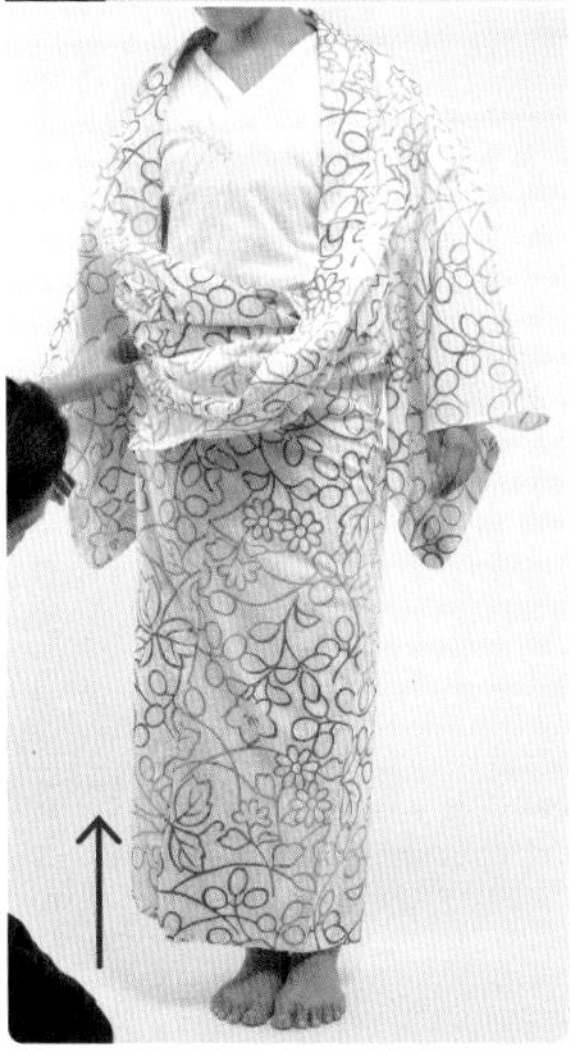

上前を水平に合わせてから、5cm褄を上げます。

9 腰紐を締める

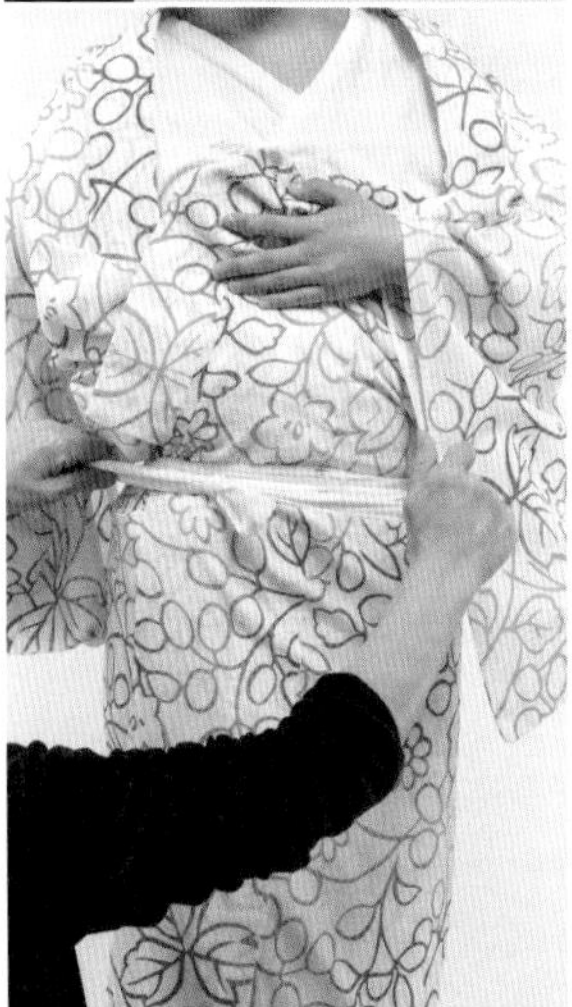

腰骨の位置を確認します。右の腰の上に腰紐の真ん中を当てて、前下がり後ろ上がりになるように後ろに紐を回して交差させ、しっかり締めてから前に回して蝶々結びにします。あまった紐は体に巻いた紐にはさみます。

10 腰紐の下のシワを取る

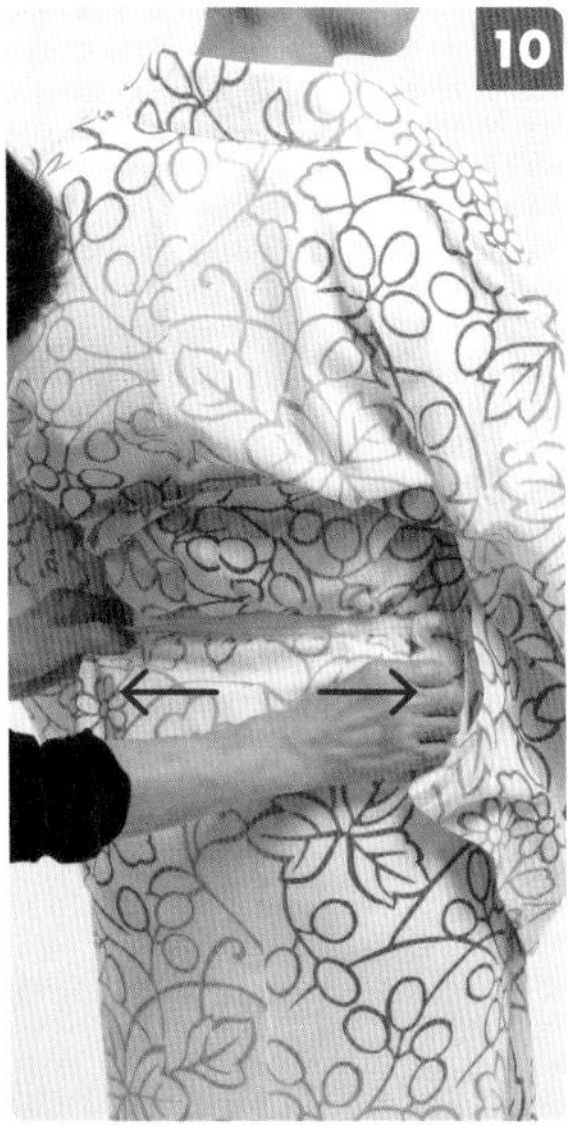

腰紐よりも下のシワを、左右の脇に寄せます。

11 後ろのおはしょりを整える

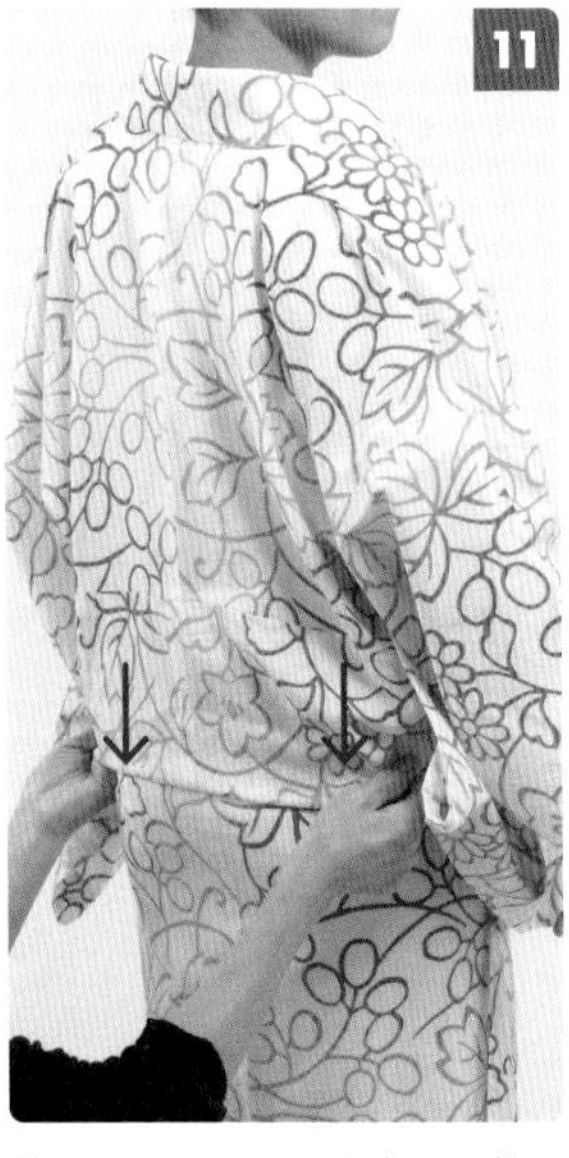

後ろのおはしょりを表から整えます。このとき衣紋の抜きも整えておきます。

12 下前の衿の角度を決める

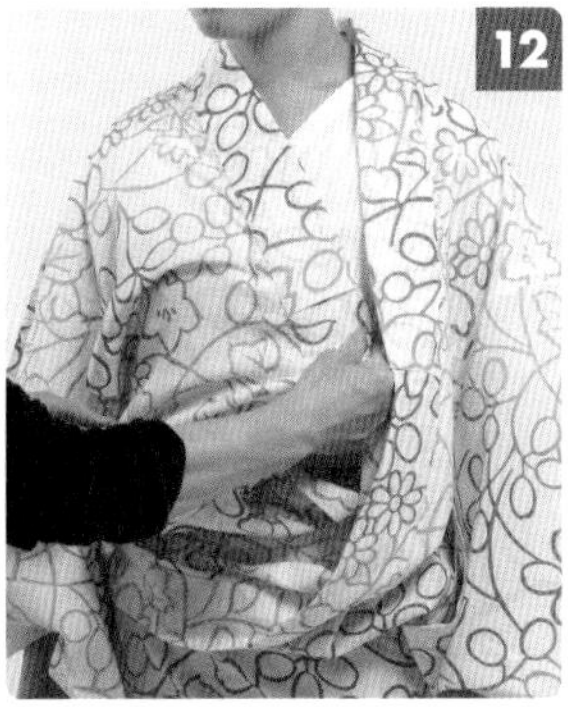

下前でしっかりとバストを包み、のどのくぼみが隠れる程度に衿の角度を決めます。

13 下前を三角上げにする

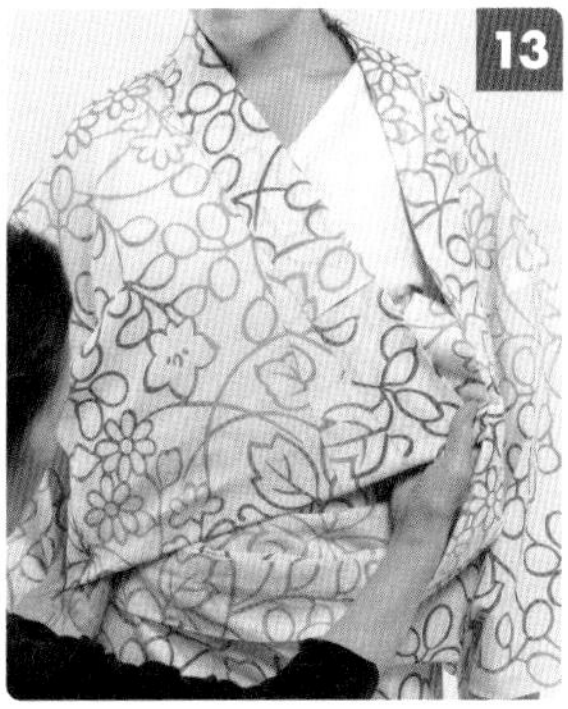

下前を三角上げにします。

14 上前と下前の衿を合わせる

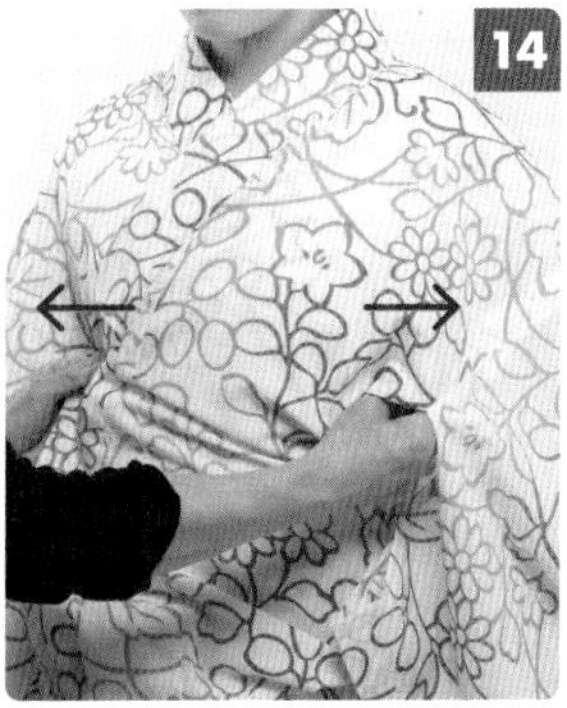

身八つ口から下前の衿を持ち、上前を合わせたら左右に引いて衿を深く合わせます。

15 胸紐を締める

右の胸の下に紐の真ん中を当て、左斜め上に上げてから左胸をなで下ろすように紐を胸の下に下ろします。後ろに回して交差させ、一度締めてから前に回して蝶々結びにして、あまりは体に巻いた紐にはさみます。

16 胸紐の上のシワを取る

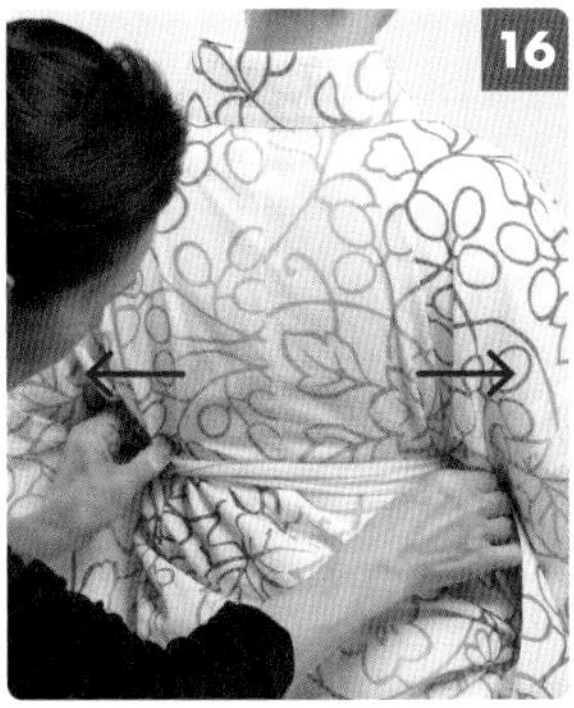

胸紐よりも上のシワを左右の脇に寄せます。

既成品の浴衣はサイズが大きい場合があります

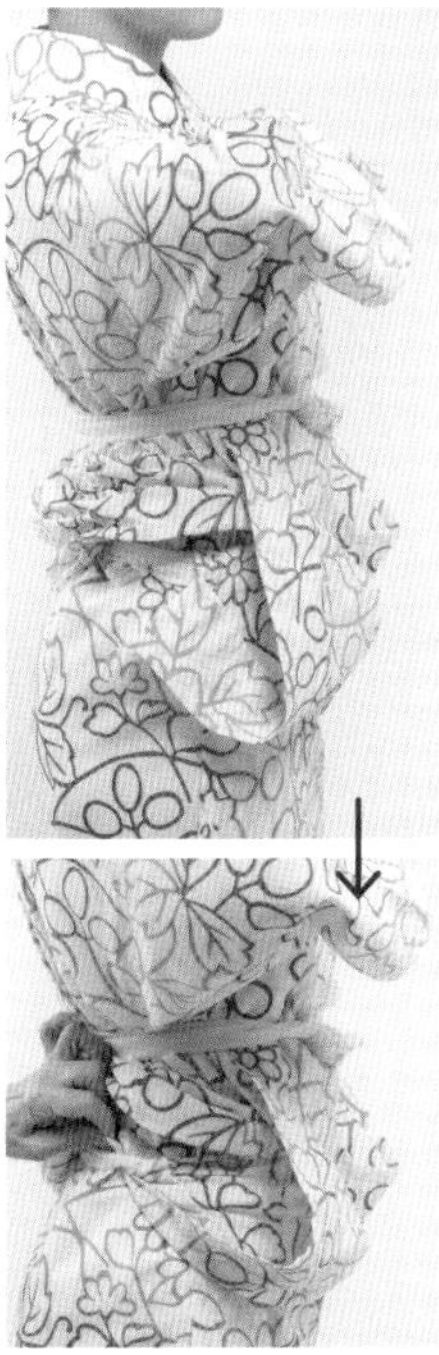

サイズ展開の既成品の浴衣は、衿が長すぎて腰紐を締めたときに衿先に腰紐がかからないことがあります。これでは裾が広がってきてしまうので、衿先を腰紐にからげて必ず腰紐にひっかけるようにします。

おはしょりを整える

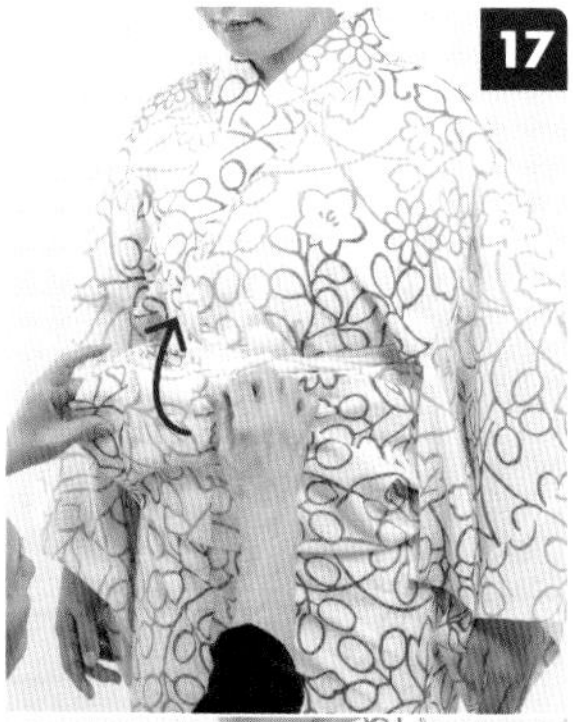

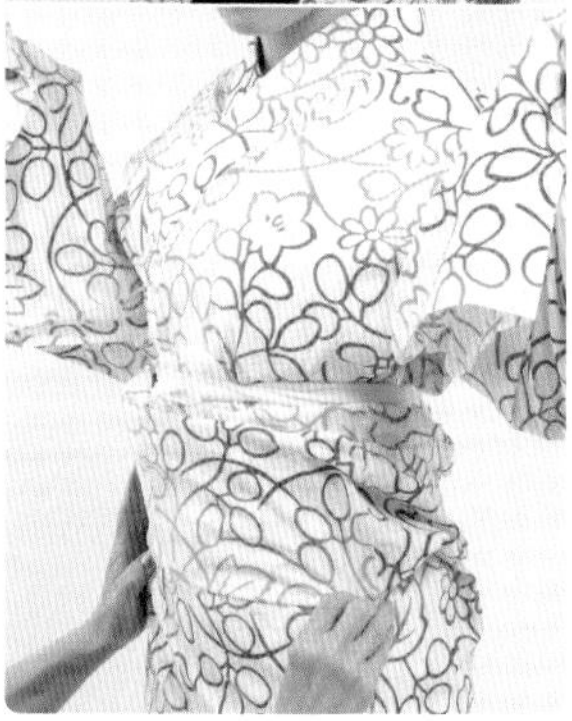

上前のおはしょりに手を入れて、下前の布を上に上げながら上前のおはしょりの下線を決めます。あまった上前も上げます。

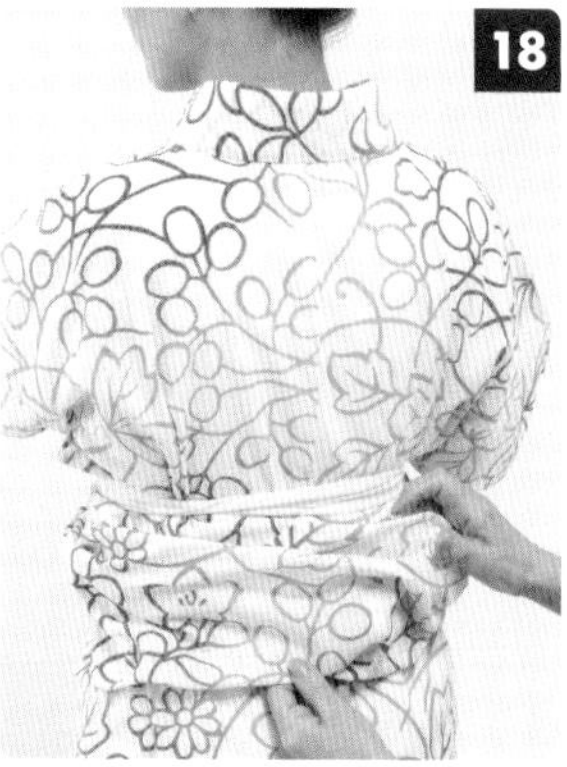

後ろも前に合わせておはしょりの下線を決めます。

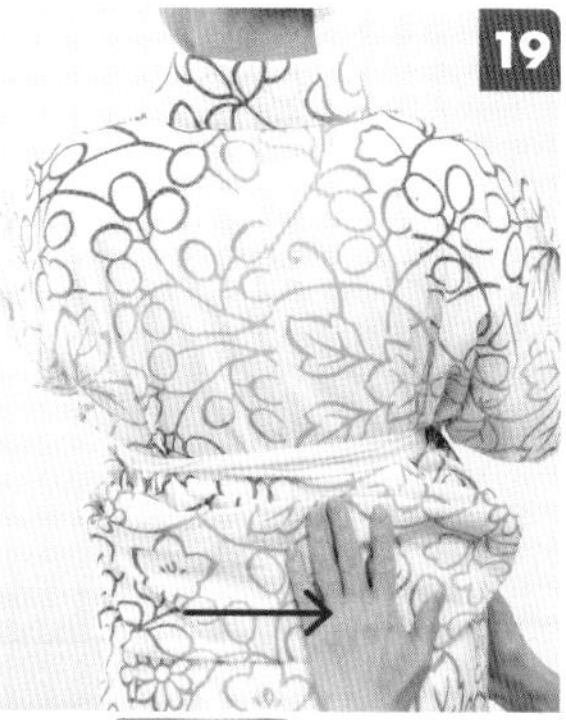

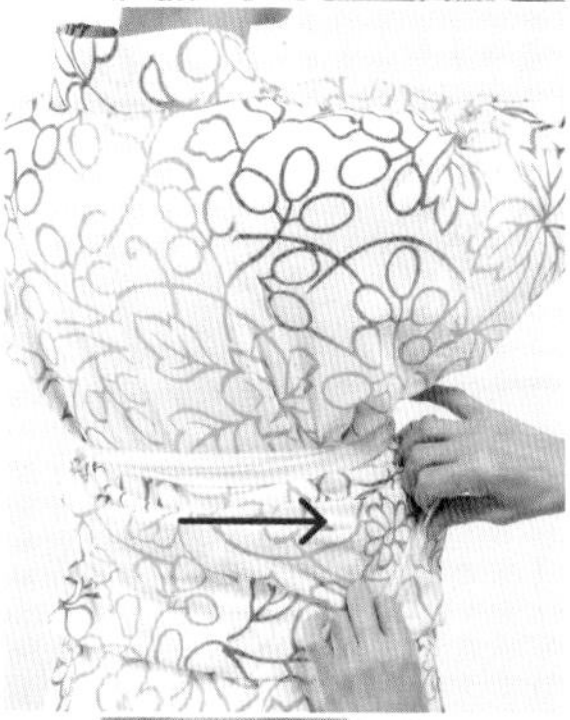

胸紐よりも下のあまった布をすべて右脇に寄せて、上前の中に入れます。下線を揃えたら、クリップでとめておきます。

紐で押さえる

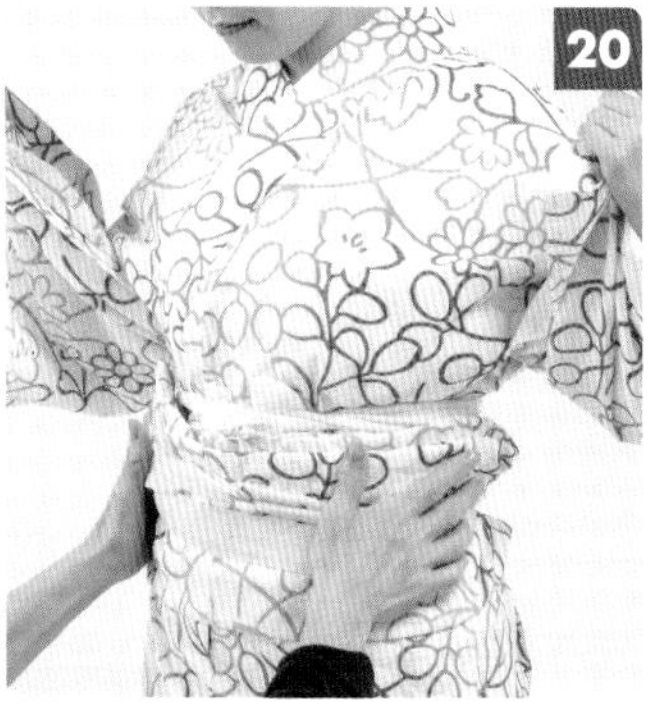

帯の下線と紐の下線を合わせて、上げた布を紐で押さえます。

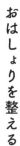

一文字結び

左右に張った羽根が軽やかな印象の帯結び。羽根を下ろせば文庫結びになります。袴を着付けるときの帯結びでもあります。羽根の長さでさまざまな表情を楽しめる、半幅帯の基本の帯結びです。

ての長さを決める

腕の付け根までての長さを取ります。

体にひと巻きする

ての元を背中心に置いて、帯を体にひと巻きします。

ての幅を折る

てを1/2幅に折ります。

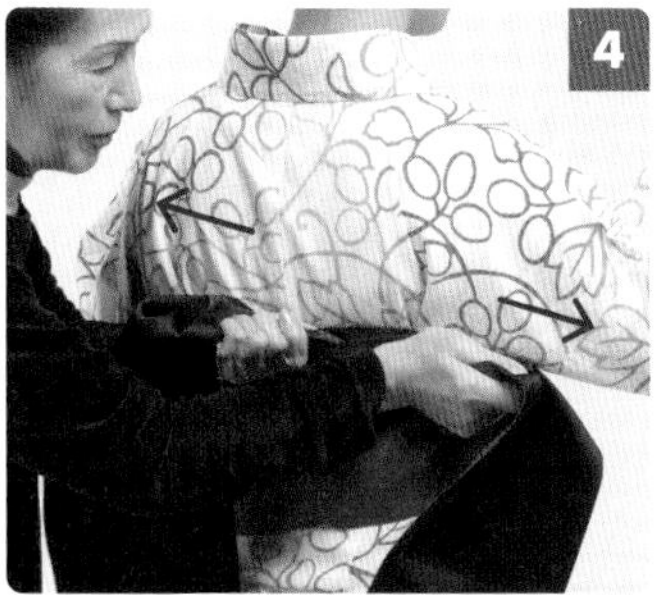

２巻きしたら締める

体に2巻きしたらてとタレを締めます。

てを引き抜く

タレを押さえたまま、てを脇まで引き抜きます。

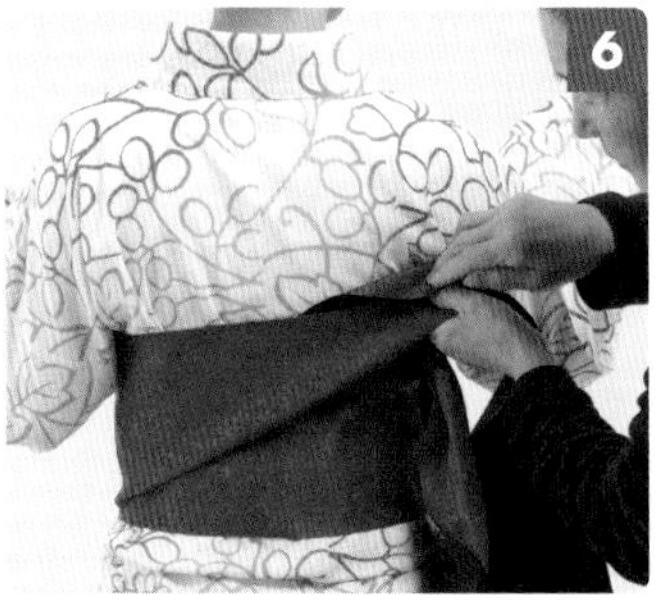

タレを斜めに折り上げる

タレを体の脇から反対側の脇を目指して斜めに折り上げます。

てとタレを交差させる

ての幅を半分に折ります。てが上、タレが下になるように交差させて、交差したところを親指でしっかりと押さえます。

てとタレを結ぶ

てをタレの下からくぐらせて上に引き出し、帯の上線の上でひと結びします。

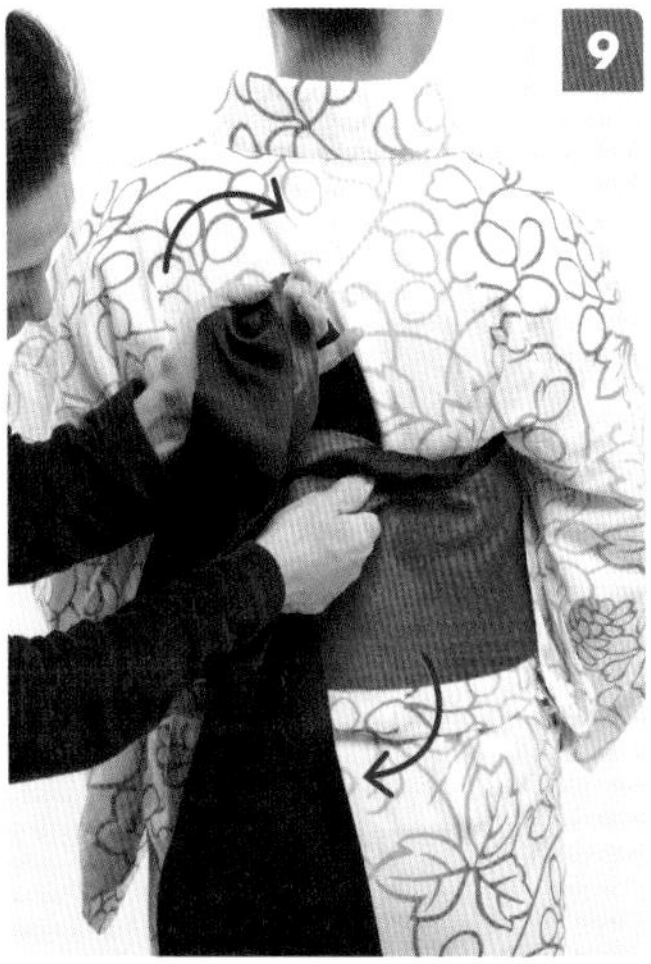

タレを垂直にする

タレを時計回りに回転させて、垂直にします。

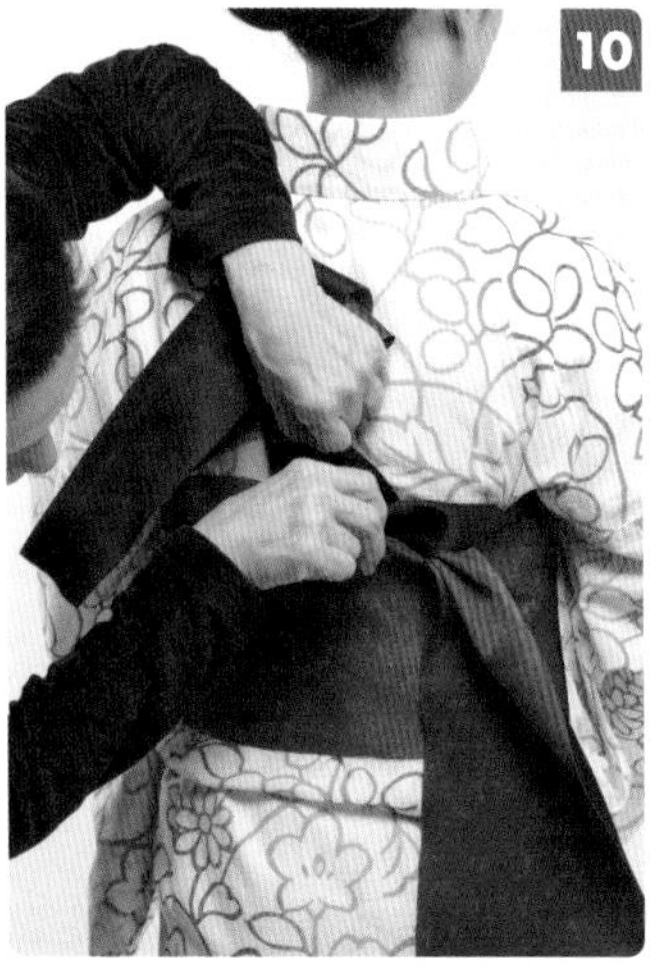

結び目を
帯の上線の上にのせる

結び目を胴に巻いた帯の上線の上にのせ、結び目を帯の中にしまいます。

羽根の長さを決める

てを肩にあずけ、タレ先を背中に当てて、羽根の長さを肩幅に決めます。

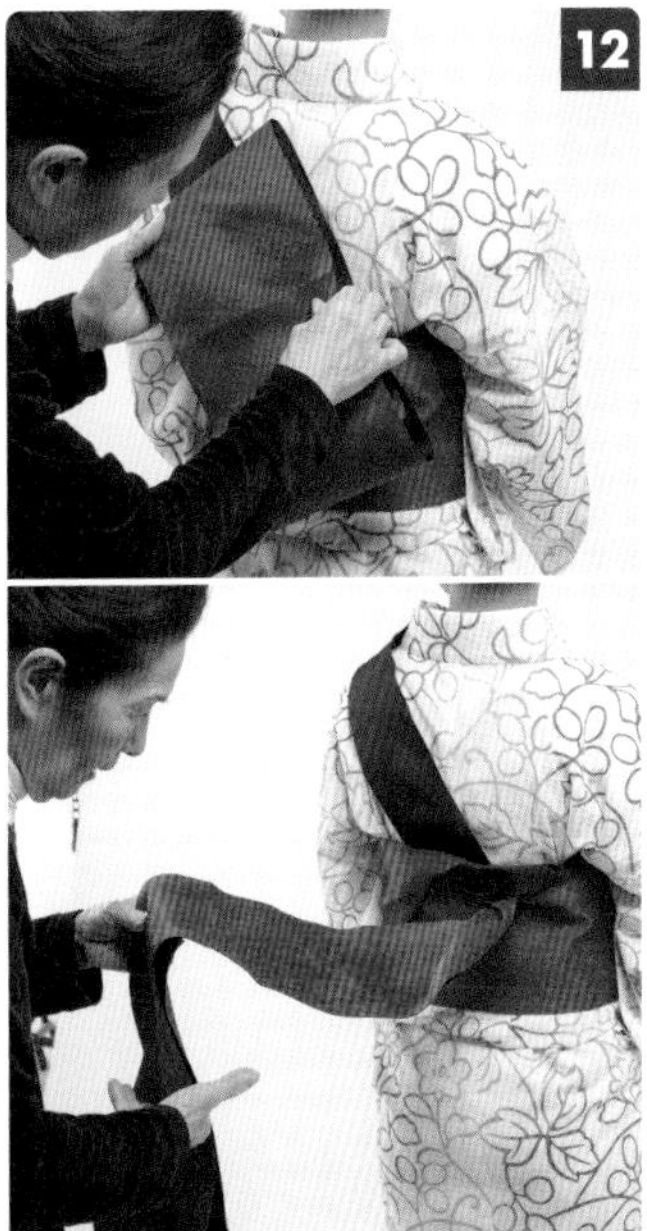

タレ先から折りたたむ

タレ先から羽根の長さに折りたたみます。結び目がたたんだタレの真ん中にくるように調整します。

表ひだを作る

たたんだタレに表ひだを取って羽根を作ります。

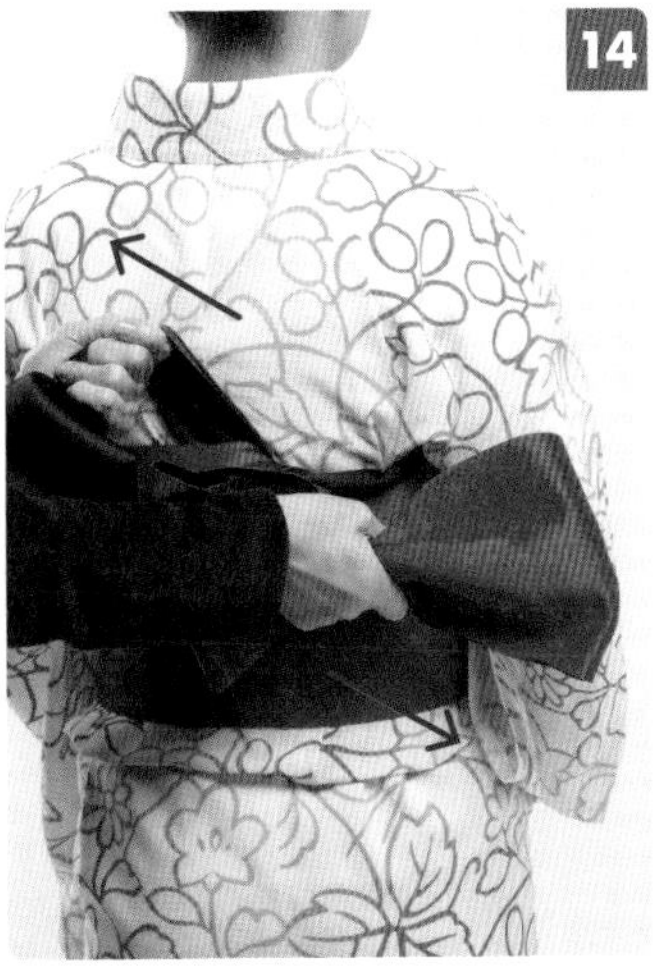

羽根とてを締め直す

羽根の真ん中を持ち、羽根とてをもう一度締め直します。

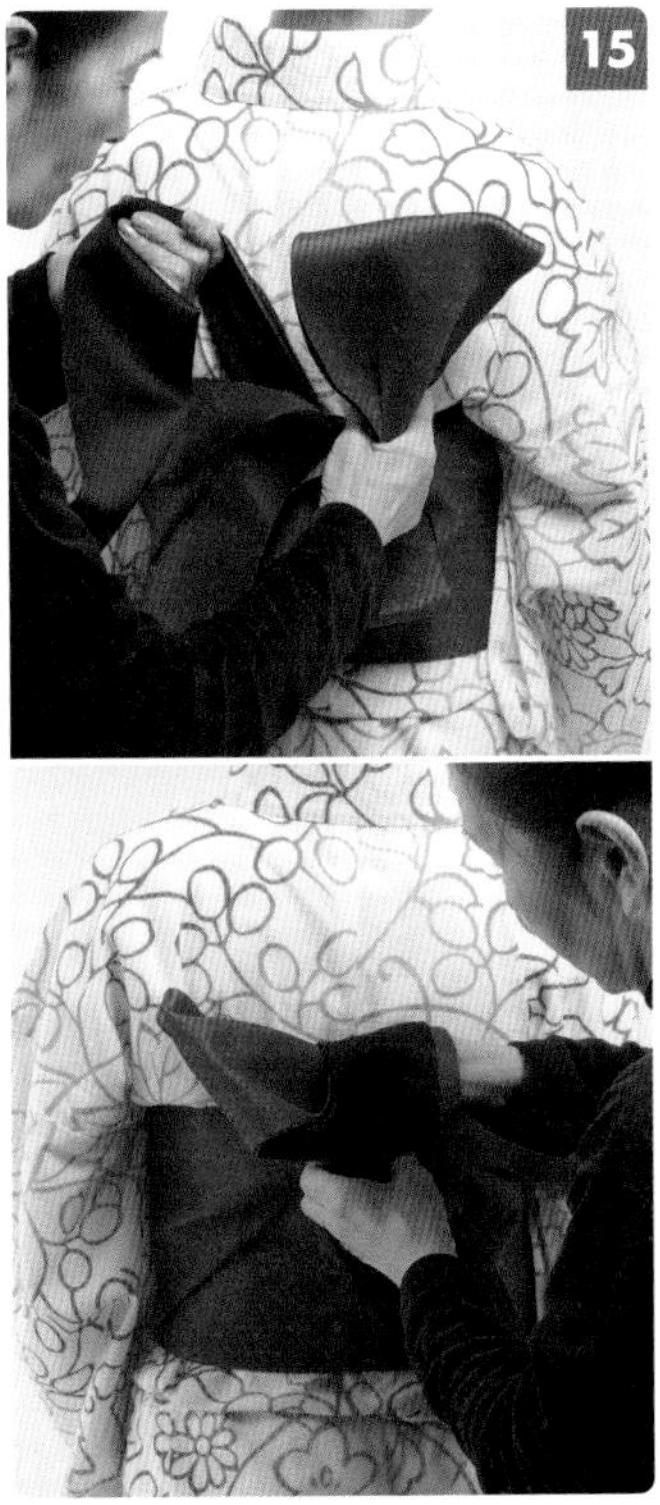

羽根の上にてをかぶせる

羽根を時計回りに回転させます。羽根の真ん中にてをかぶせ下ろします。

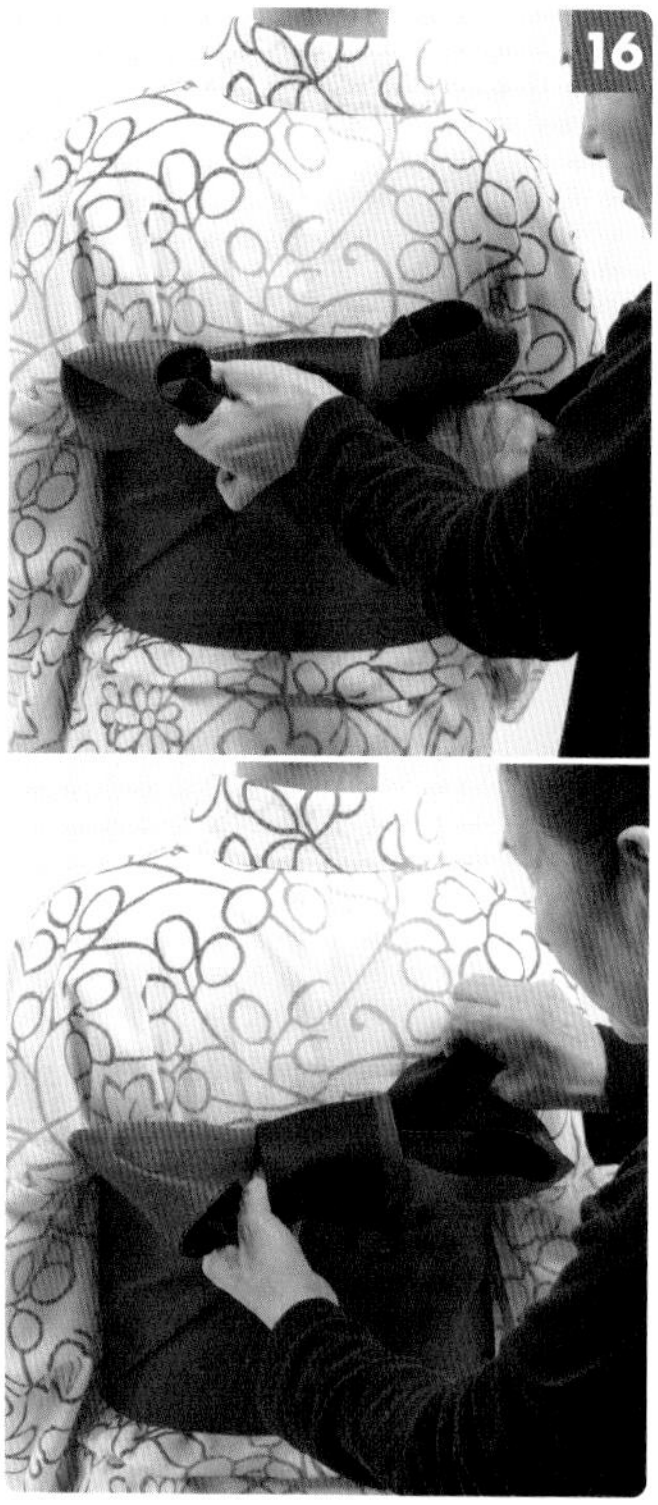

羽根をひと結びする

てを羽根の下から上に引き出してひと結びし、上に出したては羽根の下に下ろす。

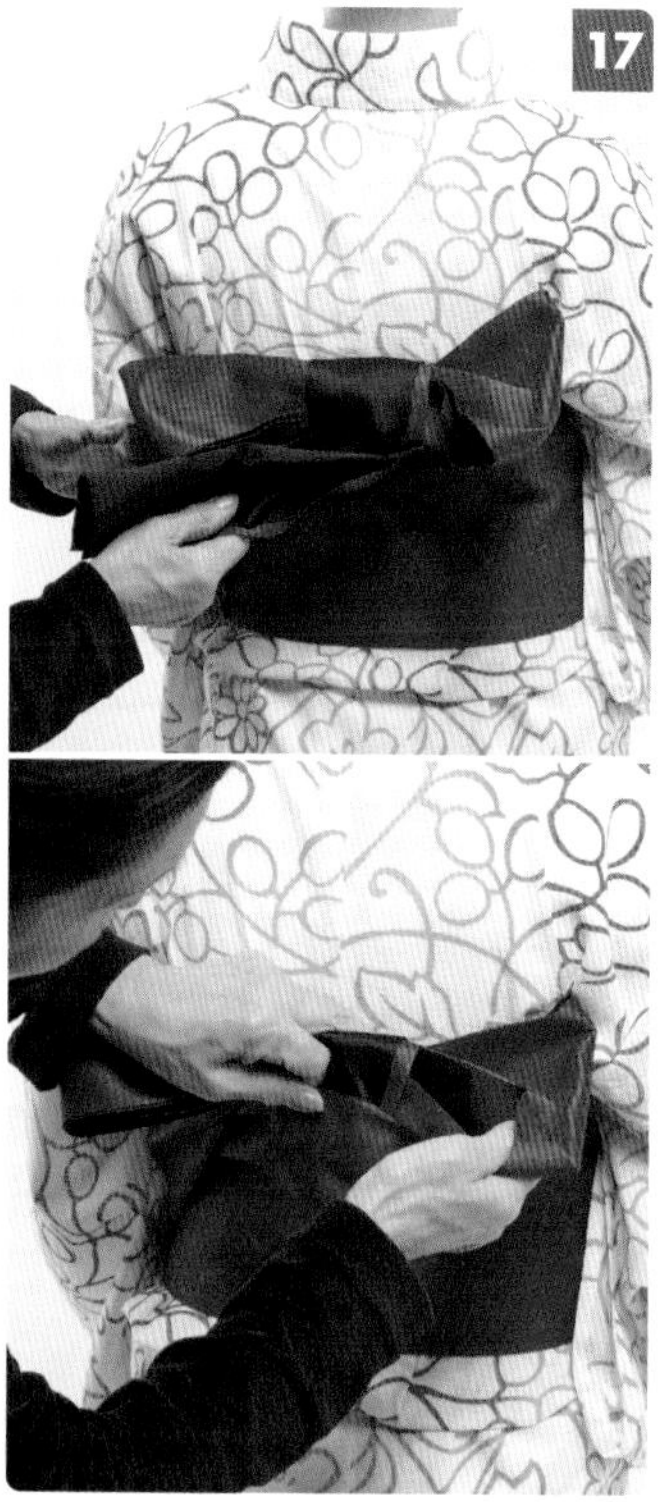

て先をしまう

下に出したてはて先から折りたたみ、胴に巻いた帯の中にしまいます。

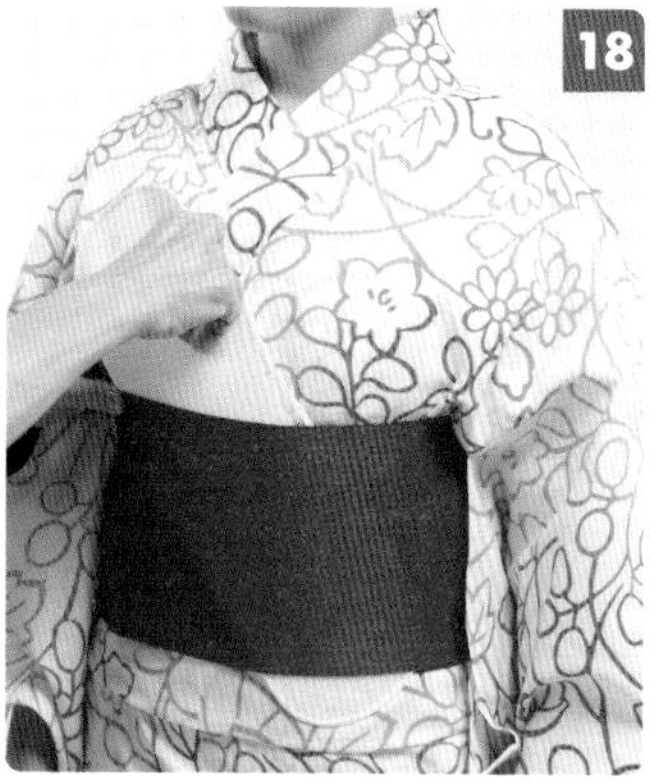

帯板を入れる

ひと巻き目と2巻き目の間に帯板を入れて完成です。

角出し風結び

ての長さは手幅ひとつ半。
おしりの大きな人の場合は
ての長さを手幅2つ分弱にして羽根を大きく作ることで、
ヒップラインを隠します。帯締めを締めれば
着物風の装いにもなります。

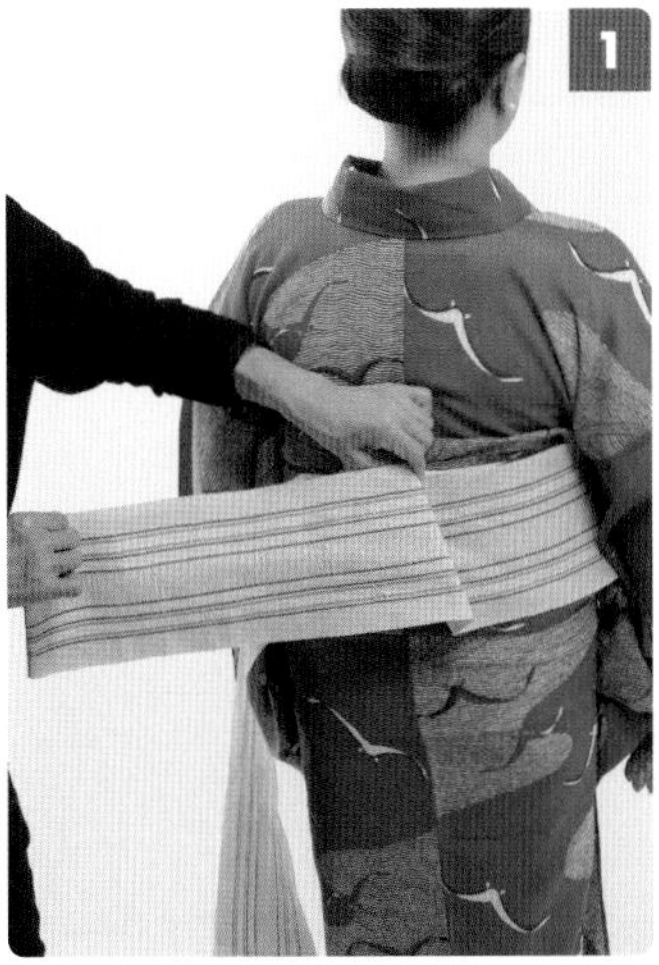

ての長さを決める

手幅ひとつ半分を目安にての長さを決めます。

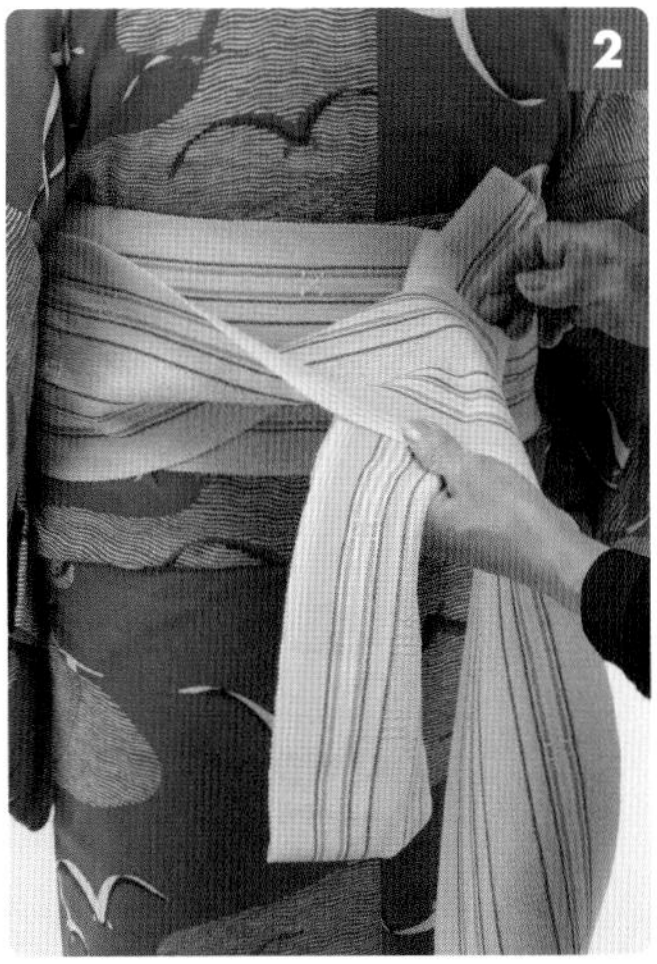

てとタレを交差させる

体に2巻きしたら、てを脇まで引き抜いて半分の幅に折ります。タレをひっくり返して裏が表になるようにして、てが下、タレが上になるように交差させます。

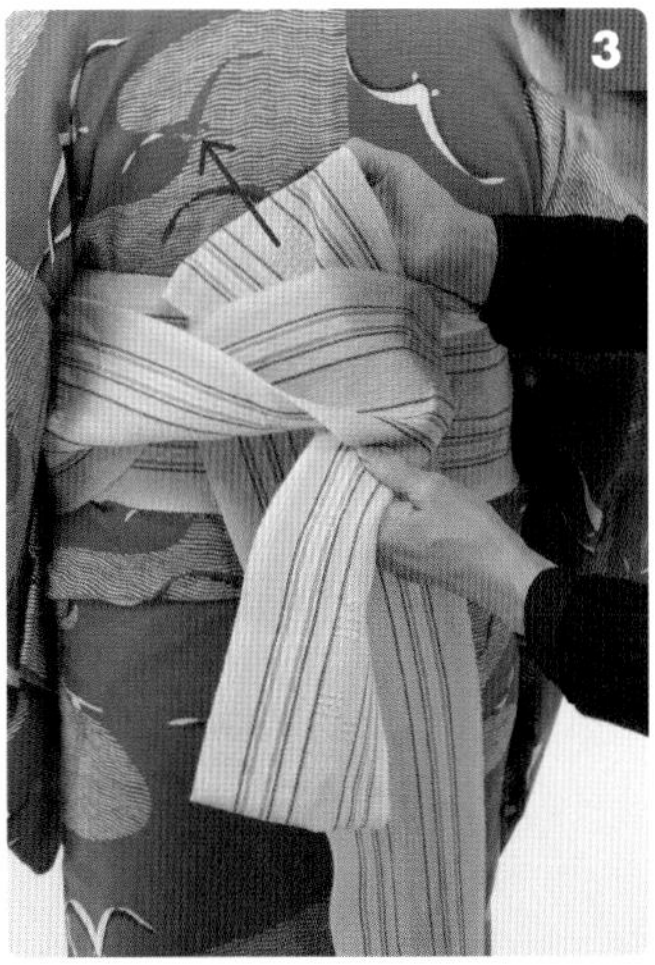

タレを引き抜く

てとタレが交差したところを親指で押さえたまま、タレを元からての下にくぐらせて、上に引き上げます。

てとタレを締める

途中まで引き抜いたら一度てとタレを締めます。

垂れを作る

おしりのいちばん出ているところにタレ先がくるように長さを決めて、垂れを作ります。

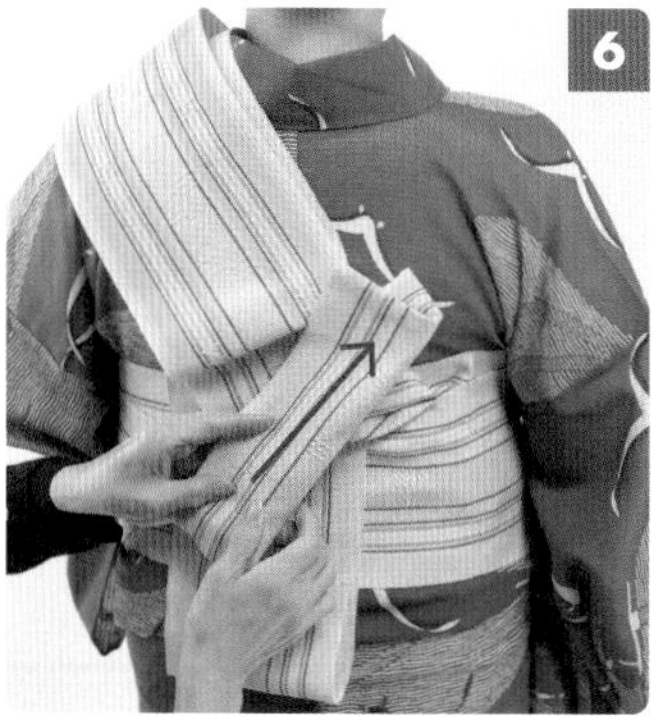

てを上げる

半分の幅に折ったてを、結び目の際から斜め上に上げます。

※撮影のためタレを肩にあずけています。

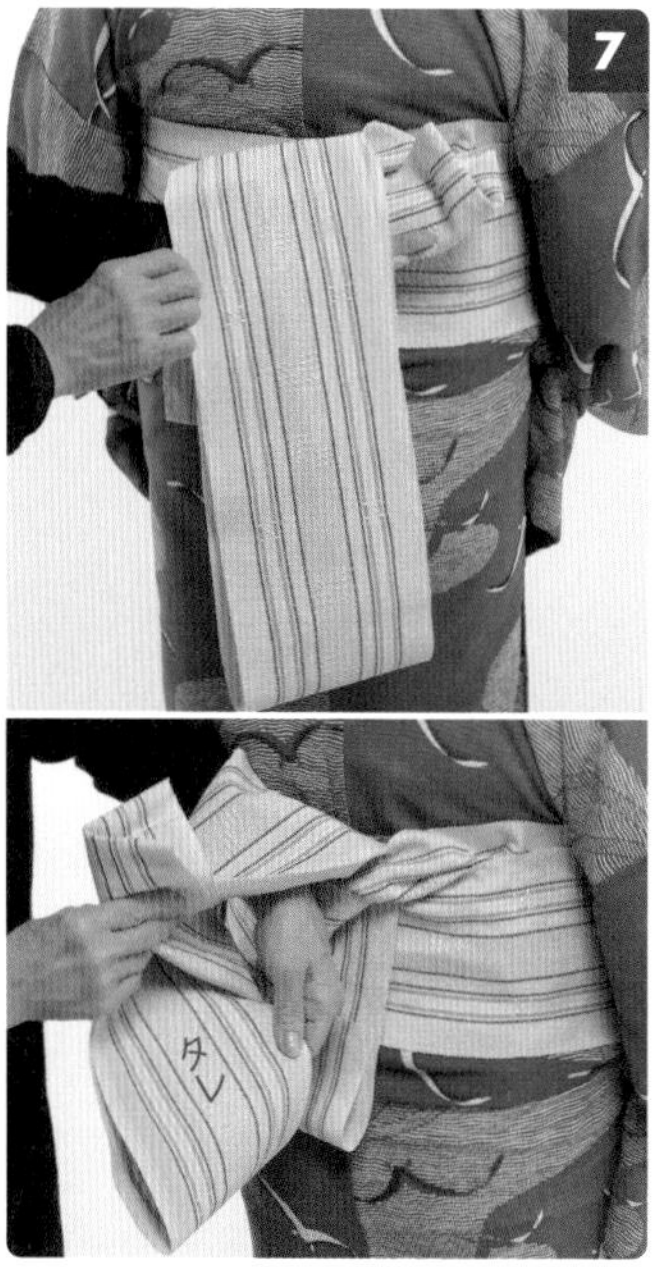

てとタレを結ぶ

斜めに上げたての上に、タレをまっすぐかぶせ下ろします。折り上げたての輪に手を入れて、タレの内側をつかみます。

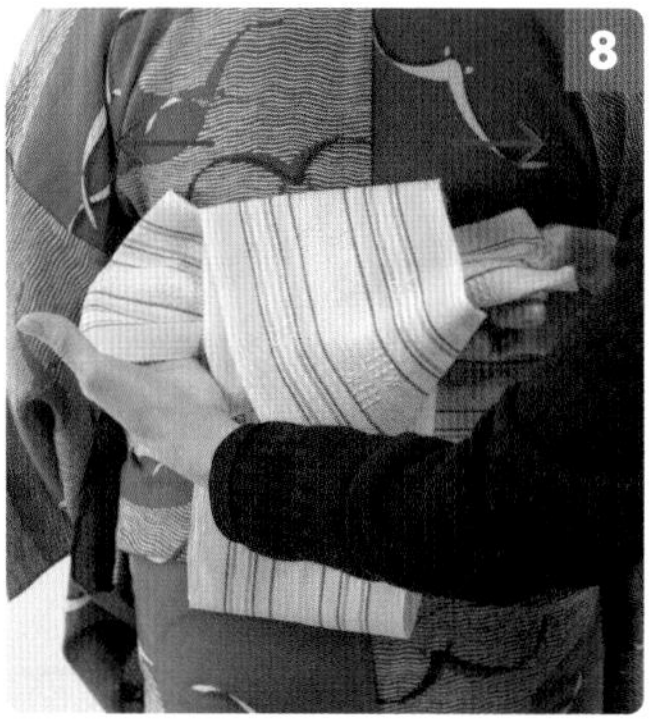

てとタレを結ぶ

タレの内側を上に引き出して、てと結びます。

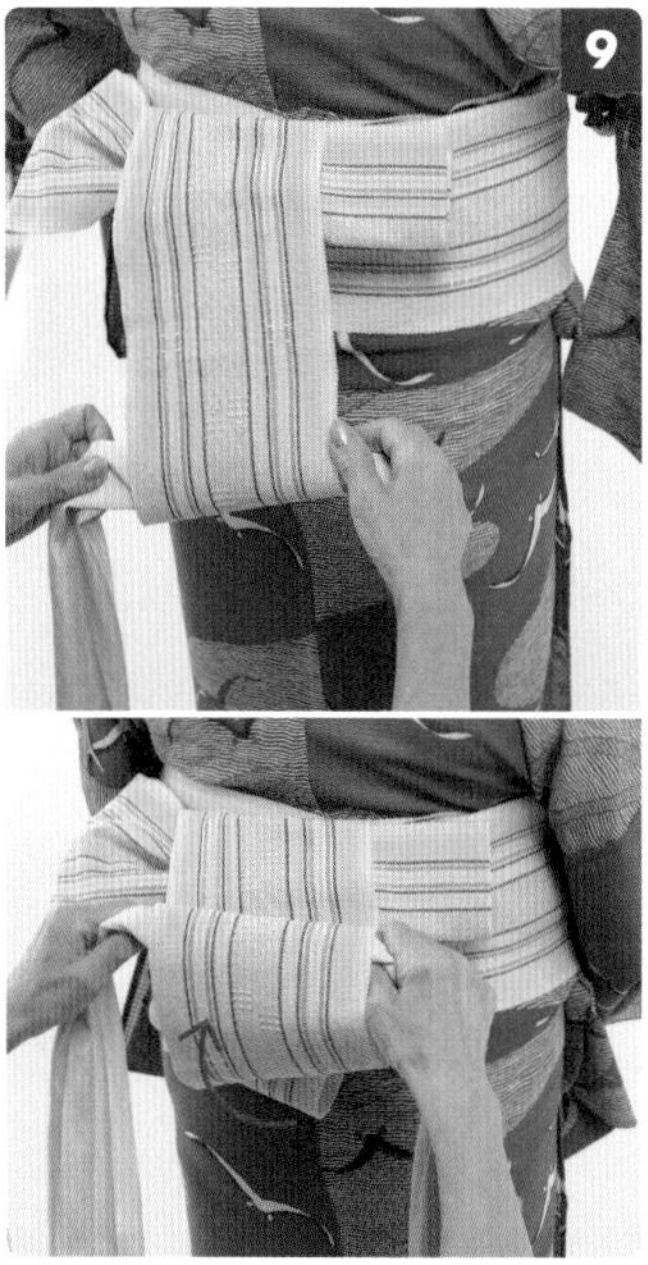

タレを上げる

タレの内側に幅を四つ折りにした帯揚げを入れます。タレを帯山に上げて、帯揚げを前に回して結びます。

着付けの「困った」を即解決！

浴衣編

Q 衿がヨレヨレになってしまう

長時間着ているうちに、衿がヨレヨレに頼りなくなってしまう場合があります。

A 薄くて柔らかい衿芯を入れます

メッシュ素材など通気性がよく薄くて柔らかい素材の衿芯を、地衿と掛け衿の間に入れておくと、キレイな衿元をキープできます。

Q 和装ブラジャーがない

バストをキレイに見せる目的でもある洋装ブラジャーのままでは、帯の上に胸がのってしまい太って見えてしまうことも。

A さらしで代用します

洋装ブラジャーは外してもらい、さらしを巻いてバストをなるべくフラットに整えます。

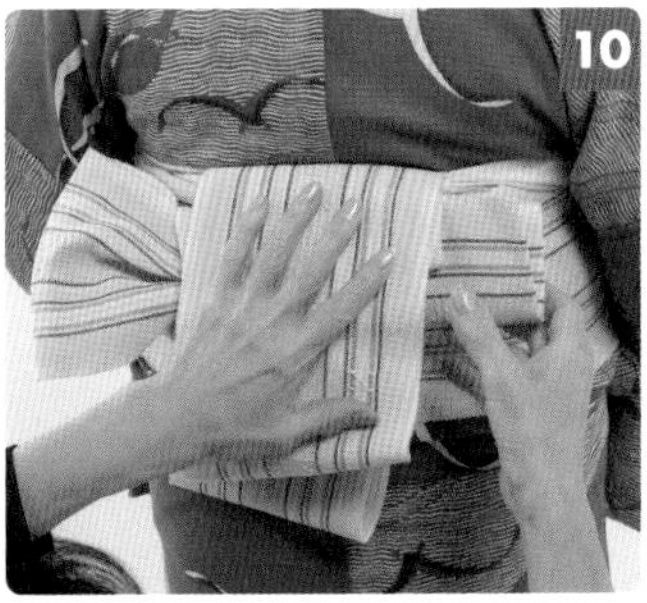

10

形を整える

左右の羽根を整えます。

11

帯板を入れる

前帯のひと巻き目と2巻き目の間に帯板を入れて、完成です。

★本書は『大久保信子さんに教わる 人に着せる着付けと帯結び』（2017年刊）を再編集したものです。
2017年版に関わっていただいたモデルさんの中に、再使用の連絡の取れない方がいらっしゃいました。
本誌をご覧になりましたら、世界文化社（03-3262-5124）まで、ご連絡をいただくようお願いいたします。

撮影／岡田ナツ子（Studio Mug）
ブックデザイン／宮巻 麗
モデル／井田真由美、藤間勘知恵、大久保里彩、
和泉沢祐子、小野田麻紀子、髙村秀子、
福原より子、山科祐子、米村敬子、
加賀見 陽、辻原涼音
撮影協力／藤間勘恵理　松竹株式会社
ヘア＆メイク／鈴木富美子、佐藤舞（EMBELLIR）
イラスト／末読あけみ
校正／株式会社円水社
DTP ／株式会社明昌堂
編集／富士本多美
富岡啓子（世界文化社）

いちばん親切な着物の教科書
大久保式プロの技を伝授！
人に着せる 着付けと帯結び

監修　大久保信子

発行日／ 2023年11月25日　初版第1刷発行

発行者／岸 達朗
発　行／株式会社世界文化社
〒102-8187
東京都千代田区九段北 4-2-29
03（3262）5124（編集部）
03（3262）5115（販売部）

印刷・製本／株式会社リーブルテック

ISBN978-4-418-23427-1